本书是教育部人文社会科学研究规划基金项目资助"马克思市场批判理论及其当代价值"(14YJA710033)的结项成果!

马克思诞辰200周年纪念文库
The 200ᵗʰ Anniversary Books for Karl Marx

马克思市场批判理论及其当代价值

徐俊峰 | 著

中央编译出版社
Central Compilation & Translation Press

图书在版编目（CIP）数据

马克思市场批判理论及其当代价值／徐俊峰著．
—北京：中央编译出版社，2019.4
ISBN 978-7-5117-3666-6

Ⅰ. ①马⋯
Ⅱ. ①徐⋯
Ⅲ. ①马克思主义—市场经济—理论研究
Ⅳ. ① A811.66

中国版本图书馆 CIP 数据核字（2018）第 296815 号

马克思市场批判理论及其当代价值

出 版 人：葛海彦
责任编辑：杜永明
责任印制：刘　慧
出版发行：中央编译出版社
地　　址：北京西城区车公庄大街乙 5 号鸿儒大厦 B 座（100044）
电　　话：(010) 52612345（总编室）　　　(010) 52612339（编辑室）
　　　　　(010) 52612316（发行部）　　　(010) 52612346（馆配部）
传　　真：(010) 66515838
经　　销：全国新华书店
印　　刷：三河市华东印刷有限公司
开　　本：710 毫米 × 1000 毫米　1/16
字　　数：285 千字
印　　张：18
版　　次：2019 年 4 月第 1 版
印　　次：2019 年 4 月第 1 次印刷
定　　价：95.00 元

网　　址：www.cctphome.com　　　　邮　　箱：cctp@cctphome.com
新浪微博：@中央编译出版社　　　　　微　　信：中央编译出版社(ID: cctphome)
淘宝店铺：中央编译出版社直销店（http://shop108367160.taobao.com）(010) 55626985

本社常年法律顾问：北京市吴栾赵阎律师事务所律师　闫军　梁勤
凡有印装质量问题，本社负责调换，电话：(010) 55626985

序 言

徐俊峰的专著《马克思市场批判理论及其当代价值》，作为教育部人文社会科学研究规划项目的最终成果，入选中央编译出版社《马克思诞辰200周年纪念文库》部分资助项目。在马克思诞辰200周年和改革开放40周年到来之际，本书不仅对重要历史时代具有纪念意义，还对马克思市场批判理论的阐释具有学术价值，对发展社会主义市场经济具有实践价值。

徐俊峰曾师从我攻读博士学位，其博士学位论文就是研究市场经济和社会主义兼容问题的。2008年毕业后一直坚持马克思主义理论研究和教学工作，特别是在理论研究中，在博士研究的方向上继续做更深入的探索。该书就是这一探索的成果。它既立足于马克思经典原著的理论研究，又注重国内外社会主义创新突破的实践研究，直面新时代中国特色社会主义探索"使市场在资源配置中起决定性作用"的重大现实诉求。

马克思市场批判理论是马克思人类解放学说与社会发展理论的核心组成部分。马克思从西方古典政治经济学的理论元素入手，发现了破解人性异化的基本突破口，从对古典哲学的反思中创立了唯物史观，从空想社会主义的发展理念中汲取了共产主义的理想目标，实现了社会发展价值目标和制度实践的完美结合，把市场批判理论贯穿于社会主义实践始终。马克思市场批判理论的思想元素，渗透于对资本主义批判的全部著作之中，尤其在《资本论》中体现得特别充分。因此，在探索"使市场在资源配置中起决定性作用"和全面推进改革开放的特殊语境中，对马克思的市场批判理论进行研究,有非常重要的意义。

本书基于新时代中国特色社会主义发展的特殊视域,从历史与现实相统一的视角,辩证地对"使市场在资源配置中起决定性作用"这一重要现实问题进行了理性思考。作者依据原著挖掘马克思市场观的基本来源和基本观点,厘清马克思市场批判的基本内容和逻辑层次,发掘马克思市场批判思想与未来社会发展逻辑的内在联系,进而在严谨剖析国内外社会主义国家史料文件及经典作家理论原著的基础上,总结马克思市场批判理论实践创新的逻辑范式与经验教训,探析其对新时代中国特色社会主义建设的当代价值。本书具有如下学术特色:

首先,本书梳理了马克思市场批判思想的来源及基本内涵。作者提出,马克思不是一个盲目的市场批判者,也不是一个极端的反市场者,更不是国内外一些学者解读的"市场社会主义者",而是一个客观辩证理性的市场批判者。马克思主张"去市场观",呈现出一种循环渐进式的辩证批判逻辑。即社会主义必然经历"亲市场—去市场—无市场"的市场逻辑,最终目标是实现"无市场"的高级阶段共产主义。

作者指出,从理论生成方面看,马克思市场批判包含了三维批判逻辑。一是对亚当·斯密、大卫·李嘉图、约翰·穆勒等古典政治经济学理论的批判与超越,突破了单一把经济学作为客观的非人过程性研究,把人文关怀与人文发展作为经济学发展的基本视野,建构了市场批判的政治经济学体系。二是对空想社会主义市场批判思想的纠偏与斧正,超越了莫尔、傅立叶、欧文等对市场的朴素性批判和盲目性批判,把市场批判建立在理性与科学的基础上,确立了其市场批判的基本方向。三是对资本主义现实社会不公问题的直接尖锐批判,升华了其市场批判的目标逻辑。

从理论内涵方面看,马克思市场批判包含了三重批判内容。一是对市场要素的客观评价性批判,包括对商品、货币、竞争、价格、价值等市场要素的客观认知性批判与分析,这构成了马克思市场批判理论的前提和基础,作者把其界定为研判性批判。二是对市场自身局限性的批判,包括对资本、商品拜物教、货币拜物教、外部性问题、滞后性、市场失灵等天然缺陷展开的基础性批判，作者把其界定为普适性批判。三是对资本主义市场经济问题的批判，即市场局限性与资本主义制度结合而生成的诸多问题，包括经济问题、政治问题、社会问题、环境污染、人性异化等，实现了由经济批判到制度批判的升华，作者把其界定为制度性批判。

其次，本书运用宏观国际研究视野，挖掘国外社会主义与我国社会主义对马克思市场批判理论的实践创新。作者指出，马克思市场批判理论从提出到今天，一直沿着国外和国内两条逻辑主线发展创新，二者既有交叉复合属性，又有独特的地域属性。

作者认为，从国外来看，马克思市场批判理论的实践探索大致经历了三个阶段，衍生了模式众多的实践形态。20世纪50年代以前，苏东社会主义模式开启了"反市场"的实践探索；20世纪50—90年代，东欧传统市场社会主义开启了"近市场"的实践探索，形成了绝对的"近市场"模式、温和的"近市场"模式、保守的"近市场"模式等；20世纪90年代至今，英国、美国、澳大利亚等发达资本主义国家的马克思主义理论家及左翼理论家延续了马克思市场批判理论的创新之路，从理论与实践模式设计层面设计了"亲市场"模式。

从中国的创新路径来看，马克思市场批判理论的实践探索大致经历了四个阶段：1978年以前，主要以计划经济主导的实践为特征；1978—1992年，主要以计划与市场共存的实践探索为特征；1992—2012年，主要以市场起基础性作用的实践探索为特征；2012年至今，主要以探索"使市场在资源配置中起决定性作用"实践为特征，开启了重大的实践创新。

最后，本书直面新时代中国特色社会主义的重大现实问题，挖掘了马克思市场批判理论的当代价值。作者指出，马克思市场批判理论从宏观层面指明了社会主义与市场经济的发展转换逻辑，为社会主义选择市场经济提供理论依据；从中观层面科学阐述了市场经济运行的相关要素与机制，为社会主义市场经济体制建设提供理论基础；从微观层面深入批判了市场经济的客观局限性与制度局限性，为社会主义市场经济实践提供借鉴与启示。这有助于我们坚定探索市场经济的改革道路，既要不断探索完善社会主义的市场经济方案，又要重视市场经济发展衍生的负面效应；既要重视我国社会主义探索市场经济的经验和矛盾，又要善于总结国外社会主义关于市场经济探索的经验与教训，完善中国特色社会主义政治经济学理论。

  由于马克思市场批判理论的内涵博大精深、视域宽广，其发展创新及其实践探索的领域和地域具有复杂化与多样化的属性，因此，作者对这些重大问题的研究，尚需进一步提炼和升华，尤其是对如何"使市场在资源配置中起决定性作用"的研究，还可深入，一些前沿理论研究，还需要不断扩展。总体而言，作者能够从马克思经典原著出发阐释重大现实问题而取得创新性成果，值得肯定，更重要的是，作者在研究中对马克思市场批判理论及实践创新问题所确立的研究空间及其研究思路和方法，必将为作者以后的科研工作开辟广阔的研究天地。

陈锡喜

2018. 8. 11

Contents

目 录

绪 论 ……………………………………………………………… 1
  一、马克思市场批判理论研究的多维解读 ……………………… 1
  二、本书的基本框架与主要内容 ………………………………… 6
  三、本书突破的重点与难点 ……………………………………… 15
  四、本书的主要创新与不足之处 ………………………………… 16

第一章 马克思市场批判理论的结构意蕴 …………………… 18
  一、马克思市场批判理论的思想来源 …………………………… 18
  二、马克思市场批判理论的衍生逻辑 …………………………… 30
  三、马克思市场批判理论的结构内涵 …………………………… 40

第二章 马克思市场批判理论传承的逻辑向度 ……………… 63
  一、马克思市场批判理论传承的逻辑渊源 ……………………… 63
  二、马克思市场批判理论传承的逻辑起点 ……………………… 66
  三、马克思市场批判理论传承的逻辑内核 ……………………… 79
  四、马克思市场批判理论传承的逻辑趋向 ……………………… 88

第三章 马克思市场批判理论实践的"反市场"模式 ……… 93
  一、"反市场"实践模式形成的时代语境 ……………………… 93

二、"反市场"实践模式的主要特征 …………………………… 98
三、"反市场"实践模式的基本评价 …………………………… 103

第四章 马克思市场批判理论实践的"近市场"模式 …………… 111
一、绝对的"近市场"模式——自治的市场经济模式 …………… 111
二、温和的"近市场"模式——新经济体制模式 ………………… 127
三、保守的"近市场"模式——以罗马尼亚和捷克斯洛伐克为例分析 …………………………………………………………………… 137
四、"近市场"模式的实践经验与教训 …………………………… 154

第五章 马克思市场批判理论传承的"亲市场"模式 …………… 165
一、"亲市场"模式创新的理论基础 ……………………………… 165
二、"亲市场"模式建构的主要类型 ……………………………… 189
三、"亲市场"模式设计的基本评价 ……………………………… 207

第六章 马克思市场批判理论实践的中国探索 …………………… 212
一、限制市场的计划经济形态 …………………………………… 212
二、有计划的商品经济形态 ……………………………………… 217
三、市场起基础性作用的市场经济形态 ………………………… 227
四、市场起决定性作用的市场经济形态 ………………………… 238

第七章 马克思市场批判理论实践创新的当代价值 ……………… 243
一、马克思市场批判理论实践创新的路径特征 ………………… 243
二、马克思市场批判理论实践创新的主要突破点 ……………… 254
三、马克思市场批判理论实践创新的借鉴启示 ………………… 260

后　记 ……………………………………………………………… 271

参考文献 …………………………………………………………… 277

绪 论

党的十九大开启了新时代中国特色社会主义建设的新征程,明晰了探索"使市场在资源配置中起决定性作用",全面开辟改革开放实践道路的历史重任,预示了重读马克思关于市场经济问题解读的时代价值。马克思市场批判理论是马克思人类解放学说与社会发展理论的核心组成部分,在对西欧发达资本主义工人异化问题的思考中,马克思站在人类古典社会科学的基础上,着力于资本主义生产方式研究,通过市场批判逻辑建构起未来社会的基石。由于早期社会主义未能准确把握马克思市场批判理论内涵,湮没了这种批判思想的火花。历经沧桑和曲折,马克思市场批判理论特质终于绽放出七彩斑斓的光芒,引领世界社会主义奔向预设的历史方向。因此,本书系统梳理马克思市场批判理论及其创新的历史逻辑,以期为新时代中国特色社会主义建设提供思考与借鉴。

一、马克思市场批判理论研究的多维解读

马克思市场批判理论不仅在马克思理论研究主题中占有核心地位,而且对社会主义的实践发展也起着决定性的作用,同时也深深地影响了资本主义制度发展完善的历程,其既是古典政治经济学理论的集大成者,又开创了政治经济学发展的新境界。因此,马克思市场批判理论的研究具有重要的价值视域和实践空间,尤其在开启新时代中国特色社会主义的建设征程中,马克思市场批判理论研究必然要赋予全新的研究视野和突破性的研究价值。

(一)马克思市场批判理论的研究价值

本书既系统把握马克思关于市场经济问题的基本看法和根本观点,又明

晰社会主义国家创新马克思市场批判的实践逻辑，发掘马克思市场批判理论的本源内涵和创新规律，为新时代中国特色社会主义建设提供理论参考和实践借鉴。

1. 理论价值。马克思市场批判理论是马克思研究资本主义社会与建构未来社会制度的重要依据，也是指导新时代中国特色社会主义建设的重要指南；但马克思并未系统提出市场批判理论，这些观点散存在马克思的经典著作中；加之过去对马克思市场批判理论的误解与传统社会主义"反市场"的实践制约，马克思市场批判理论及其价值并未得到充分挖掘。

本书研究的理论价值主要有以下三点：

（1）从历史研究视野，揭示了马克思如何继承发展亚当·斯密、大卫·李嘉图、约翰·穆勒、欧文、傅立叶、莫尔等关于市场问题的认识和批判，明晰了马克思市场批判的历史基础和科学依据，探寻了马克思是如何对西方古典政治经济学进行批判并超越的，挖掘了马克思超越西方政治经济学的理论创新观点。

（2）从原著研究视野，厘清了马克思市场批判理论的三维批判逻辑与三重递进批判链条，解读了马克思市场批判的基本内容和结构意蕴，发掘了马克思对于市场一般性原理的研判、市场局限性的批判、资本主义市场经济的制度性批判等理论内容。

（3）从实践研究视野，剖析社会主义传承创新马克思市场批判的"反市场""近市场""亲市场"等模式转换逻辑，准确定位马克思市场批判的理论创新和模式设计，梳理了社会主义国家进行的"反市场""近市场""亲市场"等探索，为社会主义市场经济发展提供了理论资源。

2. 实践价值。马克思市场批判理论来源于市场经济实践，又深深影响着市场经济实践，对社会主义与资本主义社会的实践变迁都产生了重要作用。其不仅揭示了市场经济发展的一般规律和一般原理，为市场经济发展提供通识性理论基础；而且从深层次意义上揭露和批判了资本主义市场经济引发的种种问题，为一切运用市场经济的国家提供实践思考。

本书研究的实践价值主要有以下四点：

（1）马克思基于"市场外生说"的价值基础，批判了亚当·斯密的"市场内生说"观点，提出了市场起源于社会发展而非人力交换倾向的客观评判，重新认识解读市场经济的基本原理，对货币、商品、劳动价值论、剩余价值学说等提出了独到的见解，继承发展了人类历史古典政治经济学的精华，建构了马克思主义政治经济学，奠定了社会主义政治经济学的实践基础。

（2）马克思基于古典政治经济学、市场局限性、资本主义市场制度的三维批判，批判了市场滞后性、市场失灵、两极分化、不当竞争等属性，揭露了资本主义条件下市场衍生的货币拜物教、商品拜物教、异化、剥削、经济外部性问题，进而设计了"去市场"的市场实践逻辑，指明了未来社会要走"亲市场—去市场—无市场"的必然逻辑，并从所有制结构、劳动成果分配、企业运转等微观领域给出导向性设计，为社会主义制度实践指明了方向。

（3）国内外社会主义沿着"反市场—近市场—亲市场"的实践逻辑，探索了"计划经济主导、计划与市场二元并存、计划与市场联姻兼容、市场主导型"等实践模式，积累了丰富的经验与教训，为社会主义实践市场经济提供参考的文本。而中国特色社会主义实践了计划经济主导的形态、市场与计划并存的商品经济形态、市场起基础性作用、市场起决定性作用等的路径探索，创新突破了马克思市场批判理论。

（4）马克思关于市场批判的实践思考及社会主义国家的创新突破经验，为新时代中国特色社会主义探索"市场在资源配置中起决定性作用""社会主义与市场关系""政府与市场关系""政府与社会关系"等实践难点提供了借鉴，坚定了社会主义市场经济发展的决心，并为市场经济发展问题提供了实践模式参考与资源借鉴启示。

（二）马克思市场批判理论的研究现状

总的说来，国外关于马克思市场批判理论的相关研究基础比较扎实，但直接研究马克思市场批判理论的内容相对薄弱。另外，国外对于本课题的相关研究开始较早，从马克思政治经济学衍生之日起就没有间断过；而国内关于本课题的相关研究则相对较晚，大多集中在1978年改革开放启动之后。具体说来。

1. 国内相关研究。国内关于马克思市场批判理论的研究起始于1978年改革开放后，研究领域聚焦于马克思市场观认知、马克思市场理论梳理、马克思市场理论借鉴等。

(1) 马克思社会主义市场观解读。对于马克思市场观的认识，国内学者提出了不同的看法，一般涉及马克思主张"无市场"理论，马克思主张"反市场"观点，马克思是"市场社会主义"等三种表达。关于马克思主张"无市场"的观点，国内基本达成一致意见。学术界也有一部分学者认为马克思是主张反市场的理论观点。也有较少一部分学者认为，马克思具有"市场社会主义思想"，马克思是"市场社会主义者"等观点。由此可知，对于马克思的市场观研究尚未达成一致的看法，对于马克思市场的态度如何？马克思为何主张"反市场"？马克思"无市场"的内涵到底如何？等问题的看法，还有必要从经典原著入手，进一步挖掘马克思市场观。

(2) 马克思市场经济一般性理论归纳。马克思市场经济观点大多体现在马克思的经典文本之中，贯穿于其早期著作及晚年著作之中，尤其在《资本论》经典文本中体现得更为充分，但马克思关于市场经济的论述基本是关于市场经济的一般原理及资本主义市场经济的论述，关于社会主义市场经济论述的内容并不多见。目前，国内学者从《资本论》《哥达纲领批判》《1844年经济学哲学手稿》等著作中梳理了马克思市场经济理论的相关内容，归纳了马克思关于市场的本质、市场结构、市场特征、市场职能、市场学说史等一般性理论，而对于马克思政治经济与资本主义的关系，马克思政治经济学对社会主义的影响等问题仍然值得思考。因此，如何定位马克思政治经济学与古典社会科学的关系？马克思是突破前人的方法论？马克思超越了古典经济学家的哪些内容？马克思研究资本主义市场经济的目的何在？马克思对资本主义市场经济描述对社会主义的价值？等问题值得进一步深入研究。

(3) 马克思市场经济理论借鉴与创新。国内学者大多聚焦于马克思市场经济理论的政治价值剖析，也有部分学者提出要借鉴马克思价格理论、价值理论、资源配置理论；要以"以马克思市场理论为指导，培育社会主义市场"；要实现"社会主义与市场经济双向结合"等观点。但社会主义该如何借鉴马克思市场理论？社会主义传承创新与马克思市场理论的经验教训如何？社会主义市场经济借鉴的实践文本在哪里？等问题也需要进一步梳理。尤其是在新时代中国特色社会主义提出以来，在市场在资源配置中起决定性作用的实践道路中，如何借鉴吸收马克思对市场的批判内容？如何借鉴吸收社会主义国家实践市场经济的经验与教训？如何丰富马克思政治经济学理论体系？等问题都需要我们付出更多的努力。

总之，从国内的研究现状来看，关于马克思市场理论的相关研究已经具有了扎实的研究基础，也形成了系统的研究体系，但在结合当代中国社会主义市场经济问题研究，尤其是针对"使市场在资源配置中起决定性作用"的问题和新时代中国特色社会主义经济建设问题的探索并不多见。

2. 国外相关研究。总的说来，国外关于本课题的研究起源于西方经济学家的探讨，发展于东欧国家关于社会主义与市场经济的实践探索，突破于英美马克思主义理论家，主要成果体现在理论设计与实证模式建构两个层面。

(1) 关于马克思市场观争论。国外一般同意马克思的"无市场"理论，少部分学者认为马克思是"市场社会主义者"。20世纪90年代以来，英美等国家的马克思主义理论家在关于社会主义与市场经济关系的争论时提出这些观点。詹姆斯·劳勒（James Lawler）结合马克思经典著作提出，共产主义需要市场，马克思赞同市场社会主义等观点；伯特尔·奥尔曼（Bertell Ollman）则夸大了市场的负面效应，驳斥马克思市场社会主义者的观点，明确指出马克思是"反市场"的观点。

(2) 关于社会主义与市场关系的实证探索。20世纪50年代以来，东欧社会主义国家改革探索的历史进程中，关于社会主义与市场关系的争论成为研究的重点，表现在东欧社会主义国家关于社会主义与市场关系的模式建构。几乎涉及东欧所有的社会主义国家，但又可以分为三种不同的类型，一是比较彻底的市场经济理论，如铁托等发展了国家职能废除论、工人自治理论、社会所有制理论等，建构了南斯拉夫自治的市场社会主义模式。二是相对温和居中的市场经济形态，主要是指匈牙利改革的实践探索，包括所有制理论、收入分配理论、农业改革、个体经济改革等理论基础。三是相对妥协保守的市场经济形态。主要是那些改革较为缓慢的理论形态，如民主德国、罗马尼亚、保加利亚、阿尔巴尼亚等国家的理论改革，也包括那些理论成熟而实践滞后的形态，如布鲁斯（Brus）提出的受控制市场机制的计划经济模式；奥塔·锡克（Ota Sik）设计的市场机制为基础的分配计划模式；科尔奈（Kornai）探索的有宏观控制的市场协调模式等。

(3) 西方马克思主义的变异市场观。20世纪90年代以来，伴随苏联、东欧等苏联解体和东欧剧变，这种理论研究逐渐在英国、美国等发达资本主义国家兴起，要么是传统的马克思主义理论家，要么是左翼理论作家，其研究重点也逐渐结合马克思主义基本原理、传统社会主义的问题、资本主义国家的社会问题等，从而探索一种全新的理论发展思路，既坚守马克思关于未来社会发展的价值取向，又坚守资本主义国家经济发达的制度基础，设计了众多市场经济的模式形态，理论界一般称之为当代市场社会主义流派。如罗默（Roemer）的一般剥削理论、股票社会主义理论；施威卡特（Schweickart）的投资理论、市场控制论等；但他们与马克思主义市场理论的联系与区别在哪里？西方市场社会主义与马克思市场理论的结合点在哪里？这些理论研究是否继承了马克思市场批判理论？这些问题的研究、甄别及借鉴价值研究不够充分。

综上所述，随着中国特色社会主义市场经济体制改革的不断深化，我们明确提出了"使市场在资源配置中起决定性作用"重大论断，面临新时代中国特色社会主义全面推进改革的重大背景，认真思考当前我国市场经济发展领域遇到的难题和困境，必然成为社会主义市场经济改革发展的主导逻辑。因此，本书希望认真梳理马克思市场批判理论，明晰马克思市场批判理论的真正内涵与历史定位，深入研究社会主义传承创新马克思市场批判理论的经验教训。

二、本书的基本框架与主要内容

本书从马克思关于市场观的来源出发，厘清马克思关于市场问题的基本认识和批判属性，分析马克思市场批判理论实践的相关属性、理论观点、实践模式、经验教训、借鉴启示等。其主要内容集中在以下四个方面：一是马克思市场批判理论的思想来源，重点研读西方古典哲学、古典政治经济学、空想社会主义等经典文本，从中发掘马克思是如何吸收继承前人的成果而确立其市场批判的。二是马克思市场批判理论观点的梳理，重点是在马克思经典文本研读的基础上发现马克思市场批判的理论内涵。三是马克思市场批判理论的传承创新问题，立足于社会主义国家理论家及官方政策性文献的归纳梳理，总结国内外社会主义对马克思市场批判思想的创新突破。四是马克思市场批判理论的当代价值，重点是结合上述两部分的文献研究、理论界的观点思考、作者的观点等，挖掘其对新时代中国特色社会主义的价值和启示。具体说来如下。

（一）马克思市场批判理论的结构意蕴

本部分重点围绕马克思市场批判理论的思想渊源、生成逻辑、结构内涵等理论展开，重点结合马克思经典著作内容资料梳理分析提出的一些创新性观点。

1. 马克思市场批判理论的思想渊源。马克思市场批判理论不是空穴来风，而是在前人研究的基础上对市场问题的看法和结论。西方古典经济学家关于政治经济学理论的解读，为马克思市场批判理论的形成提供工具性理论基础；西方空想社会主义者关于市场问题的批判及其美好社会目标的设想，为马克思市场批判理论提供目标性理论和直接批判的载体，进而在唯物史观方法论基础的指导下，马克思真正发现了市场运行的一般性理论和制度性批判理论，奠定了马克思市场批判的理论基础。

2. 马克思市场批判理论的衍生逻辑。马克思市场批判理论的衍生不是书斋式理论形态，而是现实世界批判的客观反映。其衍生的逻辑起点就是西欧工人阶级在市场背景下异化问题的加剧，促使马克思努力探索解放工人阶级的新路径；马克思发现经济学手段解放人类的可行性之后，就毅然转向对前人经济学著作的解读和研究，这构成了马克思一生理论研究的逻辑主题，他借助科学的唯物史观方法论和社会主义理论基础，发现了市场经济与人类社会彼此促进的基本规律，探索了资本主义私有制条件下市场经济的天然缺陷和制度性缺陷，建构了其市场批判的逻辑目标，设计了"去市场"理论的伟大构想，即社会主义发展必然经历"亲市场—去市场—无市场"的实践逻辑，实现"无市场"的共产主义等目标。

3. 马克思市场批判理论的结构意蕴。马克思市场批判思想属于辩证性的思维批判，其既不能等同于彻底的否定，也不能等同于漫无目的的攻击。而是立足于科学的理论基础和思辨的方法论手段，建构了逻辑严谨、目标清晰、内容递进的完整批判链条。从逻辑延展上来看，对西方古典经济学的批判构成了马克思市场批判思想的基础，对市场本体的批判构成了马克思市场批判理论的主要内容，对资本主义市场经济的批判是马克思市场批判理论的目标。因此，其批判内容自然涉及市场经济的一般原理的认知性和批判性，如对货币、商品、资本等相关问题的把握，这是马克思市场批判思想的第一层次内容；对市场经济自身弊端和局限性的批判，如市场经济的优胜劣汰、失灵性、滞后性等，这是马克思市场批判思想的第二层次内容；对资本主义条件下市场经济问题的批判及制度批判，包括由资本主义条件下市场经济引发的经济问题、政治问题、社会问题等，这是马克思市场批判思想的最高层次的内容。

（二）马克思市场批判理论传承的逻辑向度

本部分重点介绍了马克思市场批判理论传承的逻辑渊源、逻辑起点、逻辑进路、逻辑内核等问题，揭示了马克思市场批判理论设计的逻辑进路以及东西方经济学家、社会主义实践等对马克思市场批判理论的质疑批判与实践逻辑。

1. 马克思市场批判理论传承的逻辑渊源。马克思市场批判理论的传承是从质疑开始的，通过质疑批判争锋确立了马克思市场批判思想的理论特质，开启了传承的逻辑之路。自从马克思主义诞生之日起，对马克思主义理论的质疑就延续不断。因此，对马克思市场批判思想的质疑必然涵盖马克思政治经济学流派的兴起、各个经济流派的批判辩论，新古典经济学派尤其是门格尔学派的兴起揭开了直接批判马克思政治经济学派的关口，苏联社会主义计划经济实践者为理论争锋提供了直接的证据，三者共同建构了马克思市场批判的理论支柱。

2. 马克思市场批判理论传承的逻辑起点。最早对马克思市场批判提出质疑的属于西方经济学流派，起源于帕累托（Pareto）的社会主义最优化效应、弗里德里希·冯·维塞尔（Friedrich Freiherr von Wieser）的共产主义与价值的逻辑联系，其后为哈耶克（Hayek）、泰勒（Taylor）、奥斯卡·兰格（Oskar Lange）等关于社会主义市场配置资源、社会主义市场经济核算、社会主义信息统计等问题开展辩论，理论界称之为社会主义经济问题大辩论，直到兰格提出了社会主义与市场经济结合的社会主义模式设计，才终结了社会主义经济问题的辩论，并提出了社会主义可以运用市场经济的观点。因此，从这种意义上来说，客观推动了马克思市场批判理论传承的实践效应，构成了马克思市场批判理论传承的逻辑起点。

3. 马克思市场批判理论传承的逻辑内核。马克思市场批判理论实践是由社会主义理论与实践共同开启的。从地域来看,从其衍生之日起直到今天,形成了国外社会主义与国内社会主义实践的开拓与创新,国外社会主义主要经历了苏联、东欧的传统社会主义时代,东欧社会主义探索的传统市场社会主义时代,英、美探索的当代市场社会主义时代;国内社会主义则主要经历了传统社会主义、中国特色社会主义、新时代中国特色社会主义等阶段。从属性来看,其涵盖了科学社会主义与社会主义思潮的协同孕育,包括民主社会主义、生态社会主义、女权社会主义等流派,虽然与马克思的科学社会主义具有本质的区别,但对于马克思市场批判思想的继承发展同样具有重要的推动作用。

4. 马克思市场批判理论传承的逻辑进路。马克思市场批判思想蕴含的实践逻辑是"亲市场—去市场—无市场"内涵,但社会主义实践却经历了历史性曲折,沿着"反市场—近市场—亲市场"的实践逻辑,建构了形态各异的社会主义与市场博弈的理论实践模式,最终发现了马克思市场批判的实践逻辑,新时代中国特色社会主义成了马克思市场批判理论的坚定执行者。

(三) 马克思市场批判理论实践的"反市场"模式

本部分重点围绕马克思市场批判理论的早期实践,聚焦苏联、东欧等社会主义国家关于社会主义经济理论的探索,以苏联模式为蓝本,介绍这种"反市场"模式的历史背景、主要特征、基本评价等,而对于东欧的早期实践则相对省略。需要说明的是,本书所指的"反市场",并非绝对的"无市场",而是从价值理念上界定为对市场的绝对排斥态度而已。

1. "反市场"实践模式的历史背景。从苏联社会主义实践的建设背景来看,缺乏市场经济的实践基础,因为落后的俄国并没有经历发达的资本主义历程,市场经济的基础比较薄弱,外部的资本主义包围攻击也绝不支持苏联大力发展市场经济;从苏联社会主义建设的理论基础来看,计划经济为主导是必然趋势。因为社会主义没有现实的理论参考,而马克思未来社会理论又明确了"无市场"的目标指南(当时并不具备深入研究马克思未来社会理论的条件),这些主客观条件为"反市场"实践提供了基础。

2. "反市场"模式的主要特征。苏联的"反市场"模式是在列宁的战时共产主义政策延续为新经济政策的实践背景下,以斯大林为代表的苏共中央开创的实践模式。其主要是依托国家所有制为基础的公有制形态,以排除商品、货币、交换等主要市场经济为主要经济机制，误解了社会主义的商品生产及其经济规律，生成了国家极权的政治形态、社会形态、文化形态等，背离扭曲了马克思市场批判思想所指的社会主义必须"亲市场"的首要环节，而是直接实现马克思市场批判思想所指的"无市场"环节，跨越了马克思市场批判思想所蕴含的社会实践条件。

3. "反市场"模式的基本评价。"反市场"实践模式是历史时代的产物，其从客观上符合当时苏东社会主义国家的实践现状和理论现状，具有价值目标的先进性和发展积累的基础性特点，但同时也具有严重的缺陷。从价值目标上，维护了科学社会主义的价值理念，发挥了社会主义生产关系的早期优势，集中社会主义的优势资源快速建构了社会主义的发展基础，建构了社会主义公平公正目标的实现基础。从经济目标来看，在实现了短期快速发展效益之后，其过分夸大计划效应、过分夸大公有制功能、消除商品货币等的做法违背了市场经济的发展规律，从而限制了社会主义生产力的发展，也为社会主义的政治建设、文化建设、社会生态建设带来了问题。

（四）马克思市场批判理论实践的"近市场"模式

本部分重点介绍东欧社会主义国家探索马克思市场批判思想的实践模式，其基本倾向是"近市场"，即既想依靠市场经济发展社会主义的生产力，又想维系传统社会主义的计划特征，不能等同于自觉自愿利用市场的"亲市场"模式。本书认为，大致可以分为绝对的"近市场"实践模式、温和的"近市场"实践模式、保守的"近市场"实践模式等三种基本类型。

1. 绝对的"近市场"实践模式。本类型主要是指南斯拉夫的自治的市场经济模式，因其在利用市场经济方面比较彻底，故称为绝对的"近市场"实践模式。其基本特征是以马克思的国家消亡理论、社会所有制理论、自治联合体思想等为基础，结合南斯拉夫的实践而设计的市场经济模式。具体体现为社会所有制的公有制类型，工人自治的劳动管理模式，劳动组织为主体的无政府模式，市场经济为主导的价格机制、交换机制、收入分配机制等特点。

2. 温和的"近市场"实践模式。本类型主要是匈牙利为代表的新经济机制的实践探索，因其在利用市场经济方面相对比较适中，即始终坚持把国家宏观调控与市场经济相结合的态度，故称之为温和的"近市场"实践模式。

其基本特征是坚持公有制为基础的多种所有制并存的基础,在收入分配、工资改革、价格机制、企业管理、农业化改革等方面导入市场经济的机制,但并没有放弃政府的计划经济,不过会在计划安排的方法、计划执行的方面、计划监督等方面发挥政府的宏观调控与干涉功能。

3. 保守的"近市场"实践模式。本类型主要是以罗马尼亚为代表的东欧其他社会主义国家在探索社会主义经济改革过程中的实践探索,因其利用市场经济的规模和程度相对较小,计划经济始终为主流,故称之为保守的"近市场"实践模式。其基本特征表现为:一种是国家的计划经济为主导,所谓的市场经济改革仅仅是体现在细小的环节,比较有代表性的是罗马尼亚,其他的民主德国、阿尔巴尼亚、保加利亚等,公有制占据绝对的主导地位,国家计划一直起着主导作用,不过在计划的制定与管理环节给予调整,适当给予企业一定的自主权等,有的国家甚至又退回到原来的高度集权化形态。另一种是在实践中表现不突出,但在理论方面取得了较大的突破,如捷克斯洛伐克、波兰等国家,与上述几个国家不同的是,它们在计划经济与市场经济共存的模式设计方面都取得了较大的突破。

4. "近市场"实践模式的基本评价。总的说来,"近市场"模式既坚守了马克思科学社会主义的价值目标,又探索了社会主义与市场经济联姻兼容,把马克思市场批判思想理解为"近市场"的内涵,实现了社会主义由"反市场"到"近市场"的逻辑转换,推进了马克思市场批判思想的逻辑演进,在市场经济导向选择方面取得了历史性突破,在处理社会主义与市场关系、政府与市场关系、企业与市场关系等方面均取得了重大突破,但存在对马克思市场批判理论教条式理解,缺乏把市场经济深入推进的勇气,从而也使马克思市场批判思想实践陷于停滞。

(五)马克思市场批判理论创新的"亲市场"模式

本部分重点介绍英、美等国关于马克思市场批判理论的传承与创新设计,其基本倾向是"亲市场",即把市场经济作为社会主义价值目标维系的主要机制,用以实现效率提升与目标理念的双重统一。由于时空历史的变迁,这种探索又回归到理论形态的探索,虽然与马克思市场批判的原初设想有所差别,但也是真正意义上回归了马克思的社会主义"亲市场"逻辑。既有关于马克思市场批判的理论探索,又有关于马克思市场批判理论的模式设计，并对这些模式做出了基本评价。

1. "亲市场"模式建构的理论基础。英美等国家的马克思主义理论家与左翼理论家围绕马克思主义的市场观、社会主义与市场的关系等展开讨论，丰富发展了马克思市场批判理论。詹姆斯·劳勒关于马克思市场社会主义的观点丰富了马克思未来社会无市场观点，伯特尔·奥尔曼关于市场意识形态的批判丰富了马克思市场批判内容，米勒·蒂克庭（Miller Ticktin）等关于社会与市场的研究丰富了马克思关于资本主义条件下社会主义如何运用市场的相关理论等。

2. "亲市场"实践模式建构的主要类型。英美等国的马克思主义理论家与左翼理论家关于资本主义条件下社会主义模式的设计，丰富了关于社会主义运用市场经济的模式内容。戴维·施威卡特关于经济民主市场经济模式的设计，结合日本等发达资本主义国家现实，延续发展了南斯拉夫的自治的市场经济；罗默为代表的银行为中心的市场经济模式则批判了传统的社会主义矛盾，设计了提高社会主义效率的经济模式；英国以合作社为基础的市场经济模式丰富了马克思的合作社思想，为资本主义运用合作社实现社会主义提供了深入的思考。

3. "亲市场"实践模式的基本评价。总的说来，"亲市场"实践模式延续创新了马克思的市场批判理论，尤其是从资本主义实现社会主义的视角深入探索了如何利用市场经济的相关机制，丰富发展了马克思未来社会利用市场经济的具体举措和模式设计，也为马克思主义世界化奠定了理论基础。但由于这种模式设计的理论化形态和对马克思主义理解的偏颇性，也具有典型的乌托邦属性和改良性的理论属性。

（六）马克思市场批判理论实践的中国探索

本部分重点介绍马克思市场批判理论在中国的实践与探索，大致经历了计划经济占主导地位排斥市场经济的阶段，计划经济与市场经济二元并存的阶段，市场起基础性作用的阶段，市场起决定性作用的阶段等，历经了"反市场—近市场—亲市场"的实践逻辑，实践了马克思"亲市场—去市场—无市场"的历史规律。

1. 计划经济主导的实践形态。1949年中华人民共和国成立以来，我国先后经历了新民主主义革命阶段与社会主义改造与建设时期，建构了社会主义发展的经济基础。由于半殖民地半封建社会的历史基础以及新民主主义革命阶段联合政权的属性,市场经济的发展并不成熟。同时,现实中的苏联计划经济模式社会主义则处于发展迅猛阶段,计划经济主导的模式借鉴成了历史的选择。因此,我们建构了全面的公有制基础和按劳分配的制度体系,政府指令性计划主导的制度体制基本形成,当时的政治文化社会等领域也烙上了计划经济的属性。这种计划主导的体制虽然在短期内发挥了优势,但同样也没有摆脱影响社会主义长远发展的弊端。

2. 计划经济与市场经济二元共存的实践形态。1978 年以来,中国在经济落后的实践中开启了市场经济探索的轨道。在农村包产到户的实践探索中引发了城市放权让利为主的国有企业改革进程,孕育了市场经济的客观主体和微观主体,先后探索了计划经济为主,市场经济为辅,公有制基础上有计划的商品经济,不断探索社会主义条件下的市场体系建设、国有企业改革、公有制为主,多种所有制为有益的补充等的建设,完善了社会主义商品经济框架,形成了市场经济与计划经济共存的模式。

3. 市场起基础性作用的实践路径。1992 年以来,我们明确提出了社会主义市场经济的建设目标,就是使市场在资源配置中起到基础性作用,延续国家调节市场,市场引导企业的实践探索,因为市场体系和市场主体建设并未成熟,还离不开国家对市场的宏观调控作用。在此主导思想下,围绕市场体系建设、国有企业改革、政府宏观调控完善,逐渐完善了各类市场主体和市场法规建设,以现代企业制度为目标的企业改革逐渐形成,公有制为主体,多种所有制并存的制度日益完善,按劳分配为主,多种分配方式共存的制度建立,以经济手段和法律手段调节市场的宏观调控手段日益成熟,市场起基础性作用的社会主义市场经济体制日益成熟。

4. 市场起决定性作用的实践路径。2012 年以来,党中央开启了继续深化完善社会主义市场经济的道路,深入思考认识政府与市场的关系,重视市场经济发展中的实践难题,逐渐明晰了政府与市场关系,指明了社会主义市场经济发展的未来道路。2014 年以来,党的十八届三中全会明确提出了市场起到决定性作用的机制。其主要内涵是市场在资源配置中必须发挥决定性作用,在资源配置以外的其他领域则需要国家发挥决定性作用。市场经济经历了多年的发展完善,各类市场主体、各类市场法规已经完善,现代企业制度已经建立，国有企业、民营企业、外资企业等已经形成了公平竞争的主体，政府宏观调控的制度已经完善，让市场成为资源配置的决定性作用的条件已经成熟。2017年，党的十九大提出了新时代中国特色社会主义的目标，为市场起决定性作用的实践提出理论指南。

（七）马克思市场批判理论实践创新的当代价值

本部分重点解读马克思市场批判理论实践创新的意义，在分析马克思市场批判理论实践创新路径特征、主要突破的基础上，挖掘马克思市场批判思想的理论价值，借鉴社会主义实践创新的模式设计，为新时代中国特色社会主义经济学建设提供理论资源。

1. 马克思市场批判理论实践创新的路径特征。马克思市场批判理论实践沿着大致相同的路径向度，实现了社会主义与市场经济的融合；但由于不同的指导思想、参与力量、实践决策等，实现了模式建构的本土化和多元化。东欧的实践创新更加关注效率而融入了市场元素，英美的实践设计更加关注公平而融入了市场元素，中国特色社会主义则根据具体的国情开启了独特的模式探索，在先进政党的领导和人民的参与下，不断推进马克思市场批判理论的中国化，从而建构其科学的社会发展模式。

2. 马克思市场批判理论实践创新的突破点。国内外社会主义在实践创新马克思市场批判理论的过程中，从马克思社会阶段理论、马克思社会实践逻辑方面、马克思社会实践模式等方面取得了突破。既完善了马克思关于过渡阶段、共产主义第一阶段、共产主义高级阶段等理论的实践设计，又在经济制度选择方面发现了马克思所设想未来社会制度实践逻辑，更为重要的是，实践经历了计划经济与市场经济的联姻，市场经济起主导作用，市场经济起决定作用的实践创新，实践创新了马克思市场批判理论。

3. 马克思市场批判理论实践创新的借鉴启示。马克思关于市场经济相关原理的辩证批判，衔接了马克思主义理论与新时代中国特色社会主义的理论联系，夯实了新时代中国特色社会主义的经济制度理论根基。马克思关于市场局限性的一般批判和关于资本主义市场经济的直接批判，对新时代中国特色社会主义市场决定性作用的发挥提供了理论指南和反思的文本，有助于消除市场经济条件下的种种社会问题。社会主义关于市场经济探索的经验教训，有助于为新时代中国特色社会主义经济建设提供理论资源和实践借鉴。

三、本书突破的重点与难点

本书主要立足于经典文献的研读,包括古典政治经济学著作、空想社会主义著作、古典哲学著作、马克思经典原著、世界社会主义文献资料、学术界的文本解读等;在此基础上梳理关于马克思市场批判思想的内涵及创新经验,从而挖掘这些基本思想理论和实践经验的当代价值。

(一)本书的研究重点

1. 文献研究是本书的一个重点。立足于马克思经典著作及西方古典理论家的著作文本,从中梳理马克思有关市场批判的思想来源、理论思考、实践批判、模式建构等,揭示马克思研究市场问题的初衷和主要目标,探讨马克思关于市场的一般性认知和批判性思考,尤其是发掘马克思为何要批判市场,怎么批判市场,批判的是什么样的市场,市场批判之后需要怎么做等的实践建构逻辑,从而发掘马克思市场批判的真正内涵。

2. 实践经验梳理是本书研究的另一个重点。依托国内外理论家与官方文件关于社会主义发展的实践与理论研究,寻找世界社会主义如何将马克思市场批判理论与世界社会主义实践结合起来的内在逻辑、实践特征、理论突破等,分析马克思市场批判理论的指导性及其学术价值。在国外,重点梳理从社会主义诞生之日起直到今天的探索,包括苏联、东欧以及英国、美国等发达资本主义国家关于马克思市场批判理论的实践与探索;在国内,重点围绕我国探索市场经济的发展脉络、主要特征、问题导向等,从而发现实践马克思市场批判理论的经验教训。

3. 挖掘理论价值和实践价值是本书的最终目标。不管是文献梳理研究,还是实践经验教训研究,其最终目的是为了当代中国现实服务。尤其是在市场成为决定性作用后,新时代中国特色社会主义建设的目标提出以来,市场经济发展的问题需要更加关注,马克思市场批判理论关于市场经济的多维批判,以及社会主义关于市场经济实践探索的经验和教训,都能充分体现马克思市场批判理论的当代价值和指导意义。

(二)本书的研究难点

1. 文献梳理。目前看来,专门研究马克思市场批判理论的研究非常少,马克思本人也没有专门提及市场批判的相关理论与相关逻辑，这些相关理论观点均散见于马克思浩如烟海的文献资料中，要系统地分析和总结马克思市场批判理论及其实践问题，必须深入研究西方历史上诸多的经典著作，尤其是政治经济学、古典哲学、空想社会主义的相关著作，以厘清马克思市场批判思想的历史来源和发展轨迹，同时要认真拜读马克思各个时期的著作，以总结马克思市场批判思想的相关内涵和逻辑结构。

2. 理论甄别。国外社会主义流派与马克思市场批判理论有着千丝万缕的联系，其中许多学者或流派都标榜自己与马克思理论的联系，有些甚至直接宣称其思想与核心观点来源于马克思，这需要研究者仔细甄别，并具有雄厚的西方社会主义理论基础，否则会影响对马克思市场批判理论的理解。尤其是英美等国家的马克思主义理论家与左翼理论家，其关于马克思市场问题的辩论、批判、设计等是否与马克思的设想保持一致，哪些观点与马克思的设想具有差异性，哪些观点是新自由主义的经济观等问题，需要我们认真思考和仔细甄别。

四、本书的主要创新与不足之处

本书在经典原著梳理的基础上得出了一些创新性的观点，表现为梳理性创新和总结性创新特点，这些创新又为全新的时代背景提供了价值性创新。但由于经典文本数量众多、问题复杂、历史跨度较大、地域范围宽广等特点，本书只能在有限的范围内进行研究，必然会存在一些不足之处。

（一）本书的主要创新之处

1. 本书研究背景较新。本书结合党的十九大所提出的新时代中国特色社会主义的时代背景，直接针对党的十八届三中全会提出的市场在资源配置中起决定性作用的重大理论，在中国特色社会主义市场经济取得了巨大的成就，又面临诸多个性化矛盾的语境中，全面建设新时代中国特色社会主义市场经济。因此，本书研究的选题背景实属一个全新的社会背景。

2. 本书的研究方法较新。本书研究立足于文献梳理的基本方法，认真挖掘马克思市场批判的经典观点和社会主义实践创新的主要特色；立足于历史与逻辑统一的主要方法，挖掘马克思市场批判思想衍生的历史渊源、主要内容、实践创新等;发挥比较研究方法的基础性优势,比较分析了社会主义实践创新马克思市场批判思想的历程、经验、教训等,为新时代中国特色社会主义发展提供了理论资源与实践指南。

3. 本书的研究观点较新。本书通过文献梳理,挖掘出马克思市场批判思想怎么来的、批判的主要内容、批判的逻辑架构、批判的历史定位等观点;梳理了社会主义实践创新马克思市场批判的相关模式设计问题;并在新时代中国特色社会主义借鉴启示方面也提出了很多创新性的观点。

(二) 本书的主要不足之处

1. 对社会主义流派观点拓展不够。由于本书的篇幅所限,本书对马克思市场批判理论的分析方面尚不全面,重点是对国外社会主义流派关于马克思市场批判思想的继承与发展方面的研究并没有展开,本书仅仅略微从逻辑架构方面和社会主义价值目标导向方面加以提及,关于社会主义流派对马克思市场观点的继承发展方面并没有深入研究。

2. 对党的十九大之后的新问题研究相对薄弱。由于本书属于教育部规划课题项目,当时申报规划的内容重点关注市场成为决定性作用的焦点,而对于这种经济制度未来发展的指向性设计不够,尤其是党的十九大提出中国特色社会主义进入新时代以来的重大现实主题之后,我国社会主义发展面临很多全新领域和全新问题,本书对于这些问题的论述显得较为薄弱,这种宏观背景的重大转换必将为本书研究提供更大的研究空间,需要以后结合社会主义实践进行拓展。

总之,本书围绕马克思主义经典文献进行梳理和挖掘,系统整理了马克思关于市场批判的相关原理,正确认识了国内外社会主义实践创新马克思市场批判理论的逻辑内涵和模式特征,为新时代中国特色社会主义建设提供借鉴指南。

第一章　马克思市场批判理论的结构意蕴

马克思市场批判理论根植于西欧资本主义社会市场经济高度发达的社会语境，在异化现象盛行的社会现实中孕育，在对资本主义市场经济社会运行的深入批判过程中发展，在马克思未来社会制度建构的设想中达到成熟，形成了结构严谨的逻辑体系和特色鲜明的理论特质。本章重点揭示马克思市场批判理论衍生的历史渊源与理论结构，进而系统剖析马克思市场批判理论的基本内容。

一、马克思市场批判理论的思想来源

西方古典哲学、古典政治经济学、空想社会主义等的思想精髓，虽不足以构成马克思经典理论的主体，但都为马克思经典理论的形成提供了直接的理论来源。因此，西方古典政治经济学理论构成了马克思市场批判的理论基础，空想社会主义的市场批判思想为马克思市场批判提供了直接的理论思考。

（一）西方古典政治经济学为马克思市场批判提供了基础性思想资源

马克思关于未来社会路径设计不是"实际了解英国工人阶级状况"的实践路径，而是从"研读政治经济学著述开始"。[①] 他共阅读了15位作家的19部经济学著作，其中包括亚当·斯密（Adam Smith）《国民财富的性质和原因的研究》、大卫·李嘉图（David Ricardo）《政治经济学及赋税原理》、约翰·穆勒（John Stuart Mill）的《政治经济学原理》等划时代的经济学巨著，

[①] 聂锦芳：《巴黎手稿再研究》，中央编译出版社2014年版，第2页。

通过对这些著作的摘抄、批判、评注等方式，马克思创造性地提出了自己的政治经济学批判理论，对市场、商品、货币、价格、价值、利润、资本等相关原理有了独到的见解。因此，马克思与斯密、凯恩斯并称为"经济发展史中三大经济学家"①，成就了马克思作为"西方主流经济学最著名、最有力的批判者"的地位②。因此，西方古典政治经济学理论为马克思市场批判理论提供了工具性理论渊源。

1. 西方古典经济学家的市场起源论。关于市场的起源问题，亚当·斯密在《国民财富的性质和原因的研究》一书中就明确提了出来。他立足于"市场内生说"观点对市场的起源做出了界定，即市场起源于人类交换的倾向，是由人的内部属性所决定的。很显然，亚当·斯密关于市场起源的认识有一定的局限性，却为马克思正确认知市场起源提供了批判反思，在此基础上，马克思提出了"市场外生说"的基本观点。具体说来：

亚当·斯密是从市场与分工的关系来探讨市场起源的。一方面，他认为，社会分工是"人类本性中某一不易发觉的倾向缓慢而达致的结果"，这种倾向就是"人类倾向于互通有无、物物交换、相互贸易"，但这种倾向"是不是人类基本本性中无法进一步考察的一个"，或者这种倾向更有可能"是否是人类理性思考能力和语言能力的必然结果"并不属于他所研究的议题。③ 这种"倾向是人类所共有的且为人类所特有的""分工合作与契约"关系，正是这种"契约、物物交换和买卖行为"满足了人类所需要的大部分帮助，进而这种倾向"也引发了最初的分工"④；基于这种"普遍的买卖、交换需求"，人类之间利用"各自才干生产的各种商品，被运到共同的市场上"，每一个人通过市场"才敢从相异的人那里购买自己需要的产品"，市场就形成了。很显然，亚当·斯密在这里明确提出了市场交换起源于人类交换本性的观点，但对于这种本性的属性及其形成的逻辑条件，斯密并没有给出明确的研究和解读。

---

① [美] 史蒂文·普雷斯曼：《五十位经济学家》，陈海燕、李倩译，江苏人民出版社2005年版，第44页。
② 郭广迪：《西方经济学视角中的马克思经济学》，人民出版社2014年版，第305页。
③ [英] 亚当·斯密：《国富论》，章莉译，译林出版社2011年版，第14页。
④ [英] 亚当·斯密：《国富论》，章莉译，译林出版社2011年版，第15页。

另一方面,斯密论述了分工受到市场限制的观点。他提出,"既然交换的力量引发了分工,那么交换的力量,换言之,市场的范围将会限制分工的程度"①。如果市场比较小就无法激发人类致力于从事某一种专业,因为人类无法将自己的剩余劳动产品交换到这些产品所需要的地方,比如"经由水路开拓的市场范围远远大于陆路运输",在沿海地区和运河沿岸"工业自然而然分工更细,发展更快""这些分工改良"也会很快"普及到内陆地区"②,从而带动整个分工的发展。因此,人们的交换本性限制了市场的扩大与发展,从而限制了社会分工的发展。很显然,斯密这种观点不符合唯物史观的基本要求,颠倒了人的交换倾向与社会分工的关系,忽视了客观条件与主观需要互动的基本逻辑。

总之,斯密最早提出并探索了市场起源与分工的关系,尽管这种解读颠倒了分工与市场衍生的基本向度,但预见性地开拓了市场经济的探索之路,其后的经济学家如李嘉图、约翰·穆勒等都不同程度地对市场问题进行过探讨,但基本没有突破斯密关于市场关系的界定,直到马克思才真正从唯物史观的角度界定了市场起源的本质,批判地继承了早期经济学家的市场起源论观点。

2. 西方古典经济学家的市场机制理论。劳动价值论是由西方古典经济学家威廉·配第(William Petty)第一次提出,亚当·斯密开创完善的基础理论,经由大卫·李嘉图、约翰·穆勒等经济学家的不断修正与完善,最终在马克思的批判反思中建构了劳动价值论。因此,西方古典经济学家的劳动价值论学说是马克思市场批判的重要理论渊源。主要包括如下几方面内容:

(1)关于货币的起源和使用。亚当·斯密最早提出了货币的起源和使用问题,研究了商品交换的媒介载体,为商品价格考察提供了依据,也为市场经济的剖析提供了一个可行的突破口。

他认为,货币的出现是为了解决交换中的不方便,而选择一种可以充当媒介的商品,由早期的牲畜、盐、贝壳、烟草、皮革、铁钉等逐渐演化为铁、铜、金、银等贵重金属,但由于金属"不便称重"和"不便化验成色"

---

① [英]亚当·斯密:《国富论》,章莉译,译林出版社2011年版,第18页。
② [英]亚当·斯密:《国富论》,章莉译,译林出版社2011年版,第19页。

等问题,"有必要进一步改善交易媒介","在购买商品常用的某种金属上加盖印章,标志其重量和成色","铸币厂和造币厂"就随之出现了,货币制度也就形成了。① 在各个国家不断探索铸币制度的过程中,不断优化货币的使用,"货币日益成为所有文明社会的通用交换媒介",通过货币,"一切货物得以销售,实现相互交换"②,提出了货币的起源。斯密又结合商品价格讨论了货币的使用规则、货币价格价值的变化等在市场交换问题,进而又揭示了货币和资本的关系、纸币的运用等相关问题,初步探索了货币本质、起源、应用等相关问题,为描述市场经济找到了基本依托载体。其后,经由西方古典经济学家的不断完善探索,为马克思货币起源及批判提供了基础性知识源泉。

(2)关于商品价格价值相关问题。首先,斯密区分了商品的真实价格和名义价格。他认为,"劳动是所有商品可交换价值的真实尺度",商品的真实价格就是"获得该物的人为它支付的实际耗费,是为该物付出的辛苦劳动和忍受的麻烦"。③ 斯密认为,商品在交换时候所考虑的劳动不能单单通过劳动时间来决定(因为劳动时间比较难确定),而应该考虑劳动所"忍受的辛苦程度及运用天赋的差异"。随着货币作为交换媒介的出现,进行的交换不再是特定的商品,而是货币充当了特定商品的媒介,商品的价格通过货币表现出来,这种由货币表现出来的价格就是名义价格。

其次,斯密探讨了商品价格的组成要素。他认为,商品的价格包括工资、利润、地租等组成部分。"在资本尚未积累、土地尚未私有之前",不同产品的交换是严格按照劳动数量比例进行交换的,如果付出的劳动比较艰辛或需要一定的天赋,则时常需要一定倍数的劳动补贴作为公平交换的原则。但是随着社会的发展变化,这种特殊类型的劳动补贴就转化为工资;而资本积累者也需要其原有资本的增值,获取利润是资本所有者的要求;而土地所有者则希望通过土地的占有而实现一定的地租。这样,工资、利润、地租自然就是商品价格的重要组成部分。

---

① [英]亚当·斯密:《国富论》,章莉译,译林出版社2011年版,第24页。
② [英]亚当·斯密:《国富论》,章莉译,译林出版社2011年版,第26页。
③ [英]亚当·斯密:《国富论》,章莉译,译林出版社2011年版,第28页。

最后，斯密探讨了商品的自然价格和市场价格问题。这种区分主要是描述商品在市场交换时候来确定的。斯密指出，如果"某种商品的价格恰好等于生产、自然工资、自然利润之和，那么我们就说商品是按自然价格出售的"；而"商品的实际销售价格被称为市场价格"。[1] 斯密认为，单个商品的市场价格通常由供求关系所决定，当商品供给量超过有效需求量时，市场价格就会低于自然价格；当商品供给量低于有效需求量时，市场价格就会高于自然价格；只有当商品的供给量等于市场需求量时，商品的市场价格才能等于自然价格。在市场自由竞争的条件下，商品市场价格总是以自然价格为中心，不断趋于平衡，最终实现供求关系的平衡。此后，在其他古典经济学家尤其是约翰·穆勒的努力下，系统论述了劳动相关问题，奠定了劳动价值论的形成基础，为马克思商品货币等相关理论形成提供了前提和基础。

（3）关于利润分配要素问题。西方古典经济学家分析了市场经济条件下劳动者工资、资本利润、地租等财富的分配问题。亚当·斯密提出，在资本积累和土地私有化之前，由于劳动者自身拥有全部的劳动资料和消费资料，劳动者必然独占全部的劳动产品，他"不需要和地主或者领主分享劳动产品"[2]。伴随着土地私有化和劳动积累的增加，土地所有制和劳动资料拥有者必然要求首先获得一部分劳动产品或者产品收益，就产生了地租和利润，资本利润和劳动工资就衍生了，雇主和雇工全体就单独分离出来，很少存在雇工与雇主一体化的状态。"劳动工资的高低取决于劳资双方所签的协议"，但由于二者的目标不同必然会引发工资的变化，劳动者为了提高工资会联合起来，而资本家则会联合起来降低工资。一般情况下，劳动者总是处于不利的状态，因为劳动者人数较多，不利于联合，同时"很多法令禁止工人联合要求提高工资"，"而从不会禁止雇主联合降低工资"；因此，雇主之间往往会形成"一种天然的联合"，通过"特殊的组织，将工人的工资降低到实际工资率以下"[3]。"只有当所有国家对依赖工资生活的人需求持续增加时"，即劳动力出现短缺时，"为了得到足够的人手，他们竞相联合提高工资，自然

---

[1] ［英］亚当·斯密：《国富论》，章莉译，译林出版社2011年版，第51页。
[2] ［英］亚当·斯密：《国富论》，章莉译，译林出版社2011年版，第59页。
[3] ［英］亚当·斯密：《国富论》，章莉译，译林出版社2011年版，第61页。

会打破那些限制工资增长的潜在联合"。① 但由于劳动力生存的需要,一般情况下必然要有一个工资的最低限;以满足劳动者的生存所需要的部分,同时也要保留一部分的积累额用以发展。因此,劳动者需求增加必然会引起国家收入和财富的增加。根据这些原理,斯密紧密结合西欧工人生产生活的具体实际,详细分析了劳动者工资收入的基本现状。关于利润问题,斯密认为,资本利润的增减状态取决于社会财富的增减。但是,资本积累"总是倾向于降低利润",利润总是时刻发生变化的,如果想要确定具体的年平均利润,这几乎是不可能的。为此,斯密提出了根据货币利率的增减来确定利润的增减,"当利用货币颇丰时,才会为使用货币支付较高的利率",从而也说明一般资本利润是上升的;"而当利用货币所获很少时,自然为其支付的利息也少",一般资本的利润是下降的。因此,一个国家财富和收入增长的速度越快,"劳动工资在此时期内不断提高,而大部分工商业的资本利润却在下降"②,揭示了工资增长、财富增减、利润之间的关系,进而揭示了地租的相关要素及产品分配的实际情况等。

(4)关于资本、税收、自由竞争理论体系等相关问题。在对市场微观要素剖析的基础上,斯密又结合西欧国家发展的历史和现实状况,从宏观层面提出了资本相关问题、税收相关问题、市场经济调控属性等。

首先,斯密根据物资储备的基本原则,解析了储备物资的自然组成部分、社会总储备的货币本质、储备的运行方式、资本的不同用途等。斯密提出,储备产生的基本原因是社会分工的出现,人类为了满足其生存发展的需要,在通过货币交换之前必然要拥有一定数量的物资储备,才能实现其生产生活发展的需要。社会总储备自然包括三个部分:"第一部分是为满足即时消费的储备,它不会产生任何收入或利润",如住房、衣服、家具等,其已经不具备资本的属性;"第二部分是固定资本,其在不用进行流通或改变所有权的情况下就能带来收入和利润",如机器、盈利性建筑、耕作设备、技能等,它能够带来一定的收益,具备资本的属性;"第三部分是流动资本,其只有通过流通或出让所有权才能带来收入",如货币、商人持有的食物储

---

① [英] 亚当·斯密:《国富论》,章莉译,译林出版社2011年版,第62－63页。
② [英] 亚当·斯密:《国富论》,章莉译,译林出版社2011年版,第80页。

备、服装家具等原材料、商人或工厂主持有的制成品等。① 斯密认为，在这三种不同的社会总储备中，尤其是流动资本与固定资本中的确存在大量的货币形式或相当于货币形式的资本，这类资本尽管属于社会总收入的重要组成部分，但固定资本和流动资本中"以货币形式存在的部分，对社会收入的影响极其相似"。②

其次，斯密又探讨了货币和纸币的关系，指明了纸币运用的好处及纸币发行的机制等问题。他认为，"在任何一个国家，能够顺畅流通的纸币总额不能超过其所代替的金银总额"，任何银行都要尽可能实现发行货币的合理性，否则都会造成对银行的不利影响等，初步探索了纸币使用问题，但并没有进行深入的探索。在此基础上，斯密又详细区分了资本积累和生产性劳动、非生产性劳动等概念，论证了资本在农业、工业、运输业、贸易等领域的不同用途，最终探索了"国富民裕"的基本路径，尤其是强调了国家税收的基本原则和相关理论性问题探索，批判了重商主义和重农主义局限性，明确提出了其自由竞争的市场经济的主张等。其后的古典经济学家基本接受了斯密的主张，尤其是大卫·李嘉图在税收征收方面和税种类型等方面进行了详细的分类和探索，使国家税收原理论述得更为详尽；而约翰·穆勒则比较系统地总结了前人的基础性成果，对于税收及相关分配的原理做出了详尽的描述等，为马克思市场批判理论关于市场机制的分配问题提供了丰厚的理论基础。

总之，马克思在深深为西欧资本主义社会发展而陷入迷茫的时候，通过对古典经济学家著作理论的摘录、反思、批判等，提出了自己有关未来社会发展的独到的市场批判理论，并借助空想社会主义未来社会发展的市场导向理论，运用唯物史观的基本价值方法论基础，实现了其关于市场批判的核心内容，提出并完善了其关于未来社会发展的宏观性建构。

（二）空想社会主义为马克思市场批判提供了直接性思想资源

在研究学习西欧古典经济学家关于市场经济相关理论的基础上，马克思开始关注未来新社会的建构问题，这种思想主要来源于西欧的空想社会主

---

① ［英］亚当·斯密:《国富论》，章莉译，译林出版社2011年版，第129－131页。
② ［英］亚当·斯密:《国富论》，章莉译，译林出版社2011年版，第137页。

理论，空想社会主义对市场的批判为马克思的市场批判理论提供直接的理论来源。众所周知，市场经济的局限性与资本主义制度的劣根性结合激化了市场经济负面效应，如经济危机、社会分配不公、道德良知的金钱化等问题，空想社会主义者开始着力于探究未来美好社会的设想，他们选取市场经济作为批判对象，对未来社会的所有制形式、政治制度生活进行设想，建构了其富有想象力的市场批判性理论。其主要包括三个层次的内涵，具体如下：

1. 空想社会主义的市场客体论。所谓市场客体论是指市场应该作为社会发展过程中必然存在的一种客观实体，对于生产、生活、分配、消费等都起到不可或缺的作用。空想社会主义者正是基于这种观点倾向来对待市场的。一方面，他们肯定市场对社会发展的重要功能，尤其是肯定市场给资本主义社会带来的物质繁华。因此，所有空想社会主义者在设计未来社会的时候都没有完全放弃市场经济的想法，对市场的批判也并未展开深层次的理论研究，而是聚焦于市场衍生问题的形式化批判，主张限制并消除市场经济。另一方面，他们肯定未来理想社会仍然存在市场的必然性，不过这种市场的功能和形式发生了转换而已。如托马斯·莫尔（Thomas More）在《乌托邦》一书中描述时，就非常强调市场对于人类社会生活的重要性。他提出，即便是在城市交通发达、政治生活民主、医疗体系健全、官员生态清明、法律体系健全、精神信仰高尚的理想社会中，人类的生活生产也不能脱离市场的帮助，仍然需要百货市场、食品市场等形态。他认为，在乌托邦社会中，"城市四个区中每一区的中心都是一个百货汇聚的市场"，"这个市场里储藏着每家每户的劳动果实"[1]，供全体人民共同享用；而"食品市场"就在"百货市场"的旁边，"全国各地有各种食品运到这里，除了各种蔬菜、水果、面包，还有鱼，以及可供食用的禽鸟及牲畜"[2] 等，肯定了市场客体的储存性功能和形态性功能。

由此可知，空想社会主义者对市场的批判并不是绝对的，而是对资本主义市场问题的批判，明晰了未来社会仍然需要市场的必然性。这种观点具有客观性，即便丧失了交换的基本市场，其客观储存的职能仍然具有必要性。

---

[1] ［英］莫尔：《乌托邦》，胡凤飞译，北京出版社2007年版，第70页。
[2] ［英］莫尔：《乌托邦》，胡凤飞译，北京出版社2007年版，第71页。

2. 空想社会主义的商品货币存在论。所谓商品货币存在论是指在现实的社会中（包括资本主义社会与社会主义社会），商品货币都是社会生产生活的必要元素，商品货币具有不同的制度属性和不同的功能形态，但商品货币的客观存在性是不可避免的。如莫尔在设想乌托邦人民的财产观时，就明确地提出了乌托邦式的商品形态和商品功能，货币属性与货币功能等。他提出，乌托邦国内的商品自给自足论与乌托邦国外的商品交换论，肯定了商品货币的实践价值。莫尔认为，乌托邦每年都会在首都亚马乌罗提举行"元老院会议"讨论重大问题，首先就要确定"每一特殊区域哪一类商品充足，然后确定岛上哪些地区粮食歉收"，以便无偿性地以"有余济不足"。① 通过"商品"的形式实现岛内的生活互通有无和互相平衡问题，实际也是供需平衡问题。为了解决乌托邦所缺乏的物品，如"铁"，他们必须"通过出售一定产品获得大量的金银，再购买他们所缺乏的东西"，有时候也会运用"赊账的办法出售大宗货物"，进行"信贷交易"等②，从而保证乌托邦的社会生活，实际上仍然保留了商品的交换属性和货币的媒介职能，这点与资本主义商品货币并没有本质的区别。实际上肯定了商品货币的本质性功能和客体性功能。同时，他们又提出要限制土地和货币的数量，"所有人拥有的货币收入不能超过法律规定的数量"等③，以限制货币私有带来的危害等。

由此可知，空想社会主义者实际是主张保留商品货币的观点，这符合社会发展的实践特征，不过商品货币的部分属性应该有所限制。

3. 空想社会主义的市场批判论。所谓市场批判论是指空想社会主义在认识市场储存职能、物品职能、交换职能、货币媒介职能等问题时，着力于聚焦资本主义社会的批判与市场经济衍生的社会不公问题的揭露，对商品、货币等市场要素展开了批判，这是空想社会主义者市场批判理论的核心和焦点。这种批判并不是单纯地对市场客体的职能性批判，也不是对商品货币的实体性批判，而是把这种批判与资本主义制度结合起来，把物质形态与精神形态结合起来的一种批判，从而建构起空想社会主义市场批判理论的内核。

---

① ［英］莫尔：《乌托邦》，胡凤飞译，北京出版社2007年版，第86页。
② ［英］莫尔：《乌托邦》，胡凤飞译，北京出版社2007年版，第87页。
③ ［英］莫尔：《乌托邦》，胡凤飞译，北京出版社2007年版，第39页。

(1) 对私有制展开了实质性批判。空想社会主义者都十分憎恨私有制，他们认为私有制是一切痛苦欲望的根源，私有制加剧了原本存在的社会不公和欲望，从而使社会陷入战争与纷争，造成了社会矛盾加剧。莫尔说："我深信，如果不彻底废除私有制，产品不可能公平分配，人类不可能获得幸福。"① 欧文（Irving）说，私有制是资本主义社会的主要祸害，"是各国的一切阶级之间的纷争的永久根源"②。摩莱里（Morelly）对私有制的揭露最为系统。他说，私有制造成了社会财富的不公平分配和贫富对立；私有制必然引起道德败坏和贪欲的恶习；私有制产生了封建特权专制统治和不合理的法律制度；建立在私有制基础上的国家同样具有虚伪性和欺骗性。总之，"私有制是一切社会罪恶之母"③。而欧文则提出在未来社会"纯粹个人日常用品以外的一切东西都变成公有财产"④。

(2) 对商品货币展开了尖锐的批判。莫尔认为，在没有私有财产的社会制度下，社会财富非常充裕，人们无需为自己的衣食住行和健康保障，又能够从社会中取得自己所需要的产品，可以潜心地进行工作、研究、生产等，各取所需。因此，这种社会根本不需要商品货币等大规模地存在，或者要转换为另外一种追求。"乌托邦国家已经废除了金钱制度，金钱变成了一件毫无用处的东西"⑤，"在乌托邦人眼中，金钱如粪土"⑥；金钱只能用来雇佣军队来行使军事所需，把"金银作为可耻的标记、肮脏与邪恶的同义语"⑦；对珍珠、宝石之类的东西充满质疑与厌恶等，金银只适合于制作"公共厅馆私人住宅等地的粪桶便溺器之类的用具"⑧ 等。由此可知，空想社会主义对于金银珠宝等东西充满了深刻的厌恶和鄙夷，对西方资本主义货币至上和拜金主义现实深感痛恨。

---

① ［英］莫尔：《乌托邦》，胡凤飞译，北京出版社2007年版，第44页。
② ［英］欧文：《欧文选集》第2卷，柯象峰等译，商务印书馆1981年版，第146页。
③ ［法］摩莱里：《自然法典，或自然规律的真实精神》，刘元慎、何清新译，商务印书馆1959年版，第154页。
④ ［英］欧文：《〈新道德世界书〉摘译》，见《欧文选集》第2卷，柯象峰等译，商务印书馆1981年版，第13页。
⑤ ［英］莫尔：《乌托邦》，胡凤飞译，北京出版社2007年版，第89页。
⑥ ［英］莫尔：《乌托邦》，胡凤飞译，北京出版社2007年版，第88页。
⑦ ［英］莫尔：《乌托邦》，胡凤飞译，北京出版社2007年版，第90页。
⑧ ［英］莫尔：《乌托邦》，胡凤飞译，北京出版社2007年版，第89页。

（3）对资本主义制度的批判。在对市场经济直接批判的基础上，空想社会主义者也对市场经济衍生的要素展开了深层次的批判和揭露，包括社会不公问题、拜金主义问题、货币崇拜问题、道德败坏问题、信仰缺失问题等，通过对这些衍生问题的批判，全面揭示了资本主义社会背景下的社会矛盾和社会形态。他们追求公平公正的社会制度，希望在这种社会中能够安静有序地生活，以农业生产为基础，同时开展手工业，各司其职、各得其所，推崇高尚的教育和道德情操追求，拥有完备的法制体系，人人得以精通法律，同时积极开展休闲、娱乐、旅游、保健等各种活动，积极开展对外交流，废除那种物质泛滥主义的影响和低级趣味的私有财产争夺制度等。莫尔揭露资本主义一出世就犯下了"羊吃人"的罪恶。他写道："你们的羊，一向是那么驯服，那么容易喂饱，据说现在变得很贪婪、很凶猛，以致于吃人，并把你们的田地、家园和城市蹂躏成废墟。"① 圣西门揭露资本主义是一个"黑白颠倒的世界"②。傅立叶指出：在资本主义社会中，"医生希望自己的同胞患寒热病；律师则希望每个家庭都发生诉讼；建筑师需要一场大火把一个城市的四分之一化为灰烬……"③

由此可知，空想社会主义对市场经济的批判更多的笔墨着力于资本主义制度的批判，正是资本主义制度与市场经济的结合才导致了主要矛盾问题的尖锐与激化，从而为未来新社会建立指明了一种萌芽性的思路。

4. 空想社会主义的计划经济新社会论。在对资本主义市场经济和制度批判的基础上，空想社会主义者都试图建立自己的理想社会，如莫尔的《乌托邦》、托马斯·康帕内拉（Tommas Campanella）的《太阳城》、圣西门（Saint-Simon）的《论实业制度》《新基督教》；傅立叶（Fourier）的代表作《全世界和谐》《新世界》；欧文的《新社会观》《人类思想和实践中的革命》等都从不同角度提出了对未来新社会的构想，其中，欧文还进行了"新和谐公社"的具体实验，进行了未来社会的早期设想。这些设想被后人称为

---

① ［英］莫尔：《乌托邦》，胡凤飞译，北京出版社2007年版，第21页。
② ［法］圣西门：《圣西门选集》第1卷，王燕生、徐仲年等译，商务印书馆1962年版，第275页。
③ ［法］傅立叶：《傅立叶选集》第1卷，赵俊欣、吴模信、徐知勉、汪文漪译，商务印书馆1979年版，第122页。

空想社会主义，因为他们都未能发现这种新社会建构的条件，没有发现无产者的阶级力量和实现新社会的具体手段等。因此，我们可以笼统地认为，这些新社会构想都是空想社会主义市场批判理论的终极目标或终极成果。

（1）建立公有制的未来新社会。空想社会主义设想的新社会是废除私有制的社会，因为"任何地方只要有私有制存在，所有的人凭金钱衡量所有的事物""一个国家就难以有正义和繁荣""达到幸福的唯一道路是一切平均享有"，这种平均享有的权利就建立在绝对废除私有制的基础上。因此，如果"不彻底废除私有制，产品就不可能公平分配""人类就无法获取永恒的幸福"。① 马布利则提出："在这里，人人都是富人，人人都是穷人，人人平等，人人自由，人人是兄弟。"② 由此可知，空想社会主义者关于未来社会的美好设想基本是公有制为基础的社会，把私有制视为未来社会必须消灭的产物，这是未来新社会制度的所有制基础。但对于如何废除私有制，他们并没有进行过多的论述，从而把这种新社会的设想置于了空想的状态。

（2）计划经济为主的经济体制。空想社会主义者主张，由于未来社会中的市场、商品、货币等已经与资本主义社会的现状发生了明显的改变，有的已经废除，有的已经发生性质的转移，那么这样的一个新社会究竟要推行什么样的新制度呢？他们普遍提出了有计划的有组织的经济发展方式，也就是我们后来所倡导的计划经济的早期形态，通过有目的、有计划、有组织地安排生产、分配、交换、消费等各种活动，从而实现经济要素有效运行，从而按照计划目标实现人类发展的理想目标。莫尔提出，在乌托邦社会里，为了更好地实现城市资源和人口之间的矛盾，乌托邦对每家每户的人口都要严格规定，"每家成年人不得少于10名，也不得多于16名"，保证每家劳动力充裕，每个城市必须有6000个这样的家庭等③；而对于乡村居民人数同样限制，"每个农户男女成员不得少于40人""拥有2名农奴和1名管理人员"等④，其他对于劳动时间、劳动条件、技术条件等都有明确的规定等，充分反映了这种乌托邦社会的严密的计划性。同时在乌托邦内部基本消除了商品

---

① ［英］莫尔：《乌托邦》，胡凤飞译，北京出版社2007年版，第40-41页。
② ［法］《马布利选集》，何清新译，商务印书馆1983年版，第154页。
③ ［英］莫尔：《乌托邦》，胡凤飞译，北京出版社2007年版，第48页。
④ ［英］莫尔：《乌托邦》，胡凤飞译，北京出版社2007年版，第55页。

和货币，仅仅在对外交流时保留了部分交换职能，各种产品的需求都是靠个人去领取，按照需要的标准进行安排。其后的圣西门、巴贝夫等都提出了按照计划进行生产管理的基本原则和实施方案，大大发展了莫尔的早期计划经济萌芽。

（3）公平公正的分配制度。关于劳动产品分配制度，空想社会主义者基本坚持劳动与产品分配统一的原则，主张劳动是产品分配的基本依据，也就是按劳分配的早期设想；但也有主张按需分配的设想，这种设想是在生产产品极大丰富，人的精神极度高尚状态下才能实现的。如莫尔提出，在乌托邦社会里，"几乎所有的人，无论男女，都以务农为业"，"还得每人学会一项专项手艺，一般为纺织、麻纺、圬工、冶炼或木作等"。① 通过劳动获取自己生存的需要，使劳动成为"第一需要"，实行"广大居民一起劳动，尽可能保证人人都工作愉快"②，把自我劳动和价值的实现联系起来，然后"每一户的户主来到仓库领取他自己以及他的家人所需要的物资"，不需要现金和交换；因为"一切货品都是大家通过共同劳动共同创造的，而且这些产品供应都是充足的"，"而且乌托邦的思想是高尚的，没有人会拿取超出自己所需产品数量的想法"等。③ 很显然，莫尔主张的各尽所能，按需分配的思想，公平公正地实现产品的分配。而圣西门和傅立叶则主张按劳动贡献和能力进行分配，欧文则明确提出了各尽所能，按需分配的概念。

总之，空想社会主义围绕市场批判的基本逻辑，建构了市场批判的基本内涵和未来社会建构的基础，构成了马克思市场批判理论的直接理论来源，奠定了未来新社会制度建构的理论基础。

二、马克思市场批判理论的衍生逻辑

马克思市场批判理论的衍生不是偶然的，而是立足于对西欧社会发展的历史与现实不断思考总结的基础上，结合德国古典哲学的方法论逻辑，吸收

---

① ［英］莫尔：《乌托邦》，胡凤飞译，北京出版社2007年版，第58页。
② ［英］莫尔：《乌托邦》，胡凤飞译，北京出版社2007年版，第59页。
③ ［英］莫尔：《乌托邦》，胡凤飞译，北京出版社2007年版，第70页。

古典经济学市场知识内核，批判接受空想社会主义的市场理论学说，从市场起源认知社会与市场的关系，进而发现了"市场外生说"，准确界定了"社会与市场"的关系以及未来社会制度的市场向度，建构了市场批判的逻辑主体。

(一) 逻辑起点：西欧社会何处去的思考

马克思不是一个书斋式的学术研究者和天才的幻想者，而是一个对现实问题的批判者和实践者，这是他不同于历史及现实社会中很多研究者的一个重要特点。也正是这一点，使马克思富有深深的社会责任感和娴熟的实践批判技巧，从而马克思的学说能够立足于现实生活而又超越于现实社会，富有科学性、远见性、超越性等特点。因此，欧洲社会该往何处去的实践批判正是马克思市场批判理论的逻辑起点。

1. 马克思未来社会观的迷茫。1843年到1844年间，是青年马克思未来社会学说形成的关键期，奠定了马克思一生努力的方向和未来社会建构的概括性思考。像同时代的许多年轻人一样，马克思抱着远大的决心和理想，在"到巴黎去，到这所古老的哲学大学去吧……到新世界的新首府去吧"口号的感召下[①]，马克思来到巴黎，试图寻找未来社会变革的途径和手段，实现"德国式"头脑和"法国式"心脏的结合。但脱离了其原来擅长研究的哲学式变革社会的思维方式，马克思并没有找到了解近代西方社会的钥匙，他并不知道"从何处着手来理解社会、寻找出路"[②]。可以这么说，青年时代的马克思的未来社会观并没有成熟，也尚未把握破解现实社会问题和解决社会矛盾的方法和原则，这些问题一直困扰着马克思，促使马克思努力探求变革社会的动力，那么对前人理论的学习和社会现实的关注必然成为青年马克思的首要选择，在理论学习研究与现实社会问题观察剖析的基础上，马克思的未来社会观逐渐形成。由此可知，对欧洲未来社会的迷茫构成了马克思一生奋斗的起点。

2. 马克思未来社会观的形成。马克思关于未来社会的认识和了解是基于对资本主义社会市场经济的认识开始的，"列宁认为，经济学说是马克思理

---

① 《马克思恩格斯文集》第10卷，人民出版社2009年版，第6页。
② 聂锦芳：《巴黎手稿再研究》，中央编译出版社2014年版，第2页。

论的核心内容,而唯物主义、辩证法、唯物主义历史观和阶级斗争学说构成了马克思的整个世界观;唯物主义历史观是19世纪40年代马克思把唯物主义贯彻和推广运用于社会历史领域的结果,《资本论》使唯物史观由假设变为被科学证明了的原理"①。正是在对西欧资本主义市场经济学习研究的基础上,马克思通过对共产主义运动的实践接触,不断运用其原有的哲学知识为经验,最终甄别了自己的社会观,发现了未来社会建构的理论。

(1) 确立了未来新社会的建构目标。早在莱茵时期,马克思就对当时比较流行的共产主义观点持赞成态度,他在《共产主义和奥格斯堡(总汇报)》一文中就提出,共产主义思想"决不能根据肤浅的、片刻的想象去批判,只有在长期持续的、深入的研究之后才能加以批判"等观点②,表明了马克思关于共产主义思想的早期兴趣。为此,他曾专门阅读了大量关于空想社会主义思想的书籍。到了巴黎之后,一方面,他亲自接触法国共产主义运动、社会民主主义运动、社会主义运动等,亲自接触到了"共产主义者同盟"组织,并参与法国大多数工人秘密团体的活动,经常出席巴黎的德国共产主义者聚会活动等激进行为,感受到法国普遍存在的无产阶级和资产阶级的矛盾现状,为马克思的共产主义思想的形成提供了新的思想空间。另一方面,马克思又大量阅读了有关共产主义的相关书籍,包括傅立叶、蒲鲁东(Proudhon)、孔西得朗(Constituee)、欧文、卡贝(Cobbe)等撰写的有关社会主义的著作,并对这些著作进行批判性的思考,逐渐接受其共产主义思想的内核,但同时对那些空想矛盾提出了尖锐的批判。这些理论的积累和现实问题促使马克思要"编纂一套社会主义史的资料汇编,或者毋宁说是一部用史料编成的社会主义史"③的想法。

(2) 了解有关社会发展的历史。为了更加准确地深入了解复杂的社会现实,除了深入与工人运动和民众现实广泛接触之外,还必须对资本主义社会的有关历史问题进行正确的把握,才能准确把握未来新社会的发展方向。为此,早在巴黎时期,马克思就首先从有关历史的书籍方面展开了大量的阅

---

① [意] 奈格里:《〈大纲〉超越马克思的马克思》,张梧、孟丹、王巍等译,北京师范大学出版社2011年版,第5页。
② 《马克思恩格斯全集》第1卷,人民出版社1995年版,第295页。
③ 聂锦芳:《巴黎手稿再研究》,中央编译出版社2014年版,第3页。

读，奠定了其历史唯物主义的基础。马克思的"一项政治计划"就是"想首先从共产主义的观点对黑格尔的自然法进行批判性的分析，然后写一部国民公会的历史，最后批判所有的社会主义者"①。由此可知，马克思的未来社会观是建构在对资本主义社会历史批判的基础上，在对历史进行认真审视的过程中逐渐寻找共产主义社会建构的目标的。所以马克思率先阅读了有关法国革命的相关书籍，如《革命时代的法国史》《社会契约论》《论法的精神》等；同时也考察了"法国时事的一切细节，收集材料以备将来使用"②。通过对法国历史书籍和时事问题等的关注，马克思比较系统地了解了法国社会发展的历史轨迹和现时代面临的诸多问题，为马克思了解认知社会提供了前提和基础。

（3）掌握了未来新社会建构的逻辑。在通过对资本主义社会发展史详细了解的基础上，面对西欧资本主义社会的现实，马克思发现破解社会现实问题必然依据社会发展的内在逻辑，必然要从经济事实寻找根据。由此，马克思就立即着手对资本主义古典经济学著作进行研读，希望通过经济运行方式的了解发现破解社会问题的工具。从1843年10月起马克思就阅读了大量的经济学著作，其中就包括亚当·斯密的《国富论》、大卫·李嘉图的《政治经济学及赋税原理》、约翰·穆勒的《政治经济学原理》、恩格斯的《政治经济学大纲》等19部经济学著作。在学习初期，马克思主要采用摘录和简单评注的方式，了解市场经济的基本原理并提出自己的基本看法，曾经写出了著名的三本巴黎笔记和《穆勒评注》等，在对前期经济学家观点学习评价的基础上提出了自己的独到见解，通过"对不同经济学家的理论进行反思与批判"，马克思"对一些关键的经济学概念，比如价值、货币、信贷、生产力等进行了集中思考"③，丰富完善了自己的经济学理论，并针对资本主义异化问题及其解决方案提供了科学的设想，并在此后的革命实践与《资本论》的研究过程中，探索了自己共产主义的设想。

总之，马克思有关未来社会的构想是建立在西欧资本主义社会何处去反

---

① 聂锦芳：《巴黎手稿再研究》，中央编译出版社2014年版，第59页。
② 《马克思恩格斯文集》第2卷，人民出版社2009年版，第469页。
③ 聂锦芳：《巴黎手稿再研究》，中央编译出版社2014年版，第69页。

思的命题基础上，在共产主义目标的指引下，运用唯物史观的分析逻辑和古典经济学关于市场问题的研究，结合西欧的社会发展历史和市场经济的现实，从市场批判的视角发现了未来社会建构的目标，构成了马克思市场批判理论的逻辑起点。

（二）逻辑内核：关于"社会与市场"关联性的科学定位

社会与市场的关系是马克思考察的重点，也是其建构市场批判理论的前提。如前所述，对于欧洲社会如何发展马克思也曾迷茫过，几经思索后，他最终选择了共产主义的新社会建构。但未来社会到底如何？是不是仍然坚持市场经济制度？未来的市场经济制度又该如何定位？按照马克思惯有的学习逻辑和思维逻辑，这些问题的解答必须依赖于历史社会发展的经验教训做出回答。这就引发了关于市场与社会关系的讨论，马克思正是从市场如何起源这个角度展开了初步探索。

1. 马克思的"市场外生说"。关于市场起源的基本观点，马克思之前的古典经济学家基本沿袭了亚当·斯密的市场起源论观点。如前所述，亚当·斯密在探讨社会分工时明确提出，市场经济起源于"人性交换的倾向"，这种"人性倾向"即是物物交换、互通有无、相互贸易，这就是最早的市场起源于"人性"的"市场内生说"观点。根据这种观点，亚当·斯密进一步论证了分工受市场限制的基本情况以及市场发展的具体现状等观点。很显然，斯密的这种市场起源"人性的观点"是有局限性的。从表面来看，市场的出现是由于人的交换想法而产生的，市场的繁荣与否也往往取决于人类交换的想法的多寡和交换行为的复杂化。但如果以此说明人类的想法就决定市场乃至分工的说法属于唯心主义的市场观，不符合唯物史观的基本要求，过分夸大了人性的基本意识追求。试想，如果没有可以交换的剩余产品，即便人类再想去交换恐怕也是不可能的。即便在市场发达的今天，缺乏交换资源的市场行为仍然属于盲目化、理想化、空想化，也只有有了可以交换的产品，人类才会产生交换的念头，从而产生交换的行为，进而才能催生市场。因此，斯密这种市场起源论观点难以立足，但由于当时历史的局限性，唯物史观的思维方法尚未完全诞生，出现这种观点就不足为奇了。

马克思是一个非常谨慎而又大胆的创新者，通过对西方大量的经济学著作研读，他首先摘抄了大部分经济学家的著作内容，尤其是斯密有关经济学论述相关概念范畴，进而又通过与其他经济学家观点著作的对比，逐渐产生了自己的想法，然后做了详细的批注，随着自己经济学知识的积累并不断加强，马克思逐渐有了自己独立的见解和想法，对古典经济学里面尚未搞清楚的诸多问题逐一展开阐述，论证了自己的基本观点。关于市场起源的基本问题，马克思利用唯物史观的基本方法思路，就提出了相反的看法。他认为："市场并不是在原始公社内部出现的（马克思强调指出，亚里士多德在谈到作为原始公社的私人家庭时也指出了这一点），而是在它的尽头，在它的边界上，在它和其他公社接触的少数地点出现的。这里开始了物物交换，由此浸入到公社内部，对它起到瓦解作用。"① 这种观点我们称之为"市场外生说"观点，也就是说市场起源于人性之外的客观社会，正是由于社会发展的客观需要的外在动力，才激发了人性内在交换需要的基本动力，在两种力量的交互作用下推动市场的形成。这符合马克思的唯物史观，正是在社会生产力发展的客观条件下，社会分工逐渐出现，因为社会分工的出现而带来的不同种类的剩余产品，这样具有不同需要的人类就必然通过交换的基本手段，以获取相对需要的剩余产品，市场自然就产生了。因此，按照马克思的观点，市场产生于"非人性"的客观要素，是社会分工出现导致了市场的出现，市场的出现也能够进一步促进社会分工的精细化，这种观点恰好和斯密的市场内生说观点相反。

2. 马克思的"社会与市场"关系论。关于社会与市场的关系，马克思非常明确地肯定了市场对社会的推动作用，社会必然是市场衍生的基础源泉，二者具有共赢的基本属性。但同时二者又都具有各自的局限性，也会彼此带来伤害。

（1）任何社会制度与市场都具有本质同源性。如前所述，马克思的市场起源论认为，市场起源于社会发展的需要，在社会生产力发展出现了一定产品剩余情况下，人类才具有了交换的想法，而社会分工精细化大大促进了生产力的发展，出现了更多的剩余产品，正是生产力的发展与物质财富的丰足，才导致人类交换诉求的日益增强，这是市场起源的根本动力。从这个意义出发，马克思最早对市场的功能是持肯定态度的，并不是为了批判市场而

---

① 《马克思恩格斯全集》第 13 卷，人民出版社 1995 年版，第 39 页。

出发的,马克思是为了研究市场才追溯到市场批判要素的。马克思认为,市场衍生是社会发展到一定阶段的必然诉求,是社会发展过程中的必然因素。

(2) 市场具有促进社会发展的历史属性。在发现市场产生于社会发展客观基础之后,马克思又进一步论述了市场促进生产力的观点。他认为,正是由于市场的不断拓展,促进了社会分工不断扩大,二者处于辩证统一的运动之中。马克思明确提出,市场并不仅仅是资本主义社会的产物,任何社会制度(包括社会主义)都有产生市场的可能,这是通过历史梳理得出的基本结论。在原始社会晚期,由于剩余产品的出现,在原始部落的某些地方逐渐产生了市场交换的偶然行为,早期市场交换也就出现了。随着生产力不断发展和剩余产品的大量出现,欧洲社会逐渐出现了奴隶社会、封建制社会,市场交换的范围进一步扩大,尤其是在一些沿海、沿河地区因为交通比较便利、物产比较丰富等原因,这些市场交换就发展得比较快一些,市场范围逐步扩大。而到了资本主义社会,随着生产力的大发展,农业体制被打破,工厂企业等大工业体系逐渐形成,人类赖以交换的产品越来越多,逐渐摆脱了单纯的物物交换、小范围市场等,市场体制逐渐成了资本主义的核心经济机制,大大拓展了资本主义的生产力,促使市场成了资本主义的典型特征。因此,在西欧市场经济逐渐盛行并带来巨大物质财富集聚的时代,市场的优越性和劣势属性逐渐凸显出来。结合资本主义社会分工复杂化的实践,马克思又进一步研究了资本主义市场要素属性和制度属性等,发现资本主义制度是市场功能发挥较集中的社会阶段,市场大大促进了资本主义生产力的发展;但同时马克思也明确批判了资本主义市场弱势属性以及产生的种种社会问题,希望建立一个相对于资本主义根本变革的新社会制度。

总之,马克思通过对社会与市场关系的系统论述与分析,发现了市场促进社会发展的优势属性,明晰了任何社会制度都可以与市场相结合的内源性属性,蕴含了未来新社会制度拥有市场经济的可能性。

(三) 逻辑目标:"无市场"的未来社会论

在准确定位社会与市场的关系的基础上,马克思认真思考了人类社会发展的历史逻辑,逐渐明晰了未来必然建构新社会的历史诉求。根据社会与市场的共赢关系,马克思认识到超越资本主义的共产主义的必然性,进而又分析了市场在共产主义设计中的定位问题,提出了未来最终"无市场"的理想目标。

1. 关于"有市场"的社会历史轨迹。按照古典经济学家的历史逻辑,在西欧社会的奴隶制、封建制社会中,由于奴隶完全没有人身自由而耕作的积极性并不高,土地所获得的利润也往往由奴隶主完全占有,这种状态下的农业发展并不是很好,以工商业为主的市场经济发展空间并不是很大。到了封建社会时代,奴隶逐渐为对分佃农或农奴所取代,这种制度下"耕作农田所需要的全部资本,收成在地主和佃农之间平分"①,随着这些佃农身份的自由化,他们耕作的积极性大大提高,促进了农业的大发展,但他们并没有"土地改良"的积极性,限制了农业市场的发展。随着"农民"的出现,在上缴过地租之后农民就可以完全占有产品,因为有利可图而促使农业耕作的积极性进一步提高,但由于农民的地租、赋税、徭役等沉重的负担,导致了农业也无法完全进行土地改善获得更好的发展。因此,在资本主义社会之前,由于农耕文明占据主导的时代,受到自然条件、人身条件、社会条件等所限,市场经济并没有得到充分的发展,市场交换的范围也大大受限,产品的利润受到各种条件的制约而失去了交换的可能。在城市,随着城市文明的兴起以及城市生产力的发展,那些早期受制于奴隶或封建社会制度的城市居民,同样也被限制人身自由和生活自由,在沉重的赋税中艰难度日,在免税制度兴起的过程中,"那些因某个城市的市民而免征"的群体就逐渐演变为"自由市民或自由商人",而那些依靠农业原料为来源的交通便利的城市就率先成了制造业中心或商业中心,这些商业城市同时对农业又有了很大的促进作用,既需要农业的大量的原材料,又为农业发展提供工业材料,而城市居民也会通过更多的积累去农村购买土地等,在二者的交互作用下,工商业逐渐成为主要行业,工业文明也逐渐取代了农耕文明,随着资产阶级力量的逐渐壮大和扩展,市场经济为特色的经济体制就形成了。

在古典经济学家分析市场化的进程中,结合市场经济在欧洲发展的历史进程,马克思逐渐总结欧洲社会变迁的市场历史逻辑,从而为其未来新社会制度建构逻辑提供了前提。马克思总结梳理了欧洲社会发展的逻辑,那就是在经历原始社会、封建社会之后,资本主义市场经济已经成了主要的社会制

---

① [英]亚当·斯密:《国富论》,章莉译,译林出版社2011年版,第217页。

度。但此时的资本主义社会，市场经济仍然是斯密倡导的自由竞争的经济。虽然大大促进了资本主义社会生产力的发展，社会财富急剧增加，但市场经济发展引发的收入分配不公、两极分化、环境污染等现象日益严重，已经形成了无产阶级和资产阶级两大阶级对立，异化现象严重存在，日益限制了人类自由全面发展的步伐。那么要想改变这种资本主义社会的矛盾，就必然要求实现新社会的制度建构。这个时候在西欧比较流行的新社会制度也就是当时的共产主义、社会民主主义、社会主义等各种社会思潮。在阅读了大量的理论书籍以及亲自参与共产主义运动的实践中，马克思逐渐提出了其未来新社会的构想，那就是建立一个共产主义社会。这个共产主义社会不同于空想社会主义，他批判吸收了其公有制、计划经济、按劳分配、自由人联合体等思想，同时也发现了破解异化的根本路径，那就是消除私有制和市场经济的结合，指明了欧洲社会由原始社会、封建社会、资本主义社会，进而必然跨入共产主义社会的历史逻辑，明晰了未来新社会的崭新目标。

2. 关于"去市场—无市场"的社会发展轨迹。马克思关于未来社会"无市场"的理论设计是通过"去市场"理论而实现的，"去市场"理论构成了马克思探索共产主义的实现道路的基础性理论。其主要包括如下要点：

（1）"去市场"理论的逻辑前提。马克思提出"去市场"理论的逻辑前提是基于空想社会主义的理论反思和未来社会主义建构的设想而提出的，"去市场"理论构成了马克思关于新社会制度建构的理论基础。

首先，对空想社会主义理论的批判。马克思通过阅读空想社会主义的著作和德国古典哲学思想，尤其是法国发展史的变迁，很谨慎地对共产主义社会做出了预测。空想社会主义之所以是空想，很大程度上是因为那种"按需分配"的目标的不可实现性，这既需要高度发达的物质基础，又需要人类极度高尚的精神条件，才能确保"各取所需"的可行性。如果物质基础不够丰盛，人类就无从获取所需的资料，也因担心或私心更加不会主动"取所需"，这样就会引发物质资源短缺的矛盾。当然即便是物质基础达到丰盛，如果人类的教育水平与精神追求达不到一定层次，同样会存在部分人"不劳而获"或者"不尽力劳动"；或者"获取过量的产品"等问题，同样会引发社会矛盾。因而，物质基础和精神基础的要求必然成了空想社会主义的最大障碍。同时，空想社会主义者也没有发现私有制和市场经济的逻辑联系，从而没有发现如何通过废除市场经济而废除私有制的逻辑路径，自然也就不能从根本上解决工人阶级受压迫的问题，从而忽视了工人阶级作为新社会推动的核心力量。马克思正是在对空想社会主义理论的批判反思中，发掘了空想社会主义关于未来社会建构和市场经济的关系，进而系统深化了空想社会主义者对于市场经济批判的理论。

其次，关于共产主义制度实践的设计。在对空想社会主义批判的基础上，马克思着手在现实社会中寻找实现共产主义的阶级力量和运动方式，通过革命的实践进程实现共产主义运动，并设计了关于共产主义的相关理论设想。结合世界工人运动的现实，马克思发现了工人阶级必然成为未来社会推动的阶级力量，指出了资产阶级与无产阶级的力量对比和矛盾冲突，强调了建立无产阶级政党的重要价值，从而为未来新社会的建构提供了动力前提。关于未来社会制度的具体结构，马克思认为，未来社会必然经历资本主义到共产主义的过渡时期、共产主义第一阶段、共产主义高级阶段等。对于市场经济的使用问题，马克思运用预测的基本手段。他认为，共产主义第一阶段必然通行"调节商品交换（就它是等价的交换而言）的同一原则"[①]；在资本主义向共产主义过渡的时期，除了"政治上的无产阶级专政"之外，市场的促进功能也不会在短期内消失。因为这个时候的生产力是否符合"无市场"的基本要求尚不得而知，至于东方国家不经历资本主义而直接进入共产主义的社会条件更无法预测。只有高级阶段共产主义，拥有了高度发达的生产力，物质财富和精神财富极大丰富，市场促进生产力发展的功能才会自动丧失，才能够建立"无市场"的社会制度，也就是高级阶段的共产主义社会。

（2）"去市场"理论的基本内涵。首先，"去市场"的基本条件。马克思认为，"去市场"是实现"无市场"的必要手段，但"去市场"是需要一定的条件和社会背景的。他提出，共产主义早期阶段即社会主义阶段是需要保留市场的，"去市场"的条件就是生产力高度发达，精神财富极度丰富，劳动成为第一需要，物质财富、人文素质都达到极高的条件下，才能实现"各尽所能，按需分配"的。因为生产力物质财富已经远远满足了整个社会

---

① 《马克思恩格斯选集》第 3 卷，人民出版社 1995 年版，第 305 页。

的需求，对社会财物的占有和分配也会因整个社会精神文明、政治文明极大提高而实现合理的分配，市场职能无需发挥，通过"去市场"来实现"无市场"的价值目标。其次，社会主义仍然需要市场。如前所述，马克思阐述了未来的共产主义制度，并对共产主义制度做出了更为详尽的划分，为科学社会主义建立设置了条件。社会主义制度条件下是否需要市场经济，马克思肯定了社会主义制度要保留市场的观点。马克思也一再强调，他们的理论设计是建立在对未来制度的预测之上，至于是否适合社会实践的要求，则要靠时代具体实践来检验，预示了社会主义是否保留市场要看是否符合社会主义的现实要求。马克思所指的未来制度是建立在生产力高度发达的欧洲资本主义基础之上的社会制度，对于落后的俄国、东欧、中国等东方国家的社会主义制度，则不符合马克思所指的"废市场"的实践。由此可知，社会主义仍然具有保留市场的可能。

总之，马克思立足于欧洲未来社会的建构目标，厘清了社会与市场的双赢关系，发现了未来社会必然消除市场的历史逻辑，创建了未来的共产主义设想，市场批判的逻辑逐渐形成。

三、马克思市场批判理论的结构内涵

马克思市场批判理论具有辩证的、客观的理论属性，蕴含了对古典经济学理论批判，对市场本体缺陷的批判，对资本主义市场经济体制的尖锐批判等基本层次，包含了辩证的批判、直接的批判、深层次的批判等基本内容，形成了三维递进延展的逻辑结构和多维系统的批判内容。

（一）马克思市场批判理论的三维递增结构

马克思市场批判思想立足西方古典政治经济学理论基础，建构起经济学大厦的基本要素，厘清了政治经济学的基础性理论，奠定了批判的前提，发现了市场经济的天然缺陷和资本主义市场经济的制度缺陷，把市场批判思想推向了顶峰。

1. 基础性层次：关于古典经济学家市场理论的批判。这是马克思市场批判的第一个层次，是建构其批判理论的前提性条件。如前所述，马克思探寻欧洲未来社会实现路径是深入了解社会发展的经济运行方式，而把握社会经

济运行方式的优先手段就是学习研究古典经济学家关于西方社会市场经济问题的研究。为此，马克思自然就把目光转移到西方古典经济学家著作的摘抄、研讨、评价、批判等环节上，进而结合资本主义社会发展的实际现状，客观分析了西方市场经济的现状。这种批判的目的主要是掌握有关市场经济的基本范畴、基本概念、基本原理、基本运行机制等，这主要表现在马克思对亚当·斯密、大卫·李嘉图、约翰·穆勒等经济学的批判。通过这种批判，马克思掌握了有关市场、商品、货币、资本、税收等基本要素知识，深入了解到西方自由市场经济运行的一般规律，发现了工人阶级、农民阶级、奴隶阶级等与资产阶级、地主阶级、奴隶主阶级之间如何进行产品分配、劳动控制、资源管理等基本原理，为其后研究市场经济一般规律及剩余价值学说的发现提供了知识积淀，奠定了马克思市场批判理论的基础。此时，马克思仅仅是知识性学习批判，并没有带有任何主观主义色彩和意识形态色彩，同时也不包含其未来社会制度的倾向。这些批判性材料后来大部分体现在马克思的"三个笔记本"和《穆勒评注》里面，也就是我们通常所讲的《1844年哲学经济学手稿》一书。不过由于部分笔记遗失了，现在这些批判性思考也仅仅是大致的轮廓，这种批判性思考奠定了马克思一生理论形成的基础，构成了其市场批判的知识性基础。

2. 主体性层次：关于市场经济本体的批判。在对古典经济学家市场理论批判的基础上，马克思不仅详细地获得了对市场基本要素的评价性研判，同时又结合资本主义的现实获得了对市场经济要素的批判性研判，这些批判主要体现在马克思的《资本论》之中，构成了马克思市场批判理论的主体。这些批判性思考不仅奠定了马克思政治经济学的基础，也为马克思未来社会建构目标提供了依据。通过这一层次的批判，马克思了解了市场经济的基本要素、市场经济运行的基本原理、市场经济条件下生产、分配、消费等相关问题，了解到市场经济在社会化大生产中的重要定位，发现了市场经济机制在社会生产中的局限性和天然的问题矛盾，完善了西方古典经济学家相关知识性要素理论，为正确处理市场经济与社会发展的关系提供了科学指南。其主要包括两个组成部分，一是评价性研判，重点揭示马克思对市场经济相关要素的新概括和新突破；二是批判性研判，重点包括马克思对市场经济相关要素负面功能的揭露。具体如下：

（1）关于评价性研判。主要指对市场的一般原理、资本主义特有的规律性原理、资本主义向高级阶段过渡性原理等的认识与辩证性批判。包括商品二因素、劳动二重性、货币起源、本质、职能等市场要素的分析；有关价值规律、剩余产品、资本积累、商品流通、利润率下降等规律性认知；对于社会总产品、社会再生产、平均利润、生产价格等相关生产原理的分析；有关资本有机构成理论、股份制社会资本、合作制企业管理、虚拟资本管理等原理的剖析。这些认知性评价虽然不具有直接批判性内涵，但构成了马克思市场批判的理论前提，是马克思市场批判思想的重要组成部分。

（2）关于批判性研判。主要是指对市场局限的基本批判。由于市场自身的金钱导向、利润导向、两极分化、自由化等局限性，在私人占有制的资本主义社会衍生了独特的现象。包括市场公平交换背后的不平等，形式平等受私人占有矛盾控制表面的平等；同时容易在民众之中形成拜物教现象、异化现象等，加剧了不同阶层之间的矛盾，从而累积了资本主义基本矛盾的量变，最终带来严重的社会问题，加速新社会制度的生成。

3. 升华性层次：关于资本主义市场经济的批判。在对西方古典经济学理论批判吸收的基础上，结合资本主义市场经济发展的实践，建构了科学的政治经济学理论体系，但这并不是马克思的理想目标，其核心目标是通过政治经济学建构实现其未来社会的理想目标。因此，马克思自然就把市场批判的目标直接转向了资本主义市场经济制度的批判，升华了其市场批判的理论主旨，实现了马克思市场批判理论的重大价值。其批判的重点聚焦在资本主义的经济问题、社会问题、政治问题等，最终直接实现了资本主义制度的综合性批判。

（1）关于经济内部性问题批判。所谓经济内部性问题，就是由于经济自身机制运行过程中，经济机制各要素或者要素之间的矛盾而引发的经济运行问题。根据其关于经济学知识的理解和把握，马克思首先展开了对市场经济内部性问题的批判。主要包括市场经济的优胜劣汰、通货膨胀、通货紧缩、产能过剩、股市动荡等原发性问题，在资本主义制度下更加突出，资本主义制度的私人占有制、金钱至上、利润导向、拜金追求等问题更加突出。因此，在资本主义社会，市场经济的发展取得的成就超越了以往的任何时代，但是经济发展的内部性矛盾是市场经济不可解决的本质性问题，只要有市场经济的存在,就必然存在竞争、产能过剩、金融混乱等现象,这种问题最终都会以经济危机的形态表现出来,推动市场经济不断实现机制优化。这种问题的批判延续了马克思对市场机制自身的劣势属性批判,进一步指出了这种劣势与资本主义制度结合的畸形化现象。

(2)关于经济外部性问题的批判。所谓经济的外部性问题是指那些与经济机制自我发展并没有直接联系,但由于经济自身发展过程而引发的种种问题。马克思重点批判了市场经济发展过程中出现的环境污染、资源浪费、生态失衡等。市场经济的本性是追求利润第一、金钱至上,在资本主义的发展过程中,为了片面追求经济利益,必然会出现那些不顾环境、不顾资源而片面发展的极端案例,而这些财富的发展最终又集中在资本家手里,他们为了追求利润而又进一步加剧这种外部性矛盾,从而加剧了环境污染、资源掠夺等现象,最终影响人类社会发展的历史进程。另外,马克思也着力批判了资本主义把这些矛盾国家化的问题。发达资本主义国家经济扶持、政治控制、文化输出等多元化手段,把其固有的外部性问题转嫁给落后国家与地区,从而促使这种问题矛盾国际化,加剧了市场经济问题的矛盾。

(3)关于社会问题的批判。马克思着力于货币拜物教、商品拜物教、异化现象、剥削现象、道德滑坡、医疗教育、两极分化、政局动荡等间接性问题,并强调了这类问题的社会危害性。很明显,马克思系统揭露了资本主义市场化问题,剖析了这些问题产生的机制原因、人性原因、制度原因等;进而提出了建设性的思考,包括社会人建构理论、人的自由发展理论、教育福利制度等。

(4)关于资本主义制度的内质性批判。马克思市场批判不是为批判而批判,他所希望的是"利益冲突得到了消除,竞争和追逐利润为合作所取代"。① 在对资本主义市场问题和市场要素载体批判的基础上,马克思发现,资本主义的社会化大生产和生产资料私人占有制矛盾是资本主义市场经济难以克服的问题。私有制和市场的趋利性、拜金主义、拜物教等都与人性私欲相联系,并加剧了这些问题的破坏程度;同时私有制也与利润至上原则、剥

---

① [英]戴维·米勒:《社会主义为什么需要市场》,邓正来等译,经济日报出版社1993年版,第29页。

削、剩余价值、利润率等具有内在的一致性；而社会化大生产则具有社会分工复杂化、生产力水平、资本社会化等具有一致性，社会化大生产越是提高，与私有制的矛盾就越大，也就越能加剧市场化问题的矛盾等。因此，马克思极力反对市场与资本主义私有制的结合，即便资本主义试图缓解矛盾的措施，如股份制、合作制共产、社会化资本等，马克思同样称之为"资本主义生产方式本身范围内的消极的扬弃"①；只有社会主义才是"使人类免除压迫和不公正"，"把生产力从资本主义过时的生产关系解放"的一个条件或不可或缺的因素，也是"人类解放的不可或缺的因素"②。因此，马克思对资本主义的批判从现象走入了本质，进而对未来社会制度的"社会所有制"理论、"按劳分配"理论、"人自由全面发展"理论等进行了详尽的规划和描述，建构了未来制度的科学基础。

（二）马克思市场批判理论的本质内容

在致力于破解西欧社会难题的目标导向下，马克思从古典经济学家的经济理论认识与批判出发，在积累了丰富的经济学知识之后，转而对资本主义市场经济问题展开了深入的批判，通过资本主义制度的深层批判与揭露，实现其未来理想的社会目标。这些市场批判的理论成果大部分体现在《资本论》中，重点围绕资本主义的市场经济相关问题展开，对商品经济、价值规律、市场调节、市场机制、世界市场理论等问题进行了详细的剖析，建构其政治经济学逻辑体系，并对未来新社会的经济运行体系做出了一定的预测。

（一）关于市场经济要素的批判

马克思的市场批判逻辑是建立在辩证法基础之上的批判，在"关于价值理论"的分析中，马克思"在有些地方甚至故意卖弄起黑格尔特有的表达方式"，把黑格尔倒立的辩证法"倒过来，以便发现其神秘外壳中的合理内核"。③ 按照马克思市场批判的思维逻辑，其市场批判理论是建立在有明确的批判载体并对批判载体熟知的基础上而展开的批判，这种批判属性使这种市场批判理论具有目的性、指向性、科学性等特征。因此，尽管这类批判不具

---

① 洪银兴、葛扬：《〈资本论〉的现代解析》，经济科学出版社2011年版，第1页。
② K. 拉斯基：《从马克思到市场》，银温泉译，上海人民出版社、上海三联出版社1997年版，第6页。
③ 马克思：《资本论》第1卷，人民出版社2004年版，第24页。

有直接批判的属性，但因其是在批判的基础上建构的批判的基础，这种"二元"批判维度必然具有批判的间接属性，因而我们称之为研判性批判，并且把其作为马克思市场批判的重要内容。具体如下：

1. 关于市场起源理论的批判性认知。如前所述，关于市场起源论问题，马克思坚决反对西方古典经济学家亚当·斯密宣扬的市场起源于"人性倾向"的市场内生说观点，而提出市场起源于社会发展客观条件的市场"外生说"观点，并以此为基础展开了市场与社会关系的深入探讨，建构了政治经济学的基础性理论，这些观点在《资本论》中得到了充分的论证。

（1）关于社会分工与商品衍生问题。关于社会分工和市场经济的关系，马克思反对西方古典经济学家过分夸大人类意识而把交换说成是"人性"内在需要的基本观点，他坚持唯物史观的基本观点，从物质第一性、意识第二性的唯物主义观，从客观世界决定社会意识的价值导向出发。他认为，社会分工必然受到社会客观发展的条件而制约，是在生产力发展到一定阶段的必然产物，有什么样的生产力水平，就有什么样水平的社会分工，这是历史证明的东西，毋庸置疑。而市场交换的行为则是在社会分工日益发展，剩余产品不断涌现的客观背景下，人类需要不断多样化和局限化，在此背景下，人类才产生了交换行为，商品也就应运而生了。试想，如果没有社会分工，哪里会出现不同类型的产品？如果没有多样化的剩余产品，哪里会有商品的出现？自然也就不会有交换，哪怕人类内心的交换倾向再强，也只能是假想的现象。这种观点并没有反对社会分工对商品交换和人性交换倾向的推动作用。

在《资本论》中，马克思详细探讨了商品与社会分工的关系，肯定了社会分工对商品衍生的决定作用，同时也认同商品促进社会分工的观点。马克思认为，随着社会分工的出现，"公社的扩大，人口的增长，特别是各氏族间的冲突""这种分工材料也扩大了"，产品交换就在"不同的家庭、氏族、公社互相接触的地方产生了"，因为"不同的公社在各自的自然环境中"，因为不同的"生产方式、生活方式和产品各不相同"，"这种自然的差别，在公社互相接触时引起了产品的互相交换，从而使这些产品逐渐变成商品"。[①] 由

---

① 马克思：《资本论》第1卷，人民出版社2004年版，第391页。

此可知，商品的产生建立在劳动产品交换基础之上，而交换的前提是拥有足够的劳动产品或剩余的劳动产品，这离不开社会分工的出现与细化。社会分工使"私人劳动在事实上证实为社会总劳动的一部分，从而使生产者之间发生了关系"①等，为商品交换出现提供了前提基础，二者形成辩证统一的良性互动模式，促进了商品与社会分工共赢发展的态势。

一方面，社会分工能够提高劳动生产率而促进商品发展。因为社会分工越精细，人类所能够从事的活动越细化，单个人就不能够完成同一个劳动过程而直接获得劳动产品，同一件劳动产品就需要许多人的合作配合，这样就导致了人与人之间对于产品的需求依赖性，必须实现相互之间的产品交换，才能满足人类生产生活的需求，这样劳动产品的交换就成了历史必然，商品生产就应运而生了。事实证明，正是社会大分工导致了农产品与畜牧业产品的互相交换、工业产品与农业产品之间的交换，最终也出现了同一行业的产品互相交换等。因此，这样分工多样化和商品多样化的社会分工可以大大提高劳动生产率，增加社会劳动产品和人民的富裕程度。社会分工可以为社会提供更加精细化的产品、技能娴熟的工人、高科技的机器等。因为"同样数量的劳动者"由于"劳动熟练程度的增进""不同工种之间转换时间的节约""合适的机器运用"等条件，"各行业生产出大量的产品，从而将富裕的生活普遍延伸到最底层的人民"。②斯密指出，由于劳动分工把每个人的劳动转化为某一种或几种操作，必然会导致劳动者工作熟练程度大大增加，这样劳动者也可以很容易实现职业转换，从而节约大量的空余时间，这种工作简单化、集中化、机械化的操作也往往会导致大机器的发明出现，从而更加促进劳动生产率，增进社会财富，为劳动者提供更加丰富的商品。

另一方面，商品的出现也进一步促进社会分工的发展，"在商品生产的社会里，作为独立生产者的私事而各自独立进行的各种有用劳动的这种质的区别，发展成一个多支的体系，发展成社会分工"③。随着商品的出现与社会生产力的不断发展，人类对于消费产品的种类和数量等需要的不断增加，需

---

① 马克思：《资本论》第1卷，人民出版社2004年版，第90页。
② [英]亚当·斯密：《国富论》，章莉译，译林出版社2011年版，第10—12页。
③ 《资本论》第1卷，人民出版社2004年版，第56页。

要社会提供尽可能充足的劳动产品，必然会促使社会分工的精细化、多样化，以提供更为丰富的劳动产品。早在社会分工产生初期，商品的数量和需求度乃至其他社会条件都会影响分工的发展，如果商品的需求量比较大，就会带来较好的市场交换，从而也就有利于社会分工的进一步精细化。如在早期"偏远的苏格兰高地内陆，就不可能存在制定那样的产业"，因为那里"一年也销不掉一千枚铁钉"①；也就是那时候这个地域对"钉子"商品的需求量太小，这个行业就不可能进一步大发展。因此，那时候的产业比较发达的区域往往集中于沿海地区或大的城市贸易区，因为这些地方的商品需求量较大且商品运输比较方便，从而能够进一步促进劳动分工的精细化。那现在我们再观察一下我们身边的社会，即便在遥远的偏僻的地区，我们同样能够购买到各种各样的商品（因为这些地方需要已经出现了），但相比大城市来说，偏远农村的商品种类和质量等仍然处于劣势，这同样是商品对社会分工促进的明证。

（2）关于社会分工与资源合理配置问题。资源配置问题是西方经济学重点关注的对象，也是研究经济学的核心问题。在马克思政治经济学视域中并没有出现资源配置的概念，因为马克思主张计划属性的资源配置方案，但这并不代表马克思没有探讨资源配置问题。实际上，在《资本论》中，马克思是通过劳动时间分配问题来阐释资源配置问题的，社会总劳动时间在各个部门按比例分配的过程，实际也就是资源在各个部门配置问题，而各部门劳动时间分配的比例也就是资源配置的比例。马克思指出，"一切调节，说到底，是社会劳动时间的调节，没有一种社会形态能够阻止社会所支配的劳动时间以这种或那种方式调整生产"②。由此可知，马克思是以劳动时间为核心概念来研究资源分配的。其中，社会总劳动时间代表社会总的资源，各个部门的具体劳动时间代表总资源的组成部分，具体部门劳动时间的按比例分配自然就带动资源按比例分配。那么这种资源在各个劳动部门的分配实际上最终是通过社会分工来实现，因为社会分工衍生了不同的劳动分工，从而就使社会总劳动分化出具体的各个部门具体劳动。

---

① ［英］亚当·斯密：《国富论》，章莉译，译林出版社2011年版，第19页。
② 马克思：《资本论》第3卷，人民出版社2004年版，第896–897页。

在原始社会，人类遵循集体劳动、集体分配产品的形式，其资源分配也属于全体公社居民所有，产品的消费同样是在全体社会成员中进行平均分配。以物易物的活动非常少，人类都可以通过日常活动满足自己的消费需求。但是劳动分工形成以后，人与人之间必然要依赖于产品的交换才能满足各自不同的需求，那么必然要经历一个"买—卖—买"的社会历程，也就是说，从产品到另一种产品的交换必然要经历一段时期，这个时间必然要求不同的消费者拥有一定的产品储存或储备，也就是社会积累，也就出现了不同生产消费的各部门之间拥有不同的生产生活资源储备，这样，进行资源配置的基础性条件就形成了。也就是说，不管你采用什么样的方式进行资源配置，必须首先拥有一定数量的资源基础。因此，从这个意义上来讲，社会分工就是各劳动部门资源配置的基础。马克思从劳动时间作为配置资源的标准的视角，发现了实现资源合理配置的方式和方法，虽然不同于西方经济学直接性微观性的资源配置思路，但同样为市场经济条件下资源配置提供了可行的思路。因此，在马克思理论视域中，社会分工对资源配置具有决定性的功能，并不断促进资源的合理配置。

2. 关于商品货币理论的研判性批判。商品货币理论是马克思在批判继承西方古典经济学的基础上，运用辩证思维的逻辑而进行的归纳总结，对于商品、货币、价值、价格、劳动等相关理论得出了科学的解释，他不仅从概念范畴的角度厘清了这些概念的基本内涵，同时也对各种逻辑范畴之间的相互关系给出了合理的见解，批判发展了西方经济学的劳动价值论理论，"其价值、货币和资本的理论就其要点来说是斯密——李嘉图学说的必然发展"，同时又始终保留了"纯理论观点的始终一贯"，这是"1871年，基辅大学政治经济学教授尼·季别尔先生在他的《李嘉图的价值和资本的理论》一书证明的"①，是马克思政治经济学的重要组成部分。

(1) 关于劳动价值理论。商品是资本主义社会的基本物质形态，是资本主义经济建构的基本细胞，资本主义社会赖以表现的社会物质形态是大量的商品实物堆积，商品构成了资本主义生产关系的基本要素，凝聚了资本主义市场经济的多重特点。但是在古典经济学家的理论研究中，虽然探索了这些

---

① 马克思：《资本论》第1卷，人民出版社2004年版，第19页。

范畴的基本内涵及其联系,但是很多时候并没有真正厘清它们的内涵。斯密在谈到"商品"范畴时,对于商品真实价格、名义价格、自然价格、市场价格等给出了详细的解读与分析,但商品的内涵到底如何界定,斯密也会出现劳动产品、剩余产品、交换产品等概念的交替使用,对于"商品"概念内涵并没有给出明确的界定,当然就会影响其后关于商品价格属性的分析;斯密虽然提出了"劳动是所有商品交换价值的真实尺度",也做出了"劳动时间"比较难以对比的困惑①,并提出我们同时要考虑"不同工作忍受的辛苦程度及其运用天赋的差异"等预见性标准,他并没有明确表达劳动的相关属性、劳动的概念、劳动力概念等;马克思也曾经高度评价李嘉图关于经济学所做的贡献,但同样也能够清醒地指出其不足之处。如马克思曾经认为,"李嘉图对价值量的分析并不充分——但已是最好的分析""至于价值本身,古典政治经济学家是这样区分的,因为它有时从量的方面,有时从质的方面来考察劳动。但它从来没有意识到,劳动的纯粹量的差别是以它的质的统一或等同为前提的"②。马克思结合古典经济学有关商品相关问题的理论解读和困惑要素,运用自己独特的思维方式和知识积累,从根本上厘清了这些要素范畴的逻辑内涵和逻辑关联性,把劳动价值论置于科学的基础之上。

首先,关于商品的相关属性。马克思分析了商品满足人们需要的使用价值和交换价值等双重属性,肯定了商品用来交换的劳动产品属性,明晰了商品具有凝聚人类一般社会劳动的价值属性,界定了商品的特殊属性。这些界定从概念角度解读了到底什么是商品及其相关属性。马克思指出,商品必然包含两个要素,一是劳动产品,也就是人类劳动之后获得产品,那些属于自然界的如空气、水等未加工的并不属于商品,但这些自然产品一旦加入了人类加工活动就赋予了商品的属性,如现代流行的把空气收集起来卖新鲜空气的行为,就变成了商品的属性。那些被人类收集起来的空气,就包含了人类收集新鲜空气的劳动,因而必然具有一定的价值。二是这种劳动产品必须通过交换,如果这种产品是用来自己吃穿享用的,那么就不能称之为商品,而仍然是劳动产品的属性。因此,商品首先具有满足人类需要的功能,也就是

---

① [英]亚当·斯密:《国富论》,章莉译,译林出版社2011年版,第29页。
② 马克思:《资本论》第1卷,人民出版社2004年版,第97页。

使用价值，同时也要具备用来交换的功能，也就是交换价值等，最终的交换价值是通过商品中所包含的无差别的人类劳动而决定。

其次，关于商品二因素的成因。马克思从具体劳动和抽象劳动的双重视角，剖析商品价值与使用价值二因素成因，建构了劳动价值理论，奠定了资本理论分析的逻辑前提。马克思认为，商品价值是由于其凝聚了人类无差别的劳动属性而形成的，这是商品特性，否则就不能称之为商品；所谓抽象的无差别的人类劳动，就是摆脱了劳动形式、劳动时间、劳动复杂程度等抽象劳动而形成的，它不能等同于具体劳动，只有这种抽象的劳动才能来衡量商品的价值。而商品的使用价值则是商品满足人们某种需要的属性，这是商品的自然属性。而交换价值则是商品在交换中表现出来的关系或比例。

最后，关于价值规律。马克思从商品具有凝聚一般人类劳动量的特点出发，剖析商品交换与劳动时间的内在联系，提出了商品价值量是由生产商品的社会必要劳动时间决定，商品交换必须依据商品价值实行等价交换的基本经济规律。

（2）关于货币及其流通理论。货币是商品价值实现的媒介，是商品交换与流通的必要载体。斯密重点分析了货币如何从早期的贝壳、牲畜等到金银货币再到铸币的转换过程，重点从货币媒介的职能角度揭示了货币的产生。进而他通过货币这个媒介详细分析了商品价格的相关问题，并揭示如何通过货币进行利润、工资、地租等进行分配的，同时也进一步对国家货币尤其是纸币的发行使用问题做了一些探索，奠定了货币问题及其流通问题的理论基础。但是对于货币的职能、货币的本质等相关问题的解释仍然不足，一是体现在概念范畴的凌乱缺失；二是体现在货币流通理论的解读不够深入等。古典经济学家的货币理论一方面为马克思提供了加以深入讨论的理论基础，另一方面也为马克思批判提供了思路和对象，成就了马克思的货币理论。

首先，关于货币的起源。马克思认为，"货币结晶是交换的必然产物"，是随着"交换的扩大和加深的历史过程，使商品本性中潜伏着的使用价值和价值的对立发展起来。为了交易，需要这一对立在外部表现出来"，这种需要要求"商品转化为商品和货币这种二重化形式"。[①] 马克思分析货币起源是

---

① 马克思：《资本论》第1卷，人民出版社2004年版，第105页。

从商品属性与交换特性出发的，揭示了货币与商品之间的逻辑联系。他认为，货币是伴随商品交换出现的。随着剩余产品的出现，人们开始进行简单的物物交换，但是交换的产品越来越多和交换过程的复杂化，势必要求一种固定的能够充当交换媒介的物品，以便更为容易地开展交换行为，这种用来充当媒介的产品逐渐固定下来，也就衍生了货币的最初形式。如早期出现的贝壳、牲畜等物品。由于金银等贵重金属的天然属性，比如易分割、便携带、体积小等，它们逐渐固定充当了物物交换的媒介，货币也就随之而生了。因此可知，货币产生的根本动因是交换的需要，也就是由于商品的使用价值与价值矛盾而形成的，商品是使用价值与价值是矛盾的统一。商品的价值要借助与其对应的交换商品来表现，也就是其他商品的使用价值来表现，否则商品的价值就无从把握。正是商品使用价值的交换形式，衍生了货币的特殊属性。因此，"商品的交换价值在货币上的独立化本身"是交换过程产生的，是商品的"使用价值与交换价值的矛盾"发展的结果，同时也是"一定的、特殊的私人劳动"必然要表现为"统一的、必要的"的社会劳动的结果。① 围绕交换价值的基本形式，马克思从简单的物物交换开始，分析了简单的或个别的或偶然的价值形式，剖析了一种商品价值偶然地表现为另一种商品上的特点，揭示了使用价值、具体劳动、私人劳动与价值、抽象劳动、社会劳动等对应属性；进而分析商品交换扩大而产生的一种商品的价值可以表现为多种商品的总和的、扩大的价值形式。无论是简单的交换形式或是扩大化的价值形式，对商品交换来说都存在一定困难，阻碍生产力发展，那么固定充当一般等价物的货币就成了必然。

其次，关于货币的本质。货币的本质是固定充当一般等价物的商品。货币既具有一般商品的特性，又有别于一般商品。一方面，货币具有价值——凝结在商品中的抽象劳动，同时也具有使用价值，不管何种商品充当一般等价物，其原有的满足某种需要的属性并不会改变。另一方面，货币又是一种特殊的商品，即可以与其他一切商品交换，可以表现其他一切商品凝结的抽象劳动，成了一切商品的直接或间接的交换手段。因此，货币作为一种属性的等价物形式是自然形式，在任何社会都是客观的实体；同时也代表着一种

---

① 《马克思恩格斯全集》第26卷，人民出版社1974年版，第140页。

社会关系，反映了社会劳动转化的特性。

最后，关于货币的职能。马克思从"金是货币商品"的假设视角，简单地剖析了货币的价值尺度、流通手段、储藏手段、支付手段、世界货币等职能及其逻辑关系。价值尺度是货币的第一职能，货币"为商品世界提供表现价值的材料"，正是由于这个职能，"金这个独特的商品才成为货币"①，并因此产生了具有价值的特殊商品，把千差万别的不同价值量的商品表现为不同的价格，使商品流通具有了可能，作为流通手段的第二个基本职能产生了，二者共同构成了货币基本职能。储藏手段、支付手段、世界货币等正是前两种职能的矛盾运动形成。如货币在流通过程中暂时退出，就产生了储藏职能。由于商品流通量的不断增加和流通活动的复杂化，会产生暂时的赊购现象与债务债权关系，货币就会充当到期支付债务、利息、工资等，支付手段出现。货币的价值尺度、流通手段、支付职能等一旦与国际间的商品流通发生关系，具有世界货币职能就形成了。

（3）关于商品拜物教批判。所谓拜物教是指人们对某种物品具有一种神秘的崇拜甚至盲目地追随等现象，并使这种物品在人们的内心中具有至高无上的地位和极致盲目的追求等。在《资本论》中，马克思详尽地对商品的内涵、商品的生产、商品的流通、商品利润的分配等进行分析，发现了商品隐藏的拜物教属性。

马克思明确提出，"劳动产品一旦作为商品来生产，就带上拜物教的性质，因此拜物教是同商品生产分不开的"②。商品之所以具有拜物教性质，不是因为商品满足人们需要的使用价值属性，即不是其蕴含一般人类劳动的价值属性，而是由于商品自身蕴含的劳动二重性所决定。在商品经济条件下，商品生产者的私人劳动是否能取得社会的认可，取决于私人劳动转化为社会劳动，商品的价值才能得到社会承认，否则商品就难以进行交换，也就失去了商品赖以存在的基本载体。但私人劳动能否被社会承认，有多少被承认等问题不能由商品生产者个人决定，而最终由社会劳动的认可决定。这样商品把原本人与人之间的劳动关系转化为一种虚无缥缈的神秘的社会关系，商品

---

① 马克思:《资本论》第 1 卷，人民出版社 2004 年版，第 114 页。
② 马克思:《资本论》第 1 卷，人民出版社 2004 年版，第 90 页。

交换的物物关系也就掩盖了人与人之间的劳动关系，这种神秘的关系体现也就是马克思所指的拜物教性质。随着商品拜物教的出现，人与人之间的劳动关系就不再受自己控制，而受到了商品交换运动的控制，人们把商品作为顶礼膜拜的对象，赋予了商品神秘的属性，最终出现了商品交换控制人劳动的异化现象，影响了劳动本质的转化，忽视了劳动产品满足人们需要的使用价值属性，形成了利润导向的劳动属性，影响了生产力与生产关系内在矛盾的运转，有利可图的劳动产品会在短时间内迅速集聚，从而导致供求失衡加剧了市场的两极分化属性，进而衍生出社会不公、利益至上、道德滑坡等社会问题。

（4）关于货币拜物教的批判。随着商品交换的产生，货币媒介物尤其是贵重金属出现之后，货币拜物教就出现了。货币作为一种特殊的劳动产品，其自身拥有的使用价值蕴含的社会劳动价值与一般商品并无差别。但由于其充当了一般等价物的特性，能够和一切商品进行交换。因此，从现象来看，拥有了货币就拥有了一切，因为通过货币可以购买一切商品，一切商品也只有通过货币的媒介形式才能进行流通，这样货币就似乎获取了一种超自然的力量，变成了决定人命运的神秘力量，再加上贵重金属的华丽外表更增添了货币的神秘属性，货币拜物教就应运而生了，其本质就是拜金主义，是金钱至上的价值观的根源。

马克思认为，在商品经济社会里，一切社会关系都商品化了，"没有任何不可让渡的东西"，"也不存在任何高贵的东西、神圣的东西，因为任何东西都可以通过货币而占有"[①]，甚至包括良心、名誉等这些本来不是商品的东西，在货币拜物教的现象下，也成了具有价格的商品，也可以用来出卖从而获取金钱的工具。在货币拜物教社会，货币成了操控社会市场的主要工具，可以控制商品生产者购买劳动力、雇佣劳动、流通消费、利润分配等，盲目支配了商品生产者和商品消费者。生产者拥有了货币就可以在各种领域占支配地位；消费者拥有了货币就可以获取自己需要的一切，这样货币就取代了社会一切，成了控制社会的主导力量，这种神秘的拜物教力量扭曲了生产关

---

① 马克思：《政治经济学批判大纲（草案）》第4分册，刘潇然译，人民出版社1964年版，第122页。

系的本质，扭曲了人性的追求，异化了社会发展，导致了拜金主义泛滥。其恶劣影响不仅掩盖了生产的不均衡性，同时也带来了社会的问题，如道德、文化形态、社会载体等被货币绑架，影响了社会发展。

(5) 关于纸币流通问题的批判。作为固定充当一般等价物的货币，其流通量应该与商品交换实际需求的货币量保持一致，只有货币流通量与流通商品所需要的实际货币量保持一致，才能够保持流通领域的平稳发展，这是必须遵循的货币流通规律。如果货币流通量大于商品流通所需的货币量，就会引起货币贬值、物价上涨等通货膨胀现象；如果货币流通量小于商品流通需要的实际货币量，就会引起货币升值、物价下跌等现象，这种货币现象必然影响市场经济的发展水平。

在金属货币流通的情况下，货币流通量与商品所需的货币量可以保持相对稳定，避免通货膨胀与通货紧缩现象的发生，因为货币的贮藏手段可以使过多的货币暂时退出流通领域，充当了蓄水池的作用。但在纸币流通的情况下，通货膨胀与通货紧缩现象就容易形成。马克思明确指出，"如果今天一切流通渠道中的纸币已经达到这些渠道所能吸收货币的饱和程度，那么明天这些渠道就会因商品渠道的波动而发生泛滥"①。因为纸币只是一种观念形态的货币，纸币发行过多与过少都会出现与货币流通实际不一致的情况，会引起通货膨胀或通货紧缩，纸币发行量过多，就会形成通货膨胀；纸币发行量过少，就会引起通货紧缩，最终影响市场经济的理性运转。

(二) 关于市场机制运行的研判

在对商品货币等劳动价值相关理论进行解读之后，马克思也对市场运行的相关理论进行细致的剖析，为其市场批判的发展提供了依据。具体如下：

1. 关于市场交换的基本原则。关于市场交换的基本原则，大家一致认同斯密所倡导的自由竞争的市场经济原则，也就是依靠市场自发调节的原则自动实现交换行为的原则，市场价格的高低主要通过供求关系来调节，当商品供大于求时，商品价格就会降低；当商品供小于求时，商品价格就会上涨，从而实现价格机制的自动调节。但这里所指的商品基本是指人类用来交换的劳动产品，也就是"物"的原则。因此，其后的古典经济学家对这些问题探

---

① 马克思：《资本论》第1卷，人民出版社2004年版，第50页。

讨的并不是很多。马克思的研究也是同样的原则，马克思也没有明确提出市场交换应该遵循哪些原则，但他在研究剩余价值学说的时候发现了"劳动力"这个特殊的商品，突破了传统把商品理解为"物"的原则。马克思认为，在资本主义社会条件下，由于工人一无所有的社会条件所限制，靠出卖劳动力为生的工人就不能完全按照供求关系自由实现交换，即便劳动力再缺少，工人也不能完全按照个人的意志交换，资本家总会想尽一切办法来降低劳动力的价值，从而获得更多的利润。而在交换过程中工人也不会像普通商品那样自由摆布，也会有个人的意志和讨价还价的行为和空间。因此，这就决定了劳动力商品在交换时必然要有一定的规则，正是劳动力这种特殊的商品交换的原则，马克思探讨了市场交换的基本原则。马克思在探讨劳动力市场买卖问题时，明确提出这个流通领域占统治地位的是"自由、平等、所有权和边沁"等观点，揭示了劳动力交换市场的基本原则。[1] 马克思认为，"流通是商品占有者全部相互关系的总和"；其他如生产领域、消费领域、分配领域并不存在商品关系，马克思在生产力买卖市场的规则反映了市场交换原则的雏形。主要包含四个方面，即自由、平等、所有权、利己心等。自由是指商品交换必须取决于买卖双方自己自由的意志，在法律上平等的自由人缔结契约，暗示了商品交换的自由原则。平等是指买卖双方必须坚持等价交换的基本原则，而否认干涉交换主体的实际操作等，预示了市场交换主体的平等交换规则。所有权是指交换必须建立在拥有所有权的前提下，没有所有权也就不可能体现自由、平等的交换关系和交换原则，体现了市场经济与私有制互相联系的观点。马克思借用边沁的功利主义原理和亚当·斯密经济学结合的观点[2]，暗示了"利己心"在市场交换中的地位，肯定了个人利益与市场利益互利互惠的共通性原则，体现了市场经济与私人利益的联系。由此我们不难理解，马克思关于市场交换的基本原则包含了所有权原则、自由交换原则、公平交换原则、利益交换原则等。

2. 关于价格与价值的运行原则。价格问题是商品交换的核心，也是市场经济运行中最关键的环节，一旦价格发生变换，整个市场运行的机制都会随

---

[1] 马克思：《资本论》第1卷，人民出版社2004年版，第90页。
[2] 洪银兴、葛扬：《〈资本论〉的现代解析》，经济科学出版社2011年版，第133页。

之发生变化，甚至会引发其他市场相关问题及非市场社会问题。因此，价格问题的研究历来就是经济学家研究的重点。

古典经济学家斯密最早提出并详细论证了价格的相关问题。斯密提出，从表现形式上来看，商品在交换过程中必然包含真实价格和名义价格，二者是同一事物的不同表现形式，真实价格就是指在商品中包含的"实际的劳动耗费"；而名义价格是为了交易的顺利开展而通过"货币"替代的劳动。当货币没有出现时的物物交换时代主要通过"劳动互换"而开展交换，这就是真实价格；当货币出现之后，人们的交换通常表现为商品与货币之间的转化，货币就成了商品的名义价格。

从包含内容来看，斯密认为，商品价格必然要包含"工资、利润、地租"等三个组成部分。在市场交换形成的早期，由于没有资本积累与土地的私有化，商品交换仅仅遵循等量劳动交换的原则，即便一种物品包含的劳动超越其他商品，也会通过劳动倍加补偿的办法进行交换，这符合当初的交换原则。因而此时的商品价格即是单一的劳动，实际就是按照真实价格进行交易的；但一旦出现了资本积累和土地私有化，那些拥有资本的资本家必然希望获得资本收益，因而商品价格就会包含工人的工资和资本利润；而那些依靠土地私有化拥有土地的地主则希望通过土地的私有权而获得一定量的地租，这种商品必然要包含地租的内容等。

从交换过程来看，商品要表现自然价格和市场价格。斯密认为，一旦商品进入市场交换，就必然会出现自然价格和市场价格。当商品在市场交换时正好获得了等量的工资、利润、地租，那么这种价格就成为自然价格；而一旦商品量多于或少于上述三种内涵的总量之后，这种价格就会高于或者低于自然价格，就表现为市场价格。并且进一步揭示了价格变化与供求关系的内在逻辑。应该说，斯密关于商品价格的分类非常详细，揭示了商品价格与货币的基本关系以及各种概念范畴之间的内在逻辑，但对于商品价格的概念概括乃至运行规律的揭示尚需要深入系统的梳理。这些研究为马克思价格运行机制提供了理论基础，在深刻总结反思的基础上，他提出了自己对于价格运行机制的详细的思考。

马克思明确提出，价格是价值的货币表现形式，货币的产生为不同价值的商品提供了统一的表现材料和量化标准，价格变动是商品价值、货币价值、供求关系共同作用的结果。

首先,价格是由商品的价值决定,商品价格与商品价值成正比,与货币的价值成反比。价格不能脱离凝聚在商品中的一般人类劳动而任意上升或下降,其变化的极限值最终离不开商品价值。但生产商品需要的劳动时间是由"劳动生产力的变动而变动"。因此,劳动生产力与价格之间具有联动关系,"劳动生产力越高",生产商品的时间就越少,其价值就越小,价格自然就降低;反之,则会出现不同的结果。[1]

其次,价格受货币价值的影响。价格是价值的货币表现,如果货币自身的价值增加或减少,其价值表现形式自然也会相应地增减。"商品价格只有在货币价值不变、商品价值提高时,或在商品价值不变、货币价值降低时,才会普遍提高。反之,商品价格只有在货币价值不变、商品价值降低时,或在商品价值不变、货币价值提高时,才会普遍降低"[2]。

最后,价格受供求关系制约。供求关系是流通领域商品量的变化而影响价格的运行,不是因为商品价值或者货币价值的特质而改变,是在单纯的流通领域产生。一旦供大于求时,所需要的流通商品需求量减少,价格自然要下降;相反如果供小于求时,流通领域因商品需求量增加,自然会引起价格的提高。但商品流通领域的供求平衡则是假设的理论视域,供求关系的不平衡则是商品流通的常态,价格也总是不停地变动。供求影响价格,但并不能影响价值,供求的变化最终受到价值规律的制约。在《资本论》理论视域中,马克思是以供求状况基本平衡的理论假设展开的,即某个商品生产部门的商品总量能够按照它们的市场价值出售,既不高,也不低,使市场价格与市场价值达到了一致性。但在供求不一致的情况下,市场价格总会或多或少地偏离价值。如果供大于求,市场价格会低于价值,这样资本会被抽走,供给进而减少,实现供需平衡;反之,如果供小于求,也就是需求增加的情况,市场价格就会高于价值,进入这个领域的资本就会提高,进而达到供需平衡。因此,从表现形式来看,供求在调节市场价值,实际上是价值调节供求关系,价值规律发挥了实质的作用。另外,供求关系与竞争关系是共存

---

[1] 马克思:《资本论》第1卷,人民出版社2004年版,第53页。
[2] 马克思:《资本论》第1卷,人民出版社2004年版,第119页。

的，供给与需求的关系实际反映了商品生产者（卖者）与商品消费者（买者）的统一体关系，而"竞争显示了生产和消费的社会性质"①。因此，竞争与供求实际是同一事物的两个不同方面，竞争使商品生产者与消费者形成了卖者之间、买者之间、买卖之间的互动关系，实现供求比例平衡与市场价格的合理性。如果供大于求的卖方市场出现时，竞争在商品生产者（卖方）之间存在，从而使处于劣势的一方不断展开竞争以达到优势状态；迫使双方不断降低价格或提高劳动生产率或退出产品生产生成供需平衡；如果因需求大于供给的情况，就会出现消费者之间的竞争，迫使消费者不断提高购买价格或缩减消费需求，最终实现供需平衡等。因此，竞争与供求的互动共同制约市场经济的平衡。

3. 关于市场运转属性批判。市场运转本身具有一定的局限性，包括市场的滞后性、市场竞争的不当性、供求不均衡性、市场失灵等问题，都会影响市场经济的发展。

（1）关于市场自发调节的属性。马克思认为，市场经济拥有不可避免的天然缺陷，自发市场调节往往具有滞后性、无序性、资源浪费性等属性，对市场经济的运转带来一定的危害，会造成经济危机的发生。市场是调节资源配置的重要手段，如果市场资源分配合理，市场经济就能良性运转；如果市场资源分配不当，就会影响整个社会的经济结构稳定。但在自发的市场经济条件下，资源配置是靠市场自发进行的，是一种"事后的、内在的、无声的自然必然性"作用，主要依靠"市场价格的晴雨表"来判断，从而"克服生产者的无规则的任意运动"②，实现总资源的分配平衡。但这种调节往往是在商品进入销售环节之后才能表现出来，生产者会根据市场来调整生产环节，生产与销售之间的矛盾就会加剧，这种事后性调节会带来破坏性和资源浪费性等，从而引发新的资源分配不平衡，造成经济危机的发生。这种市场调节形式在任何社会制度中都会存在，如果不克服市场的这种滞后性问题，必然会影响社会总资源合理分配。当然，有时候也会出现市场失灵现象，即市场不能够实现对资源配置的合理调节而出现经济发展的紊乱现象。

---

① 马克思：《资本论》第 1 卷，人民出版社 2004 年版，第 215 页。
② 马克思：《资本论》第 1 卷，人民出版社 2004 年版，第 412 页。

(2) 关于竞争的不当属性。在自发市场调节下,竞争既具有调节供求平衡的优势属性,同时也会因不当竞争、恶性竞争、垄断等行为产生严重问题。马克思提出,竞争总会给"处于优势地位或垄断地位的同一方都带来好处"①,处于优势的一方就会"始终作为团结的统一体来同对方抗衡";而"处于劣势的那一方",则会常常"不顾自己那群竞争者",而"直接反对这群竞争者"以早日摆脱劣势的困境等②,甚至会不择手段地进行对抗,不当竞争、恶性竞争、垄断等现象随之产生,造成优势的一方更加强大,劣势的一方更加弱小,加剧竞争本身固有的两极分化现象,尤其在垄断出现之后,劣势的一方就有可能更加被动。处于劣势地位的商品生产者不得不尽力寻求出路,甚至造成破产失业局面,最终会引发社会问题,加剧固有的社会矛盾,从经济问题转化为社会问题。

(3) 关于供求不平衡的常态现象。如前所述,供求关系与价格变动具有紧密的联系,"如果供求决定市场价格,那么另一方面,市场价格,而在进一步分析下,也就是市场价值,又决定供求"③。尽管价格最终不能由供求决定,但供求关系却一定会影响价格,价格会在供求关系的影响下围绕价值波动。因此,实现供求平衡以保持价格与价值稳定性有利于市场经济的运转。但在自发市场经济条件下,供求平衡的现象很少,而供求不平衡的现象却很正常,价格总会是上下波动,价格总会偏离价值,这是市场经济不可避免的规律。如果处理不好供求关系,就必然会引起价格的过分涨落,最终引起经济混乱、市场失衡等问题。

(三) 关于剩余价值理论学说的批判

马克思与西方古典经济学家最大的区别是在思考经济学的过程中始终坚持其固有的唯物史观的思维方式和人文情怀,这一点在马克思的剩余价值学说的批判过程中表现得最为突出。马克思在对劳动价值论基本原理批判之后,就把他的大部分精力放在如何破解工人阶级异化的问题上,也就是通过研究剩余价值学说大大超越了前人,建构其伟大的经济学基础。实际上,与

---

① 马克思:《资本论》第1卷,人民出版社2004年版,第215页。
② 马克思:《资本论》第1卷,人民出版社2004年版,第215页。
③ 马克思:《资本论》第1卷,人民出版社2004年版,第211-212页。

前期的理论基础一样，剩余价值学说也并不是马克思直接发现的，也是在古典经济学的基础上进一步根据社会事实的研究而得出的结论。如前所述，西方经济学家大多立足于如何实现财富增长，也就是斯密所倡导的"国富民裕"，他们所分析的主要是经济过程，把经济运行规律放置在客观过程展开，很少去关心经济发展过程中的人文要素。而马克思则不一样，他在分析经济发展的过程中，始终贯穿着人文主义情怀，也就是具有鲜明的阶级性，那就是在共产主义学说指引下的无产阶级的命运关怀性。因此，马克思的剩余价值学说正是在这样的语境中发现并不断探索的。

实际上，剩余价值学说在斯密时代就被提了出来，到李嘉图时代遭遇了困惑，马克思真正发现并完成，建构其科学的剩余价值学说。这些问题可以从恩格斯在《资本论》第2卷中为马克思辩护部分体现出来。当时有一个经济学家洛贝尔图斯（Rodbertus）攻击"马克思从他那里剽窃了剩余价值理论"，他宣称"资本家的剩余价值理论从哪里来的"问题，他的见解"和马克思一样，不过更简洁、更明了"而已①。实际上，按照恩格斯的观点，"剩余价值问题已经产生几百年了"，其"是从商人的直接的实践中产生"，其"产生于产品价值的加价"，重商主义者很看重这一点，在"社会主义者中间这种见解也一直阴魂不散"；但是"它被亚当·斯密从古典科学中赶出去了"。② 亚当·斯密把"剩余价值，剩余劳动——已经完成并对象化的商品中的劳动超过有酬劳动即超过以工资形式取得自己等价物的劳动余额——理解为一般范畴，本来意义上的利润和地租只是这一般范畴的分支"；同时斯密又证明了在工人"加在劳动上的、超过只支付他的工资或者他的工资的等价物的劳动量的那部分劳动构成"，即剩余劳动，他发现了"资本家的剩余价值从哪里来""土地所有者的剩余价值从哪里来"等问题③，但是斯密并没有把剩余价值作为单独的范畴与地租和利润区别开来加以研究，李嘉图同样坚守了这种观点并犯了许多错误，混淆了地租和利润以及剩余价值的差别。马克思正是在这种研究基础上，从劳动资料、劳动力、劳动对象等角度，围

---

① 马克思：《资本论》第2卷，人民出版社2004年版，第12页。
② 马克思：《资本论》第2卷，人民出版社2004年版，第13页。
③ 马克思：《资本论》第2卷，人民出版社2004年版，第14-15页。

绕资本核心要素，考察了欧洲的手工业、农业、机器大工业等如何加强对工人劳动力剥削的，从而详细地探索了"相对剩余价值"与"绝对剩余价值"的形成过程，揭示了工人阶级受剥削和异化的基本秘诀，并围绕剩余价值学说理论基础和资本流通等问题，深入分析了资本主义社会经济运行的基本路径，完善了其经济学的理论根基。

（四）关于世界市场理论及批判

世界市场理论也是马克思研究视域中的重要规划部分，马克思曾经在其经济学研究计划中明确指出，"显然，应当这样来分篇：……（4）生产的国际关系、国际分工、国际交换、输入和输出、汇率；（5）世界市场和危机"① 等。但马克思未能完全实现其理论构想。在《资本论》末篇，马克思对世界市场、国际价值理论做出了部分阐述。他指出，世界市场起源于国际社会分工的出现，随着生产力的发展，产品的不断增加，使产品交换不断跨越国际，越来越多的国家进行国际商品生产与交换，在商品交换跨越国界的情况下形成了国际市场。具体说来，主要是资本主义国家工业革命引起了生产力的巨大发展，一方面造成了发达国家商品的大量剩余，迫使他们向国外开拓市场，推动了世界市场的形成；另一方面，由于大工业技术的发展，也造成了发达国家原料资源的不足，促使他们去国外拓展原料市场来源，从而也拓展了市场的形成等，在这种生产、消费、资源、劳动等多种因素综合作用的基础上，世界市场逐渐形成。

马克思对世界市场的批判包括世界市场外部掠夺性和内部矛盾性。一方面，世界市场拥有国内市场的一般属性，是国内市场的国外拓展，因而市场自身的内在矛盾同样存在于世界市场中，这种内在的矛盾性既能够促进社会生产力的发展，同时也会对原有社会生产力造成一定的破坏，推动社会不断向前发展，尤其是在资本主义条件下表现更为突出，"世界市场既是资本主义生产的前提，又是它的结果"②，世界市场的内在矛盾大大促进了生产力的发展，同样也加剧了资本主义社会固有的矛盾，从而推动资本主义社会向新的社会过渡。另一方面，"世界市场不仅是同存在于国内市场之外的一切国

---

① 《马克思恩格斯全集》第46卷上，人民出版社1979年版，第46页。
② 《马克思恩格斯全集》第46卷上，人民出版社1979年版，第178页。

外市场相联系的国内市场,而且同时也是作为本国市场的构成部分的一切外国市场的国内市场"①,世界市场大大促进了市场开拓国的生产力发展水平,也增加了对其他国家的掠夺,把这些国家变成了原料生产国和农业体系的国家,使这些国家严重依附于工业发达的资本主义国家,成为发达资本主义工业国家的服务国;造成对贫困国家的资源掠夺、危机转嫁、环境破坏等世界性问题,从而把资本主义发达国家的危机推向全球,加强了资本主义私人所有制和生产社会化的矛盾,不仅激化了本国的矛盾,同时也激化了世界国家之间的矛盾,加速了资本主义国家灭亡的步伐。

总之,马克思在共产主义目标的指引下,立足于西欧资本主义市场经济发展的现实,吸取了德国古典哲学的唯物史观和古典经济学的政治经济学理论基础,通过市场批判的逻辑建构起未来社会发展的目标,奠定了世界社会主义发展的理论基础,构成了社会主义百年发展的主旋律,对世界社会主义包括新时代中国特色社会主义的发展起着至关重要的作用,值得我们今天好好借鉴与反思。

---

① 《马克思恩格斯全集》第46卷上,人民出版社1979年版,第238页。

第二章 马克思市场批判理论传承的逻辑向度

马克思市场批判理论辩证地批判了市场经济的局限性,揭露了资本主义市场经济制度走向覆灭的必然逻辑,确立了未来社会"无市场"的建构向度。在国内外理论家与社会主义实践者共同努力下而传承创新。因此,本章重点从国际视角梳理马克思市场批判传承创新的基本逻辑,以准确把握马克思市场批判理论发展的历史轨迹与理论内涵。

一、马克思市场批判理论传承的逻辑渊源

马克思主义理论诞生之日起,就遭遇了种种非难与质疑,其关于未来社会建构的"去市场"理论不可避免地遭遇这种挑战,包括政治的、经济的、文化的等多种层面。因此,有必要对马克思政治经济学的产生与西方古典经济学的论争进行梳理,这是马克思市场批判理论质疑的逻辑渊源。

(一)马克思政治经济学理论体系兴起

马克思政治经济学理论体系是对西方古典经济学的批判性继承与发展,既是世界经济运动发展的重要理论成果,又是世界社会发展实践的具体反映。

总的说来,马克思以前的古典政治经济学流派主要坚守两条基本原则。一是按照经济发展的运行逻辑客观分析这种运动,而其中缺乏严谨的人文精神和价值关怀,坚决反对政府干涉的自由主义经济学。二是古典政治经济学流派总是优先坚持唯心主义的历史观,把经济发展置于人类理性需求的核心观念之上,过分夸大人类理性在经济发展中的决定性作用。因而,古典经济学往往会忽视劳动者在经济发展中的功能,片面局限政府的调控作用,过分

夸大人类个性的情况尤其突出。因此，很难得出客观理性的理论判断。马克思政治经济学大大突破了单一研究经济发展的客观理性，融入了唯物史观的哲学思维和人文主义关怀要素，为未来社会确立了消除市场经济而实行计划经济提供了价值导向，主张充分发挥集体主义的经济职能，政府的宏观调控职能等。马克思政治经济学派的兴起打破了西方传统的经济学思维，尤其是在苏联实践了马克思政治经济学的发展困境以及资本主义世界发展的第一次大萧条等，关于社会主义经济问题的争辩就连绵不断。尤其是马克思提出的未来社会"无市场"理论设想，引发了人们对社会主义经济问题的质疑。

（二）新古典经济学流派的发展

马克思政治经济学流派兴起之后，在西方经济学界引起轩然大波，其中比较著名的经济学流派是奥地利学派，他们对社会主义经济问题的批判引发了社会主义者的反驳，引发了社会主义经济问题大讨论，把对马克思市场批判理论的质疑大大推进了一步。

奥地利学派的创始人是门格尔（Menger），他在1871年发表《国民经济学原理》一书，提出了"主观主义"和"个人主义"研究经济学的方法，重新对商品、交换、货币、价值等做出界定，试图重新建构新的经济学体系。门格尔这种新的研究方法其实并未突破古典经济学派的"人性倾向"进而夸大的唯心主义历史研究方法，只不过是结合现代社会发展的现实，夸大了人的主观需求和个体需求对商品效用的影响。但他们倡导经济学不能完全按照数理逻辑研究，而要兼顾人类主观需求的理念影响甚远，这一点实际与马克思关于政治经济学研究的理念具有一致之处。与马克思不同的是，他们重点关注人的心理需求，"必须从解释我们所研究的行为主体的心理状态开始"① 来研究经济学现象中的主体动机，因为主观心理会影响商品价格相关要素及其效用等；同时又要求研究经济现象时要关注个人的主要需要等，建构了奥地利学派的基本导向。

其后，关于社会主义论战的皮尔逊（Pearson）和哈耶克、罗宾斯（Robbins）等都属于奥地利学派的知名经济学家。需要说明的是，新古典经济学派并不反对马克思所倡导的共产主义的价值理念，反而非常赞同社会主义这

---

① ［奥］门格尔：《经济学方法论探究》，姚中秋译，新星出版社2007年版，第268页。

种人文关怀的理想化。他们重点是对社会主义价值理念的实践产生怀疑,从而从经济学的视角对社会主义经济问题产生质疑,为社会主义经济问题的讨论提供了空间,激化了古典经济学派与马克思政治经济学的矛盾与争端。一方面大大拓展了自由主义经济的空间,同时也发展了马克思的政治经济学。

(三) 社会主义计划经济实践的兴起

1917 年,十月革命胜利后,第一个社会主义国家建立,其威力和影响在全世界落后地区、被压迫民族地区、资本主义国家等反响巨大,社会主义价值理念获得了世界的广泛赞誉。但对于社会主义该如何建设,社会主义采取什么样的经济发展模式等问题并未搞清楚。如战时共产主义政策面临巨大的挑战,城市配给制虽没遇到太大的困难,但农民的余粮收集制却遭到了农民的抵制,列宁不得已采取新经济政策,用粮食税代替余粮收集制,并允许自由交换等,带来社会主义经济发展的进步。虽然斯大林对社会主义问题的理解出现了偏差,选择了高度集中的计划经济体制,但这种计划主导的社会主义在发展初期仍然取得了繁荣发展。与同时代的资本主义相比,其优越性无与伦比。1929—1933 年的经济大萧条,与社会主义初期发展繁荣的局面形成了鲜明的对比,金融市场的恐慌引发了人们对市场经济的恐惧,迫使西方政府选择了政府宏观调控和国有化的思潮,实际就是对计划经济的模仿和认可,赞同社会主义的人数大大增加,据说1931 年的芝加哥大学,"几乎一多半学习社会科学的学生不是共产党员,就是同它的立场十分接近";出现了一种"强烈的亲社会主义环境,人们迫切希望政府直接接管经济"。① 这种现象表明了资本主义世界的人也希冀从计划经济的发展中获取经验,希望用社会主义的目标来改善资本主义的现状,因为"危机代表着资本主义和自由私营企业的整个制度的瓦解。在许多情况下,这些人希望从当时苏联所采用的计划经济里寻找未来的预兆"②。基于上述种种原因,社会主义计划经济的实践表现出非常强烈的生命力,为马克思政治经济学提供了坚强有力的实践支撑。

---

① [美] 帕尔默、科尔顿:《近现代世界史》,孙福生等译,商务印书馆1988 年版,第1054 页。

② [美] 帕尔默、科尔顿:《近现代世界史》,孙福生等译,商务印书馆1988 年版,第1054 页。

总之，无论是从马克思市场批判理论渊源来看，还是从社会主义实践发展的现状来看，关于社会主义与市场经济关系的争论成了历史的必然，新古典经济学派的兴起恰恰为这种争论提供了辩论的实体，共同推动社会主义经济问题的大讨论，正式揭开了马克思市场批判理论质疑的序幕。

二、马克思市场批判理论传承的逻辑起点

马克思市场批判理论提出后，科学社会主义国家率先实践了这种理论，但却忽视了马克思市场批判理论的真正内涵与实践矛盾，在苏联、东欧乃至中国社会主义实践过程中，一致采用了消灭市场、消灭货币、消灭私有制等废除市场的历史进程等，掩盖了马克思市场批判理论的光芒。富有戏剧性的是，在探索新自由主义经济发展的论证中，西方古典经济学家聚焦社会主义与市场关系问题的大辩论，开启了马克思市场批判传承的逻辑起点。

（一）关于共产主义经济价值论问题的交锋

社会主义市场资源配置、价值尺度衡量等概念最早是由弗里德里希·冯·维塞尔①提出的，作为奥地利学派的代表人物，他继承发展了门格尔的主观价值论，在价值研究方面与古典经济学派进行对立，他倡导价值要依赖于人的需求的主观价值论观点，推崇"戈审定律"，强调"如何满足人的需要规律"，据此提出了著名的"边际效用"，因为人的需要总会"有一定点将要达到饱和状态"，这个点就是"边际需要""财物满足边际需要的能力就是边际效用"，并据此分析了财物价值的来源和价值尺度。② 与马克思以前的古典经济学观点对立，同历史学派的研究方法也处于对立阶段。

1. 他把价值和共产主义联系起来。他继承了他的老师门格尔的价值概念的基本观点，从财物对人的需要的角度分析价值，否定了价值源于劳动的古

---

① 弗里德里希·冯·维塞尔（1851—1926），奥地利资产阶级庸俗经济学家，曾担任财政部官员和商务部大臣，先后任布拉格大学和维也纳大学教授，著作有《经济价值的来源和主要规律》（1884）、《社会经济学》（1914）、代表作《自然价值》（1889）等，和他的老师门格尔、庞巴维克共创了奥地利学派，是奥地利学派重要的代表人物，影响甚大。

② [奥] 弗里德里希·冯·维塞尔：《自然的价值》，陈国庆译，商务印书馆1982年版，第2页。

典经济学理论。他在著名的《自然价值》一书中，不仅明确提出了共产主义需要价值的论断，并且详细探讨了社会主义价值相关理论，第一次把价值和共产主义联系起来，研究分析了社会主义的价值实践。他指出，从价值的来源来看，"社会主义国家里"，人们"也会把失掉一两铁看的没有失掉一两黄金那么重"，社会主义国家的人们同样会具有"价值感"。① 在自然价值一章，他明确提出，"按共产主义原则管理经济事务的社会或国家里，财物也不会没有价值"，共产主义同样"还有各种需要，要全部满足这些需要，可利用的资财还会感到不足"，也就意味着不是只有可以实现财物的取用，"凡属不自由的财物"，"不仅是用处，而且是有价值的"。他把这种导源于"财物数量和社会效用之间的关系"称为"共产主义国家里存在的价值"或"自然价值"。② 他把共产主义的国家假设为尽善尽美，官员与市民都会理性地处理经济事务，不存在任何偏差。因此，"自然价值就是一个完全有组织、最高度合理的社会所承认的东西"③。

2. 他探讨了共产主义的价值类型。他重点探讨了"哪些生产手段会得到价值；是否只是劳动得到价值；土地是否有一种自然地租，资本是否有一种自然利息"等相关问题，同时也对"各种相关生产情况下其他种种问题"，包括"成本价值及其自然尺度问题"等进行研究。④ 他明确指出，共产主义社会存在地租、利息等价值，不过这种地租"要落到整个社会统一的手中"，而"不再构成私有财产"⑤，因此，他是站在价值中立的视角客观分析价值的存在，社会主义国家必然存在价值并且可以利用这种价值原则，为社会主义市场经济辩论奠定了理论基础。然而他也批判了马克思"价值唯一来源是劳动"的价值论观点，并且表明自己并不是反对社会主义的价值目标，而是为

---

① [奥] 弗里德里希·冯·维塞尔：《自然的价值》，陈国庆译，商务印书馆1982年版，第52页。
② [奥] 弗里德里希·冯·维塞尔：《自然的价值》，陈国庆译，商务印书馆1982年版，第108页。
③ [奥] 弗里德里希·冯·维塞尔：《自然的价值》，陈国庆译，商务印书馆1982年版，第109页。
④ [奥] 弗里德里希·冯·维塞尔：《自然的价值》，陈国庆译，商务印书馆1982年版，第109页。
⑤ [奥] 弗里德里希·冯·维塞尔：《自然的价值》，陈国庆译，商务印书馆1982年版，第111页。

社会主义经济要素提供辩护。

由此可知，奥地利学派维塞尔第一次阐明价值理论，详尽地分析了共产主义社会存在价值，这种价值原则与其他社会并无区别，社会主义者可以运用此规律为社会主义辩护，而他关于马克思价值论的批判揭开了社会主义经济问题大辩论序幕。其后，奥地利学派的皮尔逊、哈耶克、罗宾斯等都坚持这种价值论观点并以社会主义价值为核心展开了社会主义经济批判。

（二）关于社会主义经济价值论的交锋

关于社会主义实践中的问题交锋主要是在奥地利学派荷兰经济学家皮尔逊[①]和第二国际著名的马克思主义理论家考茨基（Kautsky）之间展开，其核心是研究社会主义国家到底有没有价值问题，延续了维塞尔从理论视角对马克思劳动价值论的批判。这次交锋揭开了社会主义与市场经济关系的大辩论。皮尔逊坚持奥地利学派的传统观点，即主观主义价值论和个人主义方法论，结合实践中社会主义存在的问题进行归纳总结，进而提出其关于社会主义价值论的看法，体现在其1902年发表在《经济学家》上的《社会主义共同体的价值问题》一文，这是针对考茨基的相关社会主义观点而提出批判的一篇文章，在经济学界反响很大。

1. 考茨基的社会主义经济观。考茨基的《社会与革命》一书发表于1902年，社会主义革命尚未实践之际，再版于1906年，俄国十月革命发生街垒战之后，他对自己的一些观点做出了修正。其包括社会革命之前和社会革命之后两个不同的阶段。他坚持马克思的社会革命是"社会的整个庞大的法律或政治上的整个上层建筑的或慢或快的变革，并认为它是由经济基础的变化而引起的"（狭义的革命形式）。[②] 考茨基把本书的一个"特殊目的"界定为针对荷兰"前任大臣皮尔逊曾在公开的大会上提出无产阶级革命必然由于其内在的原因而失败的断言"进行的辩解，"这两次报告都是针对他的答复"，且还明确指明了皮尔逊曾经参加第二次报告会并做了笔记，但"并未

---

① ［荷］皮尔逊，荷兰经济学家，奥地利学派的重要代表人物，曾担任荷兰首相、财政大臣、中央银行总裁等职务，重点研究社会主义价值问题。代表作《国民经济学教科书》（德文版）（1884—1890）、《经济学原理》（英文版）（1902、1912）。

② ［德］卡尔·考茨基：《社会与革命》，何江、孙小青译，人民出版社1980年版，第8页。

发言反对"等。①

（1）社会主义公有制能够解决失业问题。考茨基非常赞同社会主义采用公有制的生产资料所有制形式，他把社会主义的公有制与解决工人的失业问题联系起来。他提出，公有制是解决失业问题的根本手段。他认为，社会主义国家必须彻底解决失业问题，无产阶级政权必须首先处理的问题是"应当使失业者的困难得到解决""只有获胜的无产阶级，能够且必然采取有效措施来消除一切失业的苦难"，而解决失业的首要条件就是"使无产阶级成为工厂的主人"②，无产阶级只有真正掌握了生产资料的所有权，才能消除资产阶级条件下的失业问题。而要想使工人阶级真正掌握生产资料，实现社会主义的公有制，必须实现生产资料"国有化"，使"国营企业成为主要的企业形式"，农业大企业也必然采用同样的方式。因此，他把生产资料的"国有化"等同于公有制，从而也把"国有化"与失业联系起来，至于"国有化"是否等同于公有制，是否能够解决失业问题，如何解决失业问题，他并没有过多考虑，也没有进行深入的论证。

（2）社会主义必须剥夺金融资本。考茨基认为，社会主义条件下，不仅要实现生产资料的国有化，建立生产资料的公有制基础，同时也必须剥夺金融资本。他认为，金融资本是资本的一部分，与其他资本运转的方式方法不同，它采取放债收取利息的形式，从而获得资本的增值，分享工人阶级的劳动成果，从而具备了剥削的属性。金融资本家作为一个食利者群体，他们并不在金融生活中履行任何个人职务，而仅仅依靠资本的投资而轻松地获取收益，如果从这个群体的功能定位分析，他们并没有发挥实质性作用，可以毫无困难地把他们一笔勾销，予以剥夺，并不会引发社会的矛盾与问题。因此，必须像剥夺工业资本一样，把包括金融资本在内的一切资本进行彻底剥夺，从而消除一切资本和一切剥削可能。

（3）社会主义必须保留货币。考茨基比较赞同马克思关于社会主义保留货币的观点，作为流通手段的货币在社会主义条件下仍然具有交换的基本职

---

① ［德］卡尔·考茨基：《社会与革命》，何江、孙小青译，人民出版社1980年版，第1页。
② ［德］卡尔·考茨基：《社会与革命》，何江、孙小青译，人民出版社1980年版，第80页。

能，不过这种货币形式与职能可能具有与资本主义不同的属性而已。他提出，社会革命"不能立即废除货币""货币是迄今为止最简单的交换手段""作为流通手段，货币仍是必不可缺的""货币会丧失其某些职能"，比如在国内交换的价值尺度功能等。这里还是有必要提一下"社会主义价值"的。①因此，社会主义条件下必须要保留货币，但货币的相关职能要与资本主义条件下有所改变。

（4）社会主义仍然允许私有制的残余。考茨基认为，社会主义条件下尚且不能实现纯粹的公有制，而必须在公有制的主体条件下允许少量私有制存在的观点，他提出公有制与多种所有制共存的基本观点。他提出，社会主义"不能指望一切私营小企业全部消失"，比如农民经营的家庭小企业（无产阶级政权根本没必要接管这种小企业），这些农民经济反而有可能因新政权而加强。另外"工业中的小企业也不宜在可预见的时期内完全加以消灭"②，"这些小企业可以采取各式各样的生产资料所有制形式及其产品的销售形式"，"它们可以成为国营大企业或地方大企业的附属单位"③。社会主义社会可以"允许好几种生产资料所有制——国家所有制，地方所有制，消费合作社所有制，生产合作社所有制，私人所有制"等，也可以有"各式各样的企业形式——公办企业，联营企业，合作社企业，私营企业"等。

（5）社会主义工资多元化问题。考茨基认为，社会主义条件下必须保留工资的基本形式，同时允许工资形式的多样化，从而允许社会主义计划经济的发展。他提出，社会主义条件下，可以实行工资多元化，社会主义可以有"各式各样的工人报酬形式——固定工资、计时工资，计件工资，原材料、机器用具等的节约提成奖，加班、超产奖"等；也可以"有各式各样的产品周转形式——按合同批发，或向国家和地方网点、消费合作社以及地方生产

---

① ［德］卡尔·考茨基：《社会与革命》，何江、孙小青译，人民出版社1980年版，第82页。

② ［德］卡尔·考茨基：《社会与革命》，何江、孙小青译，人民出版社1980年版，第107页。

③ ［德］卡尔·考茨基：《社会与革命》，何江、孙小青译，人民出版社1980年版，第109页。

者本人购买"等。①

2. 皮尔逊的社会主义经济观。作为资产阶级经济学家代表人物和政府要员，和维塞尔赞同社会主义目标者不同。一方面，皮尔逊不能摆脱对社会主义理论的恐惧和厌恶。他曾经明确攻击社会主义者，并认为马克思并不是一个"严肃的科学的思想家"，社会主义者大多是批评家，对于建设性的理论，社会主义者并没有给出有价值的评论等观点。另一方面，皮尔逊并没有突破马克思的社会主义观，他所认为的社会主义包括"希望的社会主义""纯粹的共产主义""介于现有体制和纯粹的共产主义之间的体制"三个不同阶段。实际上按照他在《社会主义共同体的价值问题》一文的分类标准，并没有突破马克思关于共产主义三阶段的划分理论框架，只是一种从经济视角对马克思共产主义标准的重新解读而已。

（1）社会主义在国与国之间必然存在价值。在批判考茨基的过程中，他明确提出，社会主义社会必然存在价值，并把这些价值存在的领域进行了详细的规划。他认为，社会主义国家价值必须在国际贸易领域存在。也就是在国与国之间进行交流的时候存在，国与国之间总会存在资本流通、互通有无，以获取资本增值和利益最大化目标，那些拥有丰富资本的国家总会想办法转移资本，从而促使资本的价值得以实现。因此，社会主义国家不可能脱离那些经济条件比较发达的资本拥有国，必然会出现资本交流流通的过程，那么价值就必然在此过程加以体现。

（2）社会主义国家内部存在价值。他认为，虽然社会主义国家通行的是按劳分配原则，但是为了更好地实现按劳分配，社会主义国家必然要计算用以分配"净收入"，要确定具体的分配标准、分配手段等，这时候必然要考虑价值的存在，"如果没有计算或者评估，共产主义国家不可能决定有多少净收入可供分配"。此外，在分配标准方面，也需要国家做出决断，如何分配、分配多少等问题，尽管可以按照劳动量的标准来计算，那么这种劳动量同样属于价值判断范畴，当然这种分配也会遇到现实的困难，因为单一的按劳动量分配无法详细地反映分配过程中的多种要素问题，对于实际的分配会

---

① ［德］卡尔·考茨基：《社会与革命》，何江、孙小青译，人民出版社1980年版，第110页。

带来困难等。因此，忽视价值的做法在实际分配领域也同样面临困难等。从这点来看，他在维塞尔主观价值论的基础上进行了延伸，把那些问题具体化为社会主义的实践过程，但这些问题在马克思关于共产主义不同阶段的市场要求方面早就做出了论述，不过关于社会主义实践的具体操作方案，马克思没有来得及进行详细的论证而已，正是这一点成了皮尔逊用来攻击考茨基乃至马克思社会主义的基本依据，如果仔细推敲的话，这种观点是站不住脚的，但他比较清楚地从微观角度提出了关于未来共产主义的实践设计，也为以后共产主义的实践提供了理论基础和理论贡献。正如皮尔逊所预言的一样，在此后社会主义的实践中，确实遇到诸如此类的种种困惑。

（3）批判了考茨基的社会主义经济观。基于这种社会主义观和社会主义价值论，皮尔逊批判了考茨基的社会主义经济观。比如关于失业问题，他并没有理解考茨基关于失业问题的解决办法，因为考茨基并没有探讨解决失业的具体办法，而是探讨在实现了工人解放和政权之后由工人想办法来破解失业问题，因而他重点谈的是国有化问题，也就是工人解放后如何成为社会主人的问题。皮尔逊批判的基础是各取所需的共产主义不会存在失业。很显然，这里他误解了考茨基关于社会主义的设想，考茨基的设想指的是刚刚实现的过渡期或者共产主义的低级阶段，而绝不是他所示的纯粹的共产主义，考茨基所倡导的社会主义是多种所有制、多种经营方式、多种分配方式共存的阶段。另外，他也对考茨基关于社会主义存在货币问题、社会主义存在金融资本等进行了反驳，证明考茨基的论述恰恰说明了社会主义国家必然存在资本、存在价值等，虽然这种反驳有一定的道理，但这种观点并没有超越马克思关于社会主义早期市场观的基本范畴。

（三）关于社会主义资源配置问题的交锋

随着马克思主义者与西方经济学家交锋的发展，社会主义经济问题讨论逐渐深入，聚焦在社会主义与市场经济的关系问题上面来，历史称为社会主义经济问题大辩论。

1. 辩论的发起阶段。辩论的发起主要是由于意大利经济学家帕累托提出的"帕累托最优状态"。1897 年，帕累托在研究资源最佳配置的时候，提出了著名的帕累托最优状态。即在某种既定的资源配置状态，任何改变都不可能使至少一个人的状况变好，而又不使任何人的状况变坏。他认为，这种状况可以适用于任何社会，当然社会主义也能够实现资源配置最优化的状态。帕累托由此而被称为"资产阶级的卡尔·马克思"。

1902—1903年，他出版的《社会主义制度》两卷书，其中明确提出了社会主义可以实现资源配置最优化状态的假设。他通过假设认定社会主义实行计划经济的生产部，在理论上同样可以达到与市场经济条件下的均衡状态，计划经济和市场经济都能够促使均衡问题的形成。1908年，他的学生巴罗内（Barone）继承发展了他的这一观点。巴罗内在《集体主义国家的生产管理》文中指出，在社会主义经济条件下，市场和社会主义的中央委员会具有相似的职能，市场能做的事情，中央委员会一样能够做到，有时候甚至做得更好。围绕"资本变成集体财产，以及生产实现社会化，是否有益呢？""在集体主义政权里应当如何引导生产？"[①] 等相关问题，他论证了社会主义的均衡状态可以根据需求关系找到合理的核算，从而突破了那种依靠数理计算的经济体系。集体经济与市场经济仅仅在生产资料的占有制方式上有区别，在实现均衡的等式方面具有完全的一致性，都是以集体福利最大化为基础，实现数量均衡为标准，体现了成本的最小化和价格等于成本。因此，资源占有方式并不能否认资源效益最大化的目标，社会主义的计划经济当然也能够实现资源利用的最优化和人们福利的最大化，从而论证了社会主义可以实现经济核算的可能性。继承发展了帕累托最优化状态理论，也为社会主义可以进行经济核算提供了理论前提。

2. 辩论的发展阶段。辩论是围绕社会主义能否进行市场配置问题，一方坚决肯定社会主义存在市场、价格、信息等资源，肯定社会主义能够利用市场机制进而实现合理的资源配置；一方否认社会主义能够利用市场观点，因为社会主义没有货币、价格、商品等市场机制，不可能实现经济核算和信息核算，根本无法利用市场机制。其主要代表人物是奥地利学派的皮尔逊、路德维格·冯·米塞斯（Ludwig Heinrich Edler von Mise）、弗里德里希·冯·哈耶克、罗宾斯等；反对派代表人物是瓦尔拉斯（Walras）、泰勒、帕累托、巴罗内等。

---

① Hayek, *Collectivist Economic Planning: Critical Studies on the Possibilities of Socialism*, London: George Routledge &Sons, 1935, p.245.

皮尔逊率先在《社会主义的共同价值问题》一文中提出，社会主义离不开"价值"，但社会主义"无市场、无交换"，导致社会主义在现实运行中是不可能的。瓦尔拉斯则在《应用政治经济学研究》一书中提出，"尽管社会主义没有市场，但同样可以国家宏观调控实现资源合理配置"等观点，驳斥了皮尔逊。米塞斯则在皮尔逊"无市场"理论的基础上，提出了社会主义"无经济核算"观点，他在《社会主义制度下的经济核算》一文中认为，社会主义的"市场"是政府人为安排的，缺乏自由市场的特点，不能进行经济核算。需要说明的是，一方面，米塞斯并不是完全反对马克思科学社会主义的，他亲眼目睹了"俄国布尔什维克已经取得的成就"，并认为它的"宏观蓝图"是"人类历史上最为显著的成就之一"。① 之所以有这样的认识，因为米塞斯所指的"社会主义"是指"含马克思主义、布尔什维克主义、德国和奥地利在第一次世界大战期间的战时计划体制、罗斯福（Roosevelt）新政、阿根廷庇隆（Perón）总统国家工业化政策等等"，"一切具有国家干预倾向的思想和政策"都是"社会主义"。② 另一方面，他又从经济学研究视角深入分析了"社会主义的本质问题"，对社会主义经济实践问题提出了许多批判，这些"社会主义"的批评也有很多是"非马克思主义的"批判。他提出，"由于社会主义没有真正的市场，社会主义社会不可能有合理的经济计算"，"不研究以生产资料公有制为基础的经济秩序的机制，就根本不可能讨论社会主义问题"。③ 他指出，"社会主义可以用实物核算代替货币核算的设想，是一种天方夜谭""在不进行交换的社会里，实物核算绝不可能超出消费品的范围""没有核算就不可能有经济活动，社会主义制度下不可能进行经济核算，所以社会主义制度下不可能有我们所说的那种经济核算"。④ 因此，"社会主义也不一定废除货币"，但仅限于在消费领域使用，由于生产领

---

① ［德］米塞斯：《社会主义》，王建民、冯克利等译，中国社会科学院出版社2008年版，第24页。
② ［德］米塞斯：《社会主义》，王建民、冯克利等译，中国社会科学院出版社2008年版，第2页。
③ ［德］米塞斯：《社会主义》，王建民、冯克利等译，中国社会科学院出版社2008年版，第29页。
④ ［德］米塞斯：《社会主义》，王建民、冯克利等译，中国社会科学院出版社2008年版，第85页。

域没有货币,"货币无法在经济核算中发挥作用"①,一个货币体系健全的制度,才会有合理的经济核算。

3. 辩论的深化阶段。为了反对米塞斯的上述观点,美国经济学会会长泰勒运用"试错法"进行了有力的回应,把辩论推向了高峰。1928年,泰勒发表了《社会主义国家中生产的指导》一文,详细说明了如何通过"试错法"实现中央计划配置资源的最优化状态。所谓"试错法"就是通过不断试验错误的方法,也就是对一系列有待证实的方案进行检验,直到发现一个成功通过验证的,通过供求关系的变化达到供求的均衡,运用均衡时的价格机制调节供求关系促进资源配置平衡。在试验过程中,如果供大于求则降价,如果求大于供则涨价,最后形成的是均衡价格。如果计划经济能够"使产品的生产成本与购买者的需求价格相等",并将这种价格作为当前商品价格获得的唯一证据,就能够实现经济资源的合理利用。通过这样强有力的证据,泰勒成功反驳了米塞斯的社会主义不能实现经济核算的观点。

在泰勒对米塞斯观点有力的回击下,新奥地利学派的领袖人物哈耶克和伦敦学派的领袖罗宾斯迂回进行反击。一方面,他们承认社会主义与市场经济是可以兼容的,计划经济体制同样能够实现资源配置的合理性,从而达到最佳均衡状态。另一方面,他们又从信息核算的视角提出,这种设想仅仅在理论上是可行的,如果在实践中就不一定能够成功。因为在经济核算中因为社会主义不存在实际的市场,不存在狭义的价格体系,也没有生产资料私有制等。正如罗宾斯所说:"在纸面上,我们能设想这个问题用一系列数学计算来求解……但实际上这种解法是行不通的。它会需要在几百万个预计数据的基础上列出几百万个方程,而统计数据又根据更多百万个别计算。到解出方程的时候,它们所根据的信息会已过时,需要重新计算它们。根据帕累托方程可能实际解决计划问题的提法只说明提出这种主张的人不了解这些方程意味着什么。"②而哈耶克则根据其绝对新自由主义的观点提出,计划经济条件下会受到人为的管理与干涉,社会主义计划管理者对于信息的收集、信息

---

① [德]米塞斯:《社会主义》,王建民、冯克利等译,中国社会科学院出版社2008年版,第87页。

② [英]莱昂内尔·罗宾斯(L. C. Robbins):《大萧条》,伦敦出版社1934年版,第151页。

的分析、信息的传递等都会受到个人的倾向影响，计划者并不能掌握全部的信息，也不能制定出合理的计划，也不能保证计划执行的合理性等观点。这种观点并未突破西方古典经济学派的关于经济核算问题的争论，但却把社会主义经济问题的讨论推向深入，有利于社会主义经济理论的发展。

（四）兰格的市场社会主义模式衍生

奥斯卡·兰格系统剖析了这场辩论的相关问题，在继承巴罗内、泰勒等核心观点的基础上，提出了竞争的社会主义模式，历史称为市场社会主义模式，结束了这场辩论，肯定了社会主义可以与市场经济融合的历史命题，发展了马克思市场批判理论所含的"社会主义可以利用市场"的观点。

1. 对米塞斯的"社会主义不能实现资源合理配置"的批驳。兰格站在前人论战的基础上，辩证地对米塞斯的观点进行批判，明晰了社会主义同样可以进行合理配置资源的基本思路。

（1）肯定了米塞斯对社会主义发展的巨大贡献。他认为，米塞斯教授的论战促使社会主义者必须思考"充分的经济会计制度的重要性"，用来指导社会主义经济资源分配问题。他指出，虽然不是米塞斯最早提出这个问题，也不是说所有社会主义者都不知道这个问题，但"在欧洲大陆（意大利除外），使社会主义研究者系统地研究这个问题的功劳完全属于米塞斯教授"[①]。这种观点既点明了社会主义计划经济的弊端，同时蕴含了社会主义能够充分利用市场经济的看法。

（2）尖锐批评了米塞斯的问题。兰格认为，米塞斯所提出的"社会主义社会经济计算是不可能的"观点并不能为"经济学家所接受"[②]。他认为，这个问题早在1897年就已经被帕累托提出并经过了巴罗内的补充说明。他指出，米塞斯之所以提出"社会主义不能进行经济核算"观点，是因为他对"物价的性质的混淆不清造成的"。他根据威克斯对价格的"广义价格"和"狭义价格"的界定展开批判。所谓"狭义价格"是"一件事物、一项服务或一项权利所得到的货币"；所谓"广义价格"是"向我们提供其他选择的

---

① 载《经济学评论》第4卷第1-2期，1936年10月。
② ［波］奥斯卡·兰格：《社会主义经济理论》，王宏昌译，中国社会科学出版社1981年版，第2页。

条件""只有广义价格才是资源分配所不可缺少的"。他提出,米塞斯混淆了"广义价格"和"狭义价格",把市场上商品交换的比例和"提供其他选择的条件"(广义价格)弄混了。他认为,社会主义不存在市场上货物交换的狭义价格,但却存在着广义价格,社会主义国家可以具有提供其他选择的条件,包括资源配置、管理方式等。因此,米塞斯单凭这种情况否认社会主义无经济核算的观点是站不住脚的,因为资源配置是依靠"广义价格"而开展的。另外,米塞斯提出"分配资源与私有制是不可缺少的"观点,兰格同样做出了回应进行驳回。他认为,社会主义国家同样可以进行资源分配,只不过分配的主体不同而已,但进行资源分配的过程和结果具有一致性。

2. 对哈耶克与罗宾斯错误观点的批判。如前所述,哈耶克、罗宾斯并不否认社会主义能够进行合理资源分配问题,但是他们转入了第二道防线。即社会主义资源配置理论上是可行的,但在实际操作中会如何?兰格指出,哈耶克、罗宾斯提出的问题实际上早在巴罗内和泰勒的讨论中就已经说得很清楚了,那就是使用"试错法"来寻求供需关系的平衡,从而达到一般均衡状态,进而实现资源合理配置。但为了更清楚地回应哈耶克和罗宾斯的问题,兰格分析了竞争市场经济均衡的条件,提出通过实验错误的方法来解决均衡问题的办法,建构了社会主义通过实验错误方法来达到资源合理配置的方案,也就是著名的"兰格模式"。

(1)兰格模式建构的前提:社会主义均衡条件分析。兰格提出,在一个公有制为主体的社会中,由于不存在资本货物和生产源的市场,仅存在广义的市场价格;而真正的市场只存在消费品和劳动服务方面。根据这样的前提条件,兰格分析了一般经济均衡的具体过程,证明了社会主义条件下同样可以实现经济均衡。他认为,社会主义条件下同样存在主观均衡条件、客观均衡条件、表达经济组织的社会组织等。所谓主观均衡条件是根据消费品市场价格和其他的会计价格(选择指数),参加消费和劳动的个人、生产经理、政府官员等共同决策。所谓客观均衡条件是价格取决于商品的需求数量、供给数量、收入形成原则等三个要素。对于主观均衡条件的实现,假设社会主义条件下有消费者选择自由,竞争市场的均衡条件也适用于消费品市场;而生产经理的决策不是实现利润最大化,而是按照消费者偏好来选择平均生产成本最小的要素组合,使边际成本等于生产价格来确定生产规模,实现像竞争市场一样来实现利润最大化和保障消费者需求。这时候，最迫切需要的就是已知的要素和产品的价格，一旦这个价格决定，消费者自然可以按照竞争市场条件自动实现均衡，生产者同样可以实现要素成本最小化和产品边际等于生产价格。这样，社会主义经济均衡的核心条件就具备了，也就是说如果能有一个合理的已知价格体系，社会主义就能自动实现均衡机制。为此，兰格抓住这个突破口设计了政府模拟市场的均衡价格模式。

(2) 中央计划局模拟市场的设定。如前所述，社会主义条件下客观存在着消费品市场，在消费领域自然就存在市场价格或狭义的价格体系，只有生产领域没有市场价格体系而只有会计价格体系，那么按照竞争条件下的经济均衡条件，只要能够确定合理的生产价格体系，由中央计划局要求生产经理按照消费者偏好而不按照利润最大化的目标，实现生产要素的成本最小化组合，同时保障边际成本和生产价格相等，就实现了均衡条件，自然在生产领域就实现了供需平衡，而同时消费者又有选择职业的自由和消费品的自由，消费领域自然就能够实现均衡。另外，中央计划局还规定利润和工资收入分配的相关规定，以确保消费者收入均衡和合理化等条件，为供需平衡设定了前提基础。很显然，在这里，中央计划局就充当了市场的功能属性，也就是模拟化的市场。

(3) 中央计划局通过"试错法"确定合理的已知价格体系。兰格指出，由中央计划局根据历史价格随机选定一组给定物价，生产和生产经理、消费者、劳动服务者都要根据这组定价为基础开展生产决策和消费决策，通过这种决策行为最终确定商品的供需数量。如果某一种商品的供给量与需求量不一致，就说明商品的价格需要加以改变。如果供大于求，必须降低该商品价格；如果需求大于供给，就要提高这种商品的价格。通过这种不断试验错误的办法，最终确定了合理的物价，从而已知的价格体系就确定了。那么，如前所述，社会主义经济均衡的主客观条件就达到了，也就自动实现了社会主义的资源配置问题，解决了价格体系不完整的问题。通过不断实验错误的办法，社会主义的会计价格就自然能够确定，也不需要繁杂的数学来求解方程，只需要把既定的价格体系反馈到生产经理与消费者那里即可，也不需要大量的信息反馈和收集等，同样可以实现社会主义资源配置等问题。有力地驳斥了奥地利学派的关于社会主义经济问题的大讨论。

总之，西方经济学家关于社会主义与市场经济相关问题的大辩论，揭开了马克思市场批判质疑的逻辑起点，深化了社会主义与市场经济关系的认识，促进了马克思市场批判理论的实践创新。

三、马克思市场批判理论传承的逻辑内核

伴随马克思主义理论的传播与发展，其市场批判理论也在社会主义实践中不断传承与创新，重点聚焦在科学社会主义的实践领域以及其他社会主义流派的理论探索领域。

（一）科学社会主义的实践创新

马克思市场批判的基本目标就是消除异化现象，建构自然主义与人道主义统一的理想社会，也就是马克思所指的共产主义社会。按照这种设想，世界上所有社会主义国家大多遵循了共产主义的发展目标，在实践中推动了社会主义制度的发展。

1. 马克思市场批判理论的初步实践阶段。1917年，列宁建立了世界上第一个实践的社会主义制度，也就是马克思所指的共产主义第一阶段。尽管这个社会主义与马克思所指的西欧各国在生产力高度发达，市场经济充分发展之后的共产主义并不完全等同，但列宁从本质上界定了俄国成立的共产主义的特征，并试图探索这种社会主义发展的几个基本阶段，标志着马克思共产主义的实现，也标志着马克思市场批判理论第一次从理论变成了现实，揭开了马克思市场批判理论传承的序幕。进而在俄国十月革命的影响下，被压迫世界的工人阶级纷纷掀起了建设新社会的高潮。在东欧出现了南斯拉夫、匈牙利、罗马尼亚、保加利亚、阿尔巴尼亚、民主德国、波兰、捷克斯洛伐克等国家；在亚洲，出现了中国、越南、蒙古、朝鲜、老挝、柬埔寨等国家，在美洲也出现了以古巴为代表的社会主义国家等。

社会主义国家在建立之初，因为马克思设想的共产主义第一阶段是什么样的社会条件，共产主义的第一阶段该如何建设，共产主义第一阶段与过渡阶段的区别如何等，马克思并没有进行过详细的探讨。此外，马克思所设想的共产主义第一阶段是建立在市场经济发达的西欧社会条件基础的，这就给早期社会主义国家的探索带来很多困惑。按照列宁的理解，在战时实现了共

产主义政策，但由于战时共产主义政策并不适合俄国社会发展的需要，由于农民的反对和暴乱事件发生，不得不实行新经济政策等，最终在斯大林的探索下放弃了市场经济的发展思路，选择了高度集中的计划经济体制，建立了公有制、按劳分配、计划经济体制等基本的制度保障，但实际上与马克思的市场批判理论并不十分吻合。一是这些社会主义国家并没有经历过市场经济的充分发展，生产力水平相当落后，广大人民的生活水平比较低下，二是如何界定共产主义第一阶段的实践条件也并未搞清楚，错误地把苏联模式的集权社会主义作为马克思的共产主义，新兴社会制度充满矛盾，马克思市场批判理论出现了传承的困境。

2. 马克思市场批判理论的实践创新阶段。20 世纪 50 年代开始，东欧各国展开了结合本国实际的社会主义改革，实践创新了马克思市场批判理论。

（1）关于社会主义的价值目标。东欧社会主义国家具有共识，即无论通过何种途径的改革，社会主义的价值目标是不能改变的。既然要坚持社会主义的价值目标，那么很有必要重新认识马克思的社会主义理论。事实证明，东欧各国都坚持了这一点，纷纷从马克思经典理论中挖掘资源，开始了马克思经典理论重新反思。就连被西方讽刺性地称为"市场社会主义"的南斯拉夫和匈牙利等国也是一样，其改革的宗旨就是更好地维护社会主义的价值目标，而这种社会主义就是马克思所指的共产主义第一阶段，也是列宁所指的社会主义。

（2）选择计划经济还是市场经济。东欧国家普遍选择了把市场经济与社会主义结合的路径，开始了马克思市场批判理论的"近市场"实践。一方面，这种选择是基于对苏联实践社会主义的反思。在社会主义实践中始终没有完全放弃货币、商品、交换等经济机制，即便在生产领域实现了完全按照政治指令来办事，在消费品领域和国际贸易领域的货币交换现象仍然不可避免，也就是社会主义实践无法避免市场现象。因此，各国都开始对完全的计划经济形式展开了批判。另一方面，基于当时资本主义市场经济的完善与发展，在经历了第二次世界大战与大萧条的危机之后，西方国家纷纷借鉴了社会主义的计划经济形式发展，国有化思潮和政府调控市场经济大大加强了资本主义市场经济的活力，尤其是政府宏观调控与市场经济相结合的凯恩斯主义提出以后，资本主义市场经济发展比较强劲，这就需要社会主义国家重新思考市场经济的功能，重新思考当年马克思关于共产主义实践的相关理论设计等。

总之，东欧国家实践马克思市场批判理论的实践取得了巨大成绩，符合马克思早年关于共产主义发展的基本预测。但这些理论探索并没有达到一个新的高度，没有迈开更大的步子，限制了市场经济发展的活力。

3. 马克思市场批判理论突破创新阶段。20世纪90年代以来，苏联东欧社会主义与模式解体，社会主义发展步入低谷，有关马克思市场批判理论的延续在发达资本主义国家得以延伸，并取得了重大突破。这个任务主要是由两个群体完成。一是在欧美等发达国家的市场社会主义所完成，如英国、美国、澳大利亚、法国等国家的理论探索，他们从理论角度论证了社会主义与市场经济融合的道路，设想把社会主义的价值目标与市场经济发展机制相结合，实现市场经济在社会主义发展中作为主导功能，马克思市场批判理论大大取得了重大突破。关于市场社会主义的相关理论功能，我们放在其后的社会主义流派探索中详加分析。

另一个重要突破就是中国特色社会主义。如前所述，中国特色社会主义是世界社会主义发展的重要组成部分，其同样是马克思市场批判理论的重要核心。不过由于中国社会主义建立的时间比较晚，可以这样说，在苏联东欧社会主义解体以前，中国对世界的影响力并不明显。因此，中国关于马克思市场批判理论的探索可以说和西方差不多，同样经历了对市场经济的排斥和迷茫，1978年开始的改革开放才开启选择市场经济的实践进程。但实际上，20世纪90年代以前，这种探索效果和幅度都不是太大，一直在商品经济、计划经济等相关的体制中徘徊，在实践与理论的矛盾探索中前进。20世纪90年代以来，中国探索马克思市场批判理论的步子加大，实践效果也非常突出。主要表现为，彻底突破了计划经济与市场经济的束缚，不仅明确了市场经济的发展目标，而且还把这种市场经济明确界定为"社会主义市场经济"，实际上就是实现了社会主义价值目标与市场经济的有机结合，建构了市场经济发挥基础性作用的实践体制。2012年党的十八大以来，结合我国市场经济发展的具体实际，不断探索中国特色社会主义与市场经济的关系，最终提出了市场在资源配置中起决定性作用的规划，实践创新了马克思市场批判理论所包含的目标指向。尽管这种探索的道路还很长，但这种新思路的提出大大突破了有关市场经济发展的历史逻辑。

总之，20世纪90年代以来，国际共产主义运动步入了发展的低谷，但是社会主义的影响力并未减弱。尤其是在中国特色社会主义带领下开辟的发展道路，取得了世人瞩目的成就；而那些已经放弃了传统社会主义的国家之中，社会主义的影响仍然广泛存在。这些影响足以说明，马克思社会主义价值目标的影响仍然是为大多数人所认可，马克思市场批判的理论追求在当今世界仍然占据了重要的实践地位。

（二）社会主义流派的理论拓展与创新

在社会主义实践制度传承马克思市场批判理论的同时，社会主义流派同样对马克思市场批判理论实现了传承与创新，不过被科学社会主义发展的光环所掩盖而已。20世纪90年代，苏东社会主义解体之后，社会主义流派发展凸显出来，继续传承马克思社会主义价值理念和实践机制的内核。包括民主社会主义思潮、市场社会主义思潮、生态社会主义思潮、女权社会主义思潮等均为马克思市场批判理论做出了重大贡献。鉴于本书研究目的所限，我们只简略对这些社会主义流派的传承问题加以概述，以厘清马克思市场批判理论传承向度。

1. 民主社会主义。民主社会主义虽然与马克思科学社会主义分道扬镳，日益探索其经济、政治、文化等发展道路，但由于其对社会主义价值目标的传承与实践探索，客观上仍然为马克思市场批判理论做出了一定的贡献。

（1）民主社会主义发展概述。民主社会主义又称社会民主主义，和马克思的科学社会主义是同根同源的。其衍生于早期的欧洲工人运动，并逐渐接受了当时有影响的空想社会主义的主张，因而当时具有无产阶级政治组织的属性，不过同时也具有一定的摇摆性，因为其一直坚持民主共和而非坚持消灭资本和雇佣劳动。19世纪80年代以来，随着马克思科学社会主义理论的传播和巴黎革命运动的兴起，尤其是在恩格斯指导下的第二国际时期，民主社会主义逐渐接受了马克思科学社会主义理论，不仅价值目标方面全面吸收了马克思的理论体系，而且在革命方式等方面也接受了马克思的主张。但在恩格斯逝世后，其党内的机会主义倾向又逐渐抬头，最终又把争取普选权、社会民主、社会改良作为自己的目标，逐渐走向了改良主义，尤其是在"一战"中公开支持政府进行帝国主义战争而彻底蜕变为机会主义和改良主义。

其后，在两次世界大战期间，社会民主主义党内出现了分裂，其右翼在列宁的支持下和共产党一起组建了第三国际，而左翼则彻底与马克思科学社会主义分道扬镳，民主社会主义在价值目标方面背离了科学社会主义。第二次世界大战结束以后，社会民主主义正式由民主社会主义所代替，并在20世纪70年代在欧洲各国发展到历史最高水平，社会民主党在欧洲的支持率和选民比例都大大增加；20世纪90年代，苏东社会主义解体以后，为了回避社会主义发展低谷的影响，民主社会主义又改名为第三条道路，全面修正其历史纲领，明确了坚持社会主义价值目标，发展市场经济，实行民主的福利的社会主义，淡化了意识形态色彩等，民主社会主义的发展达到了全新的状态。

（2）民主社会主义如何传承马克思市场批判理论。如前所述，不管是作为社会民主主义还是社会民主主义，即便是第三条道路等不同的名称，但其本质内核方面还是或多或少传承了马克思的市场批判理论。

一方面，社会主义的价值目标继承。民主社会主义所坚持的价值目标和马克思的社会主义价值目标是一致的。民主社会主义坚持对资本主义市场经济批判的基本视野，希冀建立以共产主义为指向的新社会。在思想纲领上，他继承了自由、公正、互助的核心价值理念，虽然这种价值理念和马克思科学社会主义具有一定的差异性，比如其在理论来源中没有放弃基督教教义的影响，其在政治观方面没有放弃抽象的政治观、权力观、民主观、国家观、政党观等，但社会主义价值目标的决定性功能仍然占据核心地位。因而，民主社会主义仍然具有一定活力，在一定程度上缓和了资产阶级的矛盾，给广大被压迫群体生活利益带来一定保障。

另一方面，在经济纲领的选择方面，普遍选择的是市场经济、工人全面参与管理、民主福利制度等。民主社会主义坚持公有制、私有制、市场经济相结合的混合所有制形式，这种选择开始于20世纪50年代，在实践中的社会主义普遍遇到计划经济、国有化等问题和矛盾困境，民主社会主义逐渐调整自己的经济手段，主张不再把国有化和公有制作为社会主义的基本手段，在整体框架内保留计划，允许私有制、市场经济等相结合，从而建构了一种混合所有制经济制度形式。在经济体制运行中，主张工人参与企业管理，实行资本社会化，允许工人通过股票、分红等多种手段参与企业管理。通过严格的社会保障体系，提高工人的福利保障，为低收入群体建立一套完善的体制等措施。很显然，民主社会主义对于市场经济的态度很明确，就是运用市场经济发展社会主义，这些都是对马克思市场批判理论的传承。不过其关于私有制的混合经济形式，片面的高福利措施等与马克思的设想尚且不完全一致。

总之，民主社会主义在社会主义价值理念和市场经济发展运用的基本思路传承了马克思市场批判理论，但由于其实现社会主义的目标手段并不现实，其具体实现措施也与现有的社会物质基础具有一定的差距，但我们不能因为这些否认其对马克思市场批判理论的传承。

2. 市场社会主义。市场社会主义就是试图把市场经济与社会主义融合的理论与实践探索，这种模式是马克思市场批判理论的主流，也是社会主义实践的主要传承。为了便于从逻辑上厘清马克思市场批判的发展，我们在这里再一次强调市场社会主义的相关传承，保障了研究内容和研究体系的完整性。

（1）市场社会主义流派类别。关于市场社会主义的发展，理论界公认可以分为两大流派，一是东欧社会主义改革探索，把市场经济与社会主义两种实践机制的结合，一般被称为东欧市场社会主义或传统市场社会主义流派，这点我们把其放在社会主义制度实践部分进行详细研究概括，并从"近市场"实践模式的领域加以总结。二是20世纪90年代以来，在英美等发达国家兴起的探索，其主要特点是把社会主义的价值目标和市场经济结合起来，市场经济已经成了主导机制，希望借助市场经济实现社会主义的价值目标，这种探索也仅仅限于理论层面的探索，并没有付诸实践，因而具有明显的乌托邦的属性，理论界一般称之为当代市场社会主义或欧美市场社会主义流派。正是由于这种设想的空想性，我们把其放在马克思市场批判的"亲市场"模式一栏进行专题研究。当代市场社会主义是在苏联东欧社会主义解体之后，由英美等发达资本主义国家的马克思主义理论家或左翼理论家的探索。这种探索既是对传统社会主义价值目标的延续，又是对传统社会主义实践机制的反思，也是对资本主义国家未来社会新发展道路的探索。苏联东欧社会主义解体，人们对社会主义陷入了悲观和失望，但对社会主义的价值目标并不怀疑，而是对传统社会主义发展实践的失望，这就必然要求对传统社会主义发展的反思。此外，资本主义的发展也并未尽如人意，经济危机、环境污染、社会不公等种种问题同样困扰着时代的人们，对于身居资本主义国家的理论家同样也对资本主义的发展陷入怀疑和忧虑，这种背景下也就自然会对资本主义进行反思和批判等。

（2）当代市场社会主义对马克思市场批判理论传承发展。一是社会主义的价值目标，这一点是不容怀疑的。正如前文所说，社会主义价值目标一直备受大家尊重和推崇，只不过对其实现的可能性进行怀疑而已。因此，当代市场社会主义同样如此，包括左翼理论家在设计市场社会主义的时候，都要优先考虑马克思科学社会主义的价值目标到底是什么，详细思考马克思关于自由、福利、公平等问题的设计与思考，从理念方面确定了发展的方向。很多市场社会主义理论家就明确说明自己就是坚持社会主义，而不是资本主义和其他任何社会目标等，如罗默、施威卡特等。二是关于市场机制的利用方面。这是当代市场社会主义的重大突破，他们既坚持社会主义必须利用市场经济的目标，又选择准了市场经济机制的实践方式。既是对传统市场社会主义关于市场经济运用的补充和完善，又是对资本主义市场经济的反思与批判。因此，当代市场社会主义关于市场经济的微观实践探索，传承创新了马克思市场批判理论。

3. 生态社会主义。生态社会主义（eco-socialism），产生于20世纪70年代的西方绿色运动，20世纪90年代成为引人注目的左翼社会思潮，它是社会主义和生态运动相结合的"红绿联盟"的产物，反映了马克思主义对当代生态运动的影响。尽管生态社会主义与马克思科学社会主义并非完全等同，但我们必须承认，生态社会主义传承了马克思社会主义价值理念，是现代西方社会发展探寻出路的一种设想，贯穿有马克思社会主义的要素。因此，从这个意义上讲，生态社会主义也对马克思市场批判理论有一定的传承功能。

（1）对资本主义市场经济的深刻批判。生态社会主义产生的直接原因是西方资本主义制度片面追求经济利润而带来的生态危机问题。第二次世界大战以来，随着西方市场经济发展日趋稳定和繁荣，市场经济发展的自我局限性和资本主义制度的局限性日益凸显，在市场经济高速发展的同时，也带来了资源掠夺、资源浪费、环境污染、生化危机等系列的矛盾，严重影响了人们生存的空间。如20世纪30年代到60年代，西方发达国家都出现了严重的环境事件，如日本的水污染、英国伦敦的大气污染、美国的光化学烟雾等。

20世纪70年代又出现了能源危机、意大利塞维索化学污染事故、美国三里岛核电站泄漏事故等。但为了更大经济利润,发达国家不断把生态危机转移到发展中国家,把那些高污染、高危险、能源消耗严重的产业转移到发展中国家,把发展中国家也纳入了生态危机的现实。这些问题引起了西方有识之士对市场引发问题的反思与批判。他们发现,正是资本主义私有制与市场经济的结合,把市场经济矛盾激化了,从而把市场经济发展问题的批判上升到制度的批判。

(2) 对传统社会主义经济的批判反思。20世纪90年代,苏联东欧社会主义国家的解体,引起了人们对传统社会主义的深刻反思,其重点关注了传统社会主义国家的生态问题。众所周知,传统社会主义国家大多在经济文化落后的国家率先成立,其经济发展的实践诉求非常高,又加上传统社会主义国家对于经济发展规律和社会发展规律掌握得不够,大多数社会主义国家都选择了工业化发展的常规道路,以快速促进社会主义国家的生产力,这种发展思路本来是无可厚非的,但由于经济发展实践诉求太迫切,很多社会主义国家在发展工业化的过程中忽视了生态问题的考究,而选择了一种较为宽松的发展模式,采用高能耗、高成本、短期式行为等,导致了社会主义国家也出现了生态危机问题。但这些生态问题并没有引起社会主义国家的足够重视,这一方面是和西方国家竞争发展的现实需求,也是对经济发展判断不足而引起。这种现实自然引起西方先进政党对于未来社会发展的客观思考和批判,对传统社会主义的政治、经济发展模式引发了批判性思考。

(3) 对马克思未来社会制度理论的继承与发展。生态社会主义是在继承马克思关于未来新社会设想的产物。

一方面,生态社会主义坚持继承了马克思的人与社会自然观,坚持把自然问题考虑与社会问题统一的基本思路,坚持生态问题产生的基本根源是资本主义制度的基本逻辑。马克思认为,未来社会必然是一个人道主义与自然主义统一的社会,因为自然与人类社会是辩证统一的逻辑体。人类必须依赖于自然的物质基础,用以维护自我发展与生存,同时自然也离不开人类的社会活动,必须坚持人的发展第一的逻辑思路。早在《1844年经济学哲学手稿》一书中,马克思就明确了这种发展思路,既不能为了人的发展而忽视自然的力量,也不能为了自然的存在而忽视人类的地位,而应该实现人的发展与自然发展统一的发展观。为此目标，他在《资本论》中进行探索，并尖锐地批判了资本主义经济发展对自然带来的伤害，明确指出了资本主义经济发展方式是生态危机的基本渊源。

另一方面，生态社会主义又结合资本主义生态危机的事实发展了马克思的社会发展理论。结合马克思关于未来社会新思考，尤其是把生态危机和资本主义制度相联系的基本观点。西方马克思主义者如卢卡奇（Lukács）、霍克海默（Horkheimer）、阿多诺（Adorno）、马尔库塞（Marcuse）等不仅深化了对马克思主义的理解，而且直接点明了生态危机和资本主义的结合点，同时把人的束缚与生态危机、资本主义制度等联系起来，从而突破了生态而生态的趋向，把政治问题和生态问题结合起来，直接提出了未来社会发展的新目标必然是社会主义，并结合当时新兴的生态学、系统学、未来学等成果，提出了诸多关于社会主义发展的新思路，丰富发展了马克思社会主义学说理论，为资本主义发展提供了一种可选择的思路。

（4）实践中建构了未来社会的发展范式。在种种理论探索的基础上，以"绿党"为领导的绿色运动就自然产生了，其目标就是批判资本制度，建立新的社会主义制度，只有社会主义才能够破解资本主义生态危机问题。生态社会主义大致经历了三个基本阶段：一是"红色绿化"阶段（20世纪70年代），即共产党转化为绿党或参加生态运动阶段，以绿色生态运动为主，共产主义学说并没有影响生态运动。二是"红绿交融"阶段（20世纪80年代），即把生态运动和社会主义运动联系起来的阶段，明确了社会主义的价值目标。三是"绿色红化"阶段（20世纪90年代），即把生态学研究转化为马克思主义研究阶段，继承发展了马克思市场批判理论。他们提出人与自然和谐统一的基本主张，坚决认为，资本主义制度是生态危机的根源，生态危机是资本主义的必然产物，生态危机是资本主义制度的主要危机等，要想真正解决危机必须依靠未来新社会——社会主义；这种社会主义主张"零增长"经济发展模式、知识分子领导的非暴力运动等。

总之，生态社会主义坚持发展了马克思市场批判理论，尖锐地批评了资本主义制度和资本主义市场经济，主张实现人与自然发展的和谐统一，最终实现生态和谐的社会主义。

4. 其他社会主义思潮。除了这几种影响较大的社会主义思潮之外，马克思科学社会主义产生后,陆续出现了大批的社会主义思潮,如女权社会主义、宗教社会主义、民族社会主义、村社社会主义、军事社会主义、合作社会主义等。

这些社会主义有的直接继承了马克思科学社会主义的基本价值理念,如女权社会主义的理论就源于马克思的妇女解放理论,是结合世界社会主义的女权主义运动,最终试图通过政治目标彻底解放妇女权利的一种社会主义运动,其核心价值理念与马克思的社会主义价值目标是传承的,这类社会主义我们可以明确地说他们吸收了马克思市场批判理论的基本内核,即他们是对现有资本主义是批判的,并不同意资本主义经济制度能够带来公平的说法,试图通过社会主义制度来实现性别权力公平的价值目标。另外一些类型的社会主义,如民族社会主义就是结合本民族的基本特性对社会主义进行了改造,试图通过扩大民族属性而建构的一种改良型制度,这种社会主义与马克思的社会主义价值目标具有一定的差异性,甚至有很多是违背马克思社会主义价值理念的,但其中有一点必须肯定,也就是他们大多都是进行反资本主义、反殖民主义等的价值理念,实际也就是对资本主义制度的批判,这点与马克思市场批判理论的机制目标就有相近之处,我们可以说其也传承了马克思的市场批判理论等。但由于这些社会主义思潮影响相对较小,对马克思市场批判理论核心目标的传承性不强,故在本书中我们不做过多的论述。

四、马克思市场批判理论传承的逻辑趋向

社会主义国家按照马克思市场批判理论的逻辑依据,沿着"反市场—近市场—亲市场—无市场"的逻辑路径,围绕社会主义发展的价值导向、市场实践导向、"无市场"的目标导向传承了马克思市场批判理论,生成了鲜明的传承逻辑趋向,清晰展示了马克思市场批判理论的发展趋向。

(一)马克思市场批判理论传承的基本依据

社会主义实践市场转换逻辑的基本依据是马克思市场批判理论建构的基本逻辑,即"亲市场—去市场—无市场",即由资本主义到共产主义的过渡时期,共产主义的第一阶段,必然保留市场的相关特征,在共产主义第一阶段的生产力发展达到一定程度,精神文明达到一定层次的时候就可以通过

"去市场"来实现"无市场"的共产主义高级阶段。但马克思并没有对这三个阶段的具体特征给出明确的答案,也没有给出消除市场的基本条件,只是笼统地给出了需要一定的生产力水平和精神文明水平,对于社会主义废除市场的具体条件、具体手段、具体时间、具体方式等实践问题,尚且需要根据社会主义国家的具体实践来确定。

因此,马克思关于未来社会的市场转化逻辑必然包含资本主义到共产主义的过渡期的"亲市场"、共产主义第一阶段的"亲市场—去市场"、共产主义高级阶段的"无市场"等,这构成了社会主义传承马克思市场批判理论的基本依据。

(二)马克思市场批判理论传承的价值导向

纵观社会主义实践发展的历史逻辑,我们可以得出这样的结论,社会主义始终都坚持了社会主义核心价值目标,围绕市场经济的选择展开艰辛的探索,其实质目标是指向高级阶段的共产主义,构成了马克思市场批判逻辑的价值导向。

众所周知,公平正义是社会主义的核心价值目标,无论是空想社会主义、科学社会主义、社会主义流派等,都没有否认社会主义这种价值导向,即便是别有用心的资本主义国家的批判者,也找不到对社会主义核心价值目标的攻击点。科学社会主义必然要坚守这种价值目标,在这种价值目标的引领下实现社会主义生产力的发展,人民生活水平的提高,从而凸显社会主义制度的优越性,实现社会主义对资本主义在经济效益和价值正义方面的双重超越。这是社会主义制度发展的首要选择,否则,如果单从生产力发展这一条来判断,社会主义就失去了与资本主义的本质区别。因此,不管是计划经济或是市场经济机制的选择都要以社会主义价值目标为逻辑导向与实践切入点,通过价值导向的切入凸显社会主义的目标属性,这也是马克思市场批判理论传承的重要逻辑切入点。

历史事实证明,马克思市场批判理论传承的过程中,这条重要的逻辑线索始终发挥着关键作用,引领着社会主义理论与实践不断创新突破。在国外,1917年,苏联模式的传统社会主义为了社会主义的公平正义采取了废除市场的极端做法,甚至不惜以"平均主义"倾向为代价,把公平正义作为社会主义的至高追求。20世纪50年代,东欧各国社会主义在发现苏联模式弊端之后，试图把市场经济机制导入社会主义，在效率的基础上维护社会主义的公平正义。20世纪90年代，英美等国家的马克思主义理论家深深厌恶资本主义的社会不公，尖锐批判揭露这种社会不公的丑恶现实，提出了以资本主义市场经济为主导的模式，更加重视社会主义公平正义的价值目标。在国内，中国特色社会主义一直坚守公平正义的价值目标。1978年以前，在探索实践中非常重视社会主义的公平与公正，甚至出现"平均主义"的倾向。1978年改革开放以来，我们非常重视社会主义公平正义问题的探索。经历了效率优先、兼顾公平，效率与公平兼顾、更加关注社会公平等实践探索，明确提出了社会主义核心价值体系，把富强、民主、文明、和谐、自由、平等、公正、法治、爱国、敬业、诚信、友善等作为社会主义核心价值观，凸显了社会主义核心价值观对中国特色社会主义的引领功能。

（三）马克思市场批判理论传承的实践导向

马克思也明确承认市场经济对一切社会制度生产力的推动作用，市场经济并不是资本主义的专利，而是所有社会制度必然存在的重要因素等观点。因此，马克思市场批判理论传承必然正视市场经济的切入问题，这是马克思市场批判传承的主体工程。

总的说来，社会主义确实是围绕这个问题而展开的，虽然历经曲折，但最终还是选择了市场经济作为社会主义发展的关键要素来对待的。以苏联为代表的传统社会主义"误解"了马克思的"去市场"理论，混淆了马克思所指的"无市场"共产主义与社会主义发展阶段的区别，在实践中把"去市场"理论等同于"废市场"理论，走向了"反市场"的社会实践，建构了"反市场"的社会主义实践模式，从而走向了"反市场—近市场—亲市场"的实践逻辑。东欧、中国以及其他社会主义国家早期模式基本沿袭了苏联的这种做法。事实上，尽管社会主义国家一直在努力建构"反市场"实践模式，但实践中又不得不保留商品、市场、货币等机制，在矛盾与彷徨中前进，如曾经出现的列宁的"新经济政策"，毛泽东的"消灭资本主义、再发展资本主义"等想法，表明了社会主义与市场关系的纠结状态。在社会主义与市场不断纠结磨合的过程中，凸显了社会主义离开市场行不通的现象。大一统的平均主义、绝对公有制、高度集权的政治模式等的实践严重制约了社会主义的生产力提高；干多干少一个样、平均主义大锅饭的分配方式严重违背了马克思的"按劳分配原则",高度集中的集权式政治也与马克思倡导的"自由人联合体"诉求相距甚远,社会主义"反市场"实践模式是不科学的。

以南斯拉夫、匈牙利等为代表的东欧社会主义国家率先揭开了社会主义改革序幕,实质就是引入市场机制,开始了"近市场"的社会实践,被西方讽刺地称为"市场社会主义",其核心理念就是在传统社会主义框架内植入市场经济,但社会主义仍然是主导地位,市场经济基本是补充或从属地位,中国探索市场经济的初期基本也属于这种"近市场"的状态模式。南斯拉夫误解了马克思的"国家与市场"关系,匈牙利不懂得如何处理"政府与市场"关系,再加之苏联对东欧社会主义改革的干涉,致使东欧其他市场社会主义的探索处于理论形态,窒息了社会主义与市场关系的深入探索,终止了社会主义"近市场"的进一步发展。

苏东社会主义实践模式解体以来,当代市场社会主义与中国特色社会主义探索了社会主义"亲市场"的历程。当代市场社会主义主要起源于西方发达资本主义国家,其基本思路就是把市场作为发展社会主义主要手段,我们称之为市场主导的社会主义,他们坚持马克思的社会主义理念,运用资本主义的市场微观机制,实现社会主义的价值目标。而中国特色社会主义在实践中不断探索利用市场经济的实践机制,历经计划与市场共存的商品经济、市场起基础性作用的社会主义市场经济制度,并在党的十八届三中全会明确提出"市场起决定性作用"的资源配置方式等,把实践市场经济作为新时代中国特色社会主义的重要特征。

(四) 马克思市场批判理论传承的目标导向

马克思市场批判理论的最终目标是实现"无市场"的共产主义,也就是高级阶段的共产主义。但到共产主义社会,市场经济到底该如何实现彻底的消灭,还是要把市场转化为某种特定的形式,马克思并没有明确指出这一点。莫尔曾在乌托邦里明确提出,市场还是要存在的,不过这种市场的职能发生了转变,如储藏职能,为居民提供所需物品的保存等。但不管怎样,可以肯定的是,共产主义"无市场"的趋势是必然存在的,共产主义必然要消灭市场,即便市场仍然存在,也必然与社会主义或资本主义的市场具有不同的内涵,因为其已经失去了交换的基本功能,我们同样可以认为这种市场已经消灭了,或者说"无市场"的形态已经具备。

历史证明，社会主义发展的实践正是坚守了这一目标导向。也就是发展市场经济是为了发展社会主义的生产力，从而在这种条件下消除市场，实现"肯定—否定—否定之否定"的逻辑过程，最终目标与马克思市场批判理论的目标具有高度的一致性。如前所述，苏东模式社会主义是为了实现这种目标而过早地废除市场，发生了曲折与错误；而东欧国家探索市场经济的进程中并没有忽视共产主义价值目标，南斯拉夫就明确指出，社会主义商品经济的目标就是走向共产主义，而英美的当代社会主义设计者在直接批判市场经济的基础上设计了共产主义的历史趋向。中国特色社会主义很谨慎地把我国社会发展阶段进行科学的划分，经历了和谐社会建构、小康社会实践，明晰了社会主义初级阶段、新时代中国特色社会主义等目标，采取多样化的改革发展模式，其最终目标就是共产主义。

另外，其他社会主义流派虽然有些时候与马克思市场批判理论的逻辑指向具有不一致性，但必须承认，他们或多或少都受到马克思市场批判理论的指导与影响，自觉与不自觉地切入了马克思市场批判的元素。如在市场逻辑切入的价值导向方面，都传承了社会主义的核心价值目标，在市场实践方面，或多或少都选择市场经济的基本机制等，当然，他们在对未来的目标指向或社会发展力量等方面出现了偏差，从而与马克思科学社会主义背道而驰。

总之，在科学社会主义与社会主义流派的共同推动下，社会主义经历了实践的曲折探索和理论的创新突破，通过社会主义核心价值导向、市场实践机制导向、共产主义目标导向等逻辑切入，完成了"反市场—近市场—亲市场"的逻辑循环，在社会主义实现生产高度发达，物质财富和精神财富极其丰富的条件下，必将通过"去市场"实现"无市场"，完成马克思所指的"亲市场—去市场—无市场"逻辑循环，建构马克思市场批判理论传承的逻辑进路。

第三章　马克思市场批判理论实践的"反市场"模式

20世纪20年代至30年代，苏联开启了社会主义的实践探索，马克思市场批判理论第一次由理论变为实践，但他们混淆了马克思关于不同社会发展阶段的市场选择及其市场实践逻辑，从观念形态方面做出"反市场"的价值判断，把社会主义与市场经济对立起来，市场的作用和范围受到了巨大的限制，主要包括苏联、东欧等社会主义国家。本章重点揭示社会主义"反市场"实践形成的时代条件、主要特征、基本评价等，解读马克思市场批判理论实践的早期模式。

一、"反市场"实践模式形成的时代语境

马克思市场批判理论实践的"反市场"模式形成，既有对马克思主义理论的把握不够，即对市场经济理论理解的偏见与缺失，又受到当时特定的时代语境所制约，从一定意义上来说，是符合客观现实的制度设计，为时代发展做出过重大的贡献，但这种体制的内质性缺陷注定了其在时代发展过程中会逐渐没落。

（一）早期社会主义缺乏建设市场经济的社会基础

按照马克思关于社会主义建设的基本理论，苏联第一个实践了科学社会主义，但在当时的国际国内的背景下，进行市场经济建设的环境条件并不具备。

1. 资本主义市场经济负面问题突出。从苏联社会主义建立的国际环境来看，西欧社会正处于市场经济发展的调整期，自由竞争的市场经济占据主导

地位，市场经济劣势属性形成的历史矛盾比较尖锐，资本主义私人所有制与市场经济的结合更加加剧了这种矛盾，整个社会形成了严重的收入差距，大量的社会财富积聚在少量的资本家手里，而依靠出卖劳动力的广大工人阶级仅能维持基本的生存，异化问题深深困扰着整个社会的发展，由此而衍生的阶级对立、压迫与剥削现象、资本拜物教现象、货币拜物教现象、经济危机、工人失业、经济发展速度下滑、社会矛盾加剧等问题凸显了市场经济的不良影响。另外，由于资本主义国家对刚刚成立的社会主义的仇视和攻击，绝不允许社会主义国家与资本主义国家平等地开展市场经济交往，这种极端恶劣的社会环境决定了社会主义不会自觉选择市场经济。因此，废除市场经济自然成为社会主义国家的历史选择。

2. 苏联建设市场经济的基础薄弱。从苏联社会主义发展的内部环境来看，缺乏市场经济发展的要素。苏联社会主义国家是在一个经济文化比较落后的农奴制国家进行的，通过武装暴动直接进入了社会主义国家。俄国的农奴制社会并没有经历资本主义的充分发展，封建自给自足的经济体制占据核心地位，国内市场体系和要素尚未形成，各类市场主体基本没有出现，广大农奴长期受到封建主的压迫和剥削，缺乏财产积累和人身自由，缺乏市场交换的基本条件，这种现象严重阻碍了俄国早期资本主义的发展，也造成了俄国经济极端落后和民主极为缺乏。社会主义国家成立初期，延续封建制经济体制肯定是错误的，在国外各种反动势力的包围封锁中，集全国之力保护新生的社会主义政权就成了自然而然的选择。因此，计划经济主导的体制必然成为苏联社会主义的客观选择，这是"反市场"模式能够形成并顺利发展的重要因素。

（二）早期社会主义缺乏建设市场经济的理论基础

对于刚刚建立起社会主义制度的苏联社会主义来说，到底该选择何种经济制度？如何建设这种经济制度？这些问题必然成为首要思考的问题。但问题的答案该向何处寻找？其基本思路自然趋向马克思关于未来社会制度建设的设计，共产主义"无市场"的经济实践自然成了首要选择。因此，社会主义早期实践中建设市场经济的理论基础薄弱，这构成了制约社会主义发展市场经济的关键性要素。

1. 马克思没有直接对社会主义市场经济建设分析。众所周知，马克思对于未来社会的目标规划总体是建立在预测的基础之上，对于未来社会的总体特征也是设想在推测的基础上，马克思仅仅提供了方向性的设想，并没有给出具体的答案。关于社会主义国家到底实行什么样的经济结构，马克思只是简单地分析了从资本主义到共产主义的过渡时期，共产主义的第一阶段给出了要发展市场经济的结论。但这两个时期如何发展市场新经济，市场经济的基本特征如何，马克思只是从市场经济的一般原理方面给予指导，并没有具体给出社会主义国家该如何运用这些原理。至于社会主义国家什么时候废除市场，马克思同样也是给出了大致的方向，并没有给出具体的标准。这符合马克思一贯的思路，即社会的发展要建立在社会实践的基础上，不能通过理论预测而得出直接的结论，这不符合唯物史观的基本要求。因此，社会主义国家建立之后，到底该如何运用市场经济是一个全新的课题，这是社会主义国家发展市场经济动力不足的主要原因。

2. 列宁关于市场经济的探索未能延续。苏联关于经济体制模式的探索起源于战时共产主义政策，发展于新经济政策，一定程度上探索了适应苏联早期社会主义建设的市场经济发展模式。但列宁去世后，斯大林废除了列宁的关于经济体制探索的理论成果，新经济政策陷于停滞，斯大林把苏联经济建设引向了高度集权的"反市场"模式。

（1）战时共产主义政策。苏联社会主义是在国际反动势力严重包围，国内动荡势力连续反攻，国内经济文化极端落后的背景下进行的，这种社会条件迫使列宁采取了战时共产主义政策。其主要包括：农业的余粮收集制。1919年1月，对广大农民实行余粮收集制，涉及各种农产品，通过货币或工业产品换取农民农产品，确保战时需要。工业国有化政策。国家通过行政的手段对大工业、中小工业等实行国有化，把工业资本掌握在国家手里并采取高度集中的管理措施进行管理。在市场经济方面，实行国家分配制度，减少商品交易，限制市场活动和货币的功能，取消私人商业，由国营商业和合作社组织进行供应和配给，并使用凭证供应。这也是列宁在内战时期探索社会主义经济的初步探索。应该说，这种战时共产主义政策对于特殊时期的社会主义的生存和战争起到了重要的保障作用。通过带有军事性质的手段，在市场之外建立起城乡之间直接的商品交换，使苏维埃俄国迅速形成了严格控制整个国民经济的、高度集权的经济体制，为赢得战争的胜利提供了物质保障。但在战争胜利之后,这种特殊的社会主义经济建设体制出现了诸多问题,并引发了社会动荡。

(2) 新经济政策探索。在战时共产主义政策完成历史使命的背景下,如果仍然沿袭这种政策势必会引起社会矛盾的激化。从1921年起,列宁开始探索新经济政策的实施。主要是通过征收粮食税取代余粮收集制,农民除了按照制度给国家缴纳一定数量的粮食之外,其他的归农民自己所有,大大激发了广大农民的生产积极性。在市场经济方面,1921年5月,苏维埃政权通过关于交换的法令,允许实行产品交换,国家可以通过合作社把工业品与农民的余粮进行交换,恢复了少量的地方私人交换行为,恢复了部分市场经济的功能,市场经济得到了一定的发展。在生产资料所有制方面,除了关系到国家经济命脉的重要领域之外,允许中小企业的发展,同时也允许外国资本家在俄国进行合作经营和股份制经营等。在这样的背景下,苏维埃的经济发展迅速得到了恢复,也激发了广大农民的工作积极性。但由于内战的消耗巨大,恢复战争和经济发展的实践非常突出,列宁进而提出了工业化发展的设想。由战时共产主义政策向新经济政策的转变,既说明了社会主义发展市场经济的必然性,又说明了社会主义经济机制选择的矛盾性,尤其是战时共产主义政策时期建立起来的行政化体制功能不容忽视。

很可惜,列宁去世之后,斯大林逐渐放弃了这种新经济政策,开始加强国家所有制建设,反对社会主义国家搞市场经济,限制市场、货币等市场经济的要素,从理论上与实践上趋向于建构绝对的计划经济模式,新经济政策的实施未能得到延续和发展,这种符合社会主义实践的市场经济探索被停滞,高度集权的社会主义占了上风。

(三) 对经典理论家的市场理论误判

"反市场"实践模式的直接根源是对马克思市场批判理论的误判或曲解,其核心在于教条式地理解了经典理论家的市场理论,忽视了马克思废除市场的基本条件和基本要求,过早地开启了"反市场"的实践。

1. 对未来社会发展阶段的误解。马克思关于共产主义社会发展的阶段界定比较清晰,即未来共产主义必然包括从资本主义向共产主义的过渡期,共产主义的第一阶段,共产主义的高级阶段等,这是马克思关于未来社会发展的基本判断,也是其处理共产主义与市场关系的基本原则。如前所述,苏联社会主义是由农奴制封建国家而直接实现社会主义，列宁把这样的新社会定义为马克思所指的共产主义第一阶段，但按照俄国当时的社会条件能否完全等同于马克思所指的共产主义第一阶段，这个问题尚且需要深入探讨，因为马克思的共产主义第一阶段是西欧资本主义市场经济比较发达的基础上的新社会，那么这种没有经过资本主义充分发展，直接从封建制农奴制国家过渡的新社会，其经济基础、社会民主、政治文明等必然与马克思所设想的客观条件不能同日而语，这个阶段与马克思所指的过渡期有何区别，与马克思所指的第一阶段又有何差别，其经济条件、政治条件、文化条件又需要哪些一致性等问题都迫切需要破解。

因此，列宁又很谨慎地提出"初级形式的社会主义、发达的社会主义、完全的社会主义"等不同概念，并且探索过关于过渡阶段的一些理论看法等，但由于社会主义建设的实践经验不足，不足以把这些问题搞清楚。而斯大林时期则彻底忽视了这种社会发展阶段，把苏联的社会主义等同于马克思所指的共产主义的高级阶段，教条式地理解了马克思的社会阶段理论，这是导致"反市场"实践的根源。

2. 对马克思"去市场"理论的误解。按照马克思有关未来社会发展阶段的基本预测，在过渡时期和共产主义第一阶段尚需保留市场经济的发展机制，在经过共产主义第一阶段的充分发展之后，在一定条件下通过"去市场"的基本手段实现无市场的高级共产主义阶段。很显然，斯大林模式忽视了马克思这种市场经济的理解，对于共产主义的发展不加区分地直接废除市场经济，直接进入无市场的共产主义高级阶段。在从农奴制经济过渡而来的社会主义国家，其经济基础必定与马克思设想的西欧经济基础具有极大的差异性，其政治文明程度、广大人民的文化水平等都需要极大提高。那么，俄国的社会主义建立之后，其首要任务还是要发展生产力，全面提高人民的生活水平，仍然非常需要发展经济的市场化手段，不能够教条式废除市场。斯大林模式则忽视了这种社会基础，在工业化发展的不长时期内，就忽视了列宁关于社会主义发展的实践探索，率先宣布进入共产主义的发展阶段，实行了全面的公有制，全面废除市场经济，市场货币的功能受到极大限制，实行国家直接管理的大一统发展模式。

总之，马克思市场批判思想的"反市场"模式是基于社会主义建立的国内外背景和客观社会条件，在市场经济理论缺乏及对马克思市场批判思想误解的双重困惑中开始了实践探索。

二、"反市场"实践模式的主要特征

早期社会主义"反市场"实践模式是建立在生产资料完全公有制的基础上，实行国家计划经济为主体，片面废除市场经济，把马克思的按劳分配发展为平均主义的分配，在政治、文化、社会等领域凸显集中化管理的一种社会发展模式。

（一）"一大二公三纯"的公有制形态

苏联模式的社会主义是对马克思、恩格斯、列宁等经典理论家关于未来社会发展理论的曲解而生成的，在马克思生产资料所有制基础上建构的国家所有制的公有制形态。

1. 列宁关于生产资料公有制的探索。苏联模式的生产资料所有制形态是取决于社会主义发展的客观实际的探索，是符合生产力落后贫穷的国家实践社会主义的要求，即先建立起生产资料的国家所有制，进而把国家所有制逐渐转换为公有制的实践形态。1918年1月，列宁明确指出："现在一切都在于实践，现在已经到了这样一个历史关头：理论在变为实践，理论由实践赋予活力，由实践来修正，由实践来检验"。①"对俄国来说，根据书本争论社会主义纲领的时代已经过去了，我深信已经一去不复返了，今天只能根据经验来谈论社会主义。"②表明了列宁建设社会主义的基本导向。最初，列宁设想在俄国采取"直接过渡"的办法，通过对生产资料所有权的国有制和产品资料的直接分配而实现社会主义原则。他认为，俄国早期的社会主义有能力满足人民的基本生活需求，设想可以通过配给制实现社会主义，但由于敌对势力对新政权的包围封锁，列宁转而采取了战时共产主义政策，实行了生产资料国有化和农业产品余粮收集制度等手段，采取统一分配的强制性手段，运用国家行政命令实现社会主义。但后来随着战争的结束，形势发生了变

---

① 《列宁选集》第3卷，人民出版社1995年版，第395页。
② 《列宁选集》第3卷，人民出版社1995年版，第466页。

化，余粮收集制度带来了一系列的矛盾，尤其是农民的矛盾，列宁转而实行"新经济政策"，其"并不改变工人国家的实质，然而却根本改变了社会主义建设的方法和形式"①，因为"用无产阶级国家的法令，直接下命令的办法在一个小农国家里按照共产主义原则来调整国家的产品生产和分配，现实生活说明我们错了"②。必须通过"'新经济政策'来纠正我们的许多错误，我们正在学习怎样在一个小农国家里进一步建设社会主义大厦而不犯这些错误"③；并且要"认真地长期地（当然，正如我们已经指出的，并不是永远）执行这个政策"④，只要沿着这条道路走下去，"新经济政策的俄国将变成社会主义的俄国"⑤，"因为在新经济政策的条件下，有生产而没有销路就是置工业于死地；因为只有通过发展商业去扩大销路，才能扩展工业；因为只有掌握了商业，只有掌握了这个环节，才能指望把工业和农民市场结合起来并顺利解决其他的当前任务，以便为建立社会主义的经济基础创造条件"⑥。但是，斯大林并没有继续列宁的新经济政策，转而继承了过去的战时共产主义政策，他认为，新经济政策已经不再能够为社会主义服务了，必然要放弃这种倒退。因此，就转而从农业集体农庄开始，在工业化、军事化的发展过程中建立了全面的集权制的社会主义模式，从而从经济发展机制方面确立了计划经济建立的条件，开始了废除市场经济的实践。

2. 斯大林关于生产资料国家所有制的探索。众所周知，斯大林时期社会主义建立在刚刚摆脱战争威胁的落后贫穷的制度基础之上，其生产力发展水平远远落后于当初英、法、德、美等国家的生产力发展水平。这种建设条件很显然不符合实现社会所有制的基本条件。但斯大林却在这样落后的社会发展基础上开始生产资料所有制的变革。20世纪30年代，斯大林就开始了农业集体农庄探索，消灭了富农、个体农民等农村的个体所有制形式，建构了全面的集体所有制形态；进而运用行政手段开始了工业化和军事工业化发展

---

① 《列宁选集》第3卷，人民出版社1995年版，第522页。
② 《列宁全集》第42卷，人民出版社1992年版，第220页。
③ 《列宁全集》第42卷，人民出版社1992年版，第175页。
④ 《列宁全集》第42卷，人民出版社1992年版，第235页。
⑤ 《列宁全集》第42卷，人民出版社1992年版，第302页。
⑥ 《斯大林选集》上卷，人民出版社1979年版，第256页。

战略,建设了全面的国家所有制形态,把国家所有制等同于社会所有制。这种快速实行公有制的手段和发展策略,在一定程度上适应了当时苏联社会主义发展建设的具体实际,因而苏联在短短的"三个五年计划"之后就快速实现了生产力的发展,超越了欧美国家几十年甚至上百年的发展历程,"到1937年,第二个五年计划的任务基本完成之后,工业总产值和国民收入都取得了很大增长。1940年的工业总产值比1913年增加6倍多,超过法、英、德跃居欧洲第一位,世界第二位"①。由此,斯大林感觉建设共产主义的条件已经成熟。1936年,斯大林宣布社会主义已经建成,即马克思所说的共产主义第一阶段已经建成时,"苏联人均工业产值和国民收入远比美、英、法、德等资本主义国家为低,人民的生活还很穷困。这自然是一种低标准的、不够格的社会主义"②。而斯大林却忽视了这种现实的发展条件,在1939年就明确提出"共产主义过渡"的号召,以至于到1959年,赫鲁晓夫提出了"全面开展共产主义建设"的任务,并提出1961年要"基本建成共产主义",人均生产总值超过美国等目标,扭曲了马克思、恩格斯关于共产主义高级阶段建设的要求,在社会主义发展后期产生了农、轻、重比例严重失调,广大农民的生活水平和消费水平严重落后,最终也给社会主义的发展带来了严重危害。

(二)消灭市场、商品、货币的计划经济形态

在市场经济要素的实践方面,苏联模式的"反市场"实践逐渐限制商品、货币、交换等经济要素,并在社会主义理论方面逐步探索了消灭市场经济的形态。

1. 关于社会主义经济规律的认识。斯大林认为,社会主义社会必然存在自己的经济发展规律,人们可以认识并不断发现社会主义的经济规律,但苏维埃的根本任务必然是"消灭任何剥削",因为社会主义内部没有"任何现成的社会主义经济的萌芽",而必须在"所谓空地上创造新的社会主义经济形式"③,这表明了苏联在探索经济体制方面必然要与过去其他任何形式的经

---

① 肖枫:《论中国特色社会主义与斯大林模式》,载《科学社会主义》,2015年第5期。
② 肖枫:《论中国特色社会主义与斯大林模式》,载《科学社会主义》,2015年5月。
③ 斯大林:《苏联社会主义经济问题》,人民出版社1964年版,第4页。

济体制加以区别的决心,自然也会有废除市场经济的想法。

据此,他们根据"生产关系一定要适合生产力发展的基本规律",结合生产资料社会所有制的基本形态,要选择"国民经济有计划按比例发展",并且也只有在社会主义条件下才有可能实行,这是符合社会主义经济规律的基本观点,而那种认为"社会主义制度下发生作用的若干经济规律",必然包含"价值规律"的观点"也是不对的";因为那种试图在计划经济基础上"改造过的"或"根本改造过的"所谓的价值规律是不可能的,规律不能被"改造",只能被"消灭"或者"制定"。① 因此,社会主义必然采用计划经济的基本规律,而这种规律又必然是彻底消除价值规律的新规律。很显然,这种消灭了价值规律的经济形式必然也要对商品、货币等市场要素进行消灭。

2. 关于社会主义的商品生产问题。斯大林明确肯定恩格斯的观点,即"一旦社会占有了生产资料,商品生产就将被消除,而产品对生产者的统治也将随之消除",但他忽视了什么是"社会占有生产资料",国家所有制能否等同于"社会所有制"等问题,因而得出了严重错误的结论,即"党在生产资料收归国有之后","就应当消除商品生产",对那些认为社会主义条件下仍然保留"商品生产"的观点是"大错而特错"的。②

他认为,恩格斯的这种观点可以做出多种解释,比如可以解释为"社会占有一切生产资料"或是"社会占有部分生产资料";"一切生产资料归全民所有"或是"部分生产资料归全民所有"③,而由于俄国普遍存在落后的农业所有制的问题,只能够对工业实行全面的公有制,而对农业实行全面公有化的可能性还不绝对化,否则会引起无产阶级革命的极端化而影响革命效果。因而,虽然在俄国建国初期仍然存在农业不能完全公有化的程度,也就是还有一部分生产资料不能完全为社会所占有,仍然必须消灭商品生产。因为这种集体农庄形式的"商品生产不是通常的商品生产",而是"特种的商品生产,是没有资本家参加的商品生产",这种商品生产"只限于个人消费

---

① 斯大林:《苏联社会主义经济问题》,人民出版社1964年版,第6页。
② 斯大林:《苏联社会主义经济问题》,人民出版社1964年版,第7页。
③ 斯大林:《苏联社会主义经济问题》,人民出版社1964年版,第9页。

品"的生产，它绝不会发展为资本主义，而且注定要与"货币经济"一起服务于社会主义制度。① 很显然，斯大林对于社会主义商品生产的观点具有合理性，但他否认"商品属性"的观点反映了他内心的矛盾，也就是既坚决主张消除商品生产，而又无法解释现实社会主义的商品生产形式。

3. 关于价值规律问题。鉴于斯大林对于社会主义制度下仍然存在商品的基本观点，也就是在"个人消费品领域"仍然存在商品的观点。他明确提出，"在有商品和商品生产的地方，是不能没有价值规律的"。在社会主义国家，价值规律的功能必然体现在"个人消费的商品的交换"之中，在这里充当"调节者的作用"，也就是在有限的范围内"保持着调节者的作用"。② 同时他又认为，虽然社会主义经济生产领域不存在商品生产，因而价值规律在生产领域并不具有"调节作用"，但"价值规律"也必然会影响到生产领域，因为部分"消费品"也是通过生产领域而制造的，既然价值规律对"消费品"产生调节作用，就必然也会对生产领域产生影响。会涉及成本问题、价格问题、利润问题等，这就要求社会主义必然考虑价值规律的作用，这会促使社会主义的经济工作人员"进行合理生产""遵守纪律""准确计算生产量""寻求、发现和利用"生产的"潜在力量"，进而"不断改进生产方法"，"降低生产成本"，从而使企业获利等。③ 但这种价值规律的作用是有限的，绝对不会像资本主义制度下的价值规律一样发挥作用，真正起作用的还是计划经济的安排功能，并且随着社会的发展，到了"共产主义社会第二阶段上"，价值连同它的各种形式以及价值规律也将随之而消除。④

（三）高度集权的政治、文化、社会发展体制

在全面公有制为基础的社会主义制度下，面临着观念中的"反市场"和实践中的"近市场"两难局面，这就给社会主义实践发展带来一定的困境，如果严格按照生产力和生产关系的矛盾，很难推进社会主义制度的"反市场"实践。为此，斯大林模式建构了全面的制度配套环境，为"反市场"实践提供了强制性制度保障，形成了人为的"反市场"机制。如前所述，斯大

---

① 斯大林：《苏联社会主义经济问题》，人民出版社1964年版，第13页。
② 斯大林：《苏联社会主义经济问题》，人民出版社1964年版，第14页。
③ 斯大林：《苏联社会主义经济问题》，人民出版社1964年版，第15页。
④ 斯大林：《苏联社会主义经济问题》，人民出版社1964年版，第17页。

林模式不仅在经济体制方面强制性建成,包括农业集体化农庄机制、工业化、军事化工业机制等;同时在政治方面、文化方面、社会管理方面均形成了集权性质的社会制度,为经济体制的顺利开展提供了制度性保障。

1. 政府行政绝对优势的指令性经济。企业完全按照政府的行政指令来完成,生产多少、生产什么等都要按照政府的要求去做,企业没有任何的自主权,同时企业也不用关心生产的利润和成本问题,这种政府与企业的关系能够摆脱市场机制的调节功能,严格按照有计划、按比例的国民计划要求进行生产活动,而不用考虑如何销售、如何获取利润、如何分配利润等问题,即便企业亏损,也由政府出面埋单。

2. 计划占绝对主导的经济体制。如前所述,由于经济发展是按照政府计划进行的,政府计划就必然占据主导地位和绝对地位,市场经济严重被忽视,这种在政治控制下的经济体制之中,必然没有市场发展的空间。比如农业集体化劳动和工业集体化生产中,广大民众和领导管理者无需关心市场需要问题,而只需考虑政治需要和计划安排问题,形成了政治导向的经济形态,即便是计划形态也未必符合社会发展的基本需求,因为无人关心计划的可行性、计划的可操作性、计划执行程度问题等。

3. 社会主义等同于计划经济的观念。鉴于计划经济这种属性和生产资料所有制形态,形成了把社会主义等同于计划经济,市场经济等同于资本主义的结果。因为这种体制打上了政治的烙印,意识形态对于经济的控制欲就显得非常强烈,自然而然地把计划经济作为社会主义的典型特征,把公有制、按劳分配甚至平均主义等当作社会主义的发展需求,而把市场经济、商品、货币等问题等同于资本主义的典型特征,实际上形成了社会主义与市场经济的对立形态。

总之,在时代客观社会条件制约和理论基础薄弱的条件下,早期的社会主义国家之理论上和实践中均建立了"反市场"的模式,东欧的其他社会主义国家大多按照苏联模式采取了"反市场"的实践。

三、"反市场"实践模式的基本评价

马克思市场批判思想实践的"反市场"模式是在苏联模式的影响下形成

的以消灭市场机制为目标的实践模式的笼统称谓。对社会主义发展早期产生了重要的作用，奠定了社会主义制度的基本架构和制度基础。因此，我们必须坚持辩证的观点评价"反市场"实践模式，既要肯定其早期做出的重大贡献，又要反思其对马克思市场观的误解和社会主义观的教条式理解，给社会主义长远发展带来的负面影响。

（一）"反市场"实践模式的时代合理性

马克思市场批判思想实践的"反市场"模式率先实践了社会主义建设的理论，在前无先例的基础上建构了实践的经济体制，具有大无畏的探索精神和承前启后的创新属性，为社会主义制度的建立和发展做出了重大的贡献。

1. 开创了社会主义制度建设的理论先河。如前所述，社会主义的早期实践不是在马克思所期望的英、法、德、美等发达国家率先实现，而是在经济文化都比较落后，市场经济发展比较不充分的俄国取得了实践突破，从而在经济文化相对落后的东欧国家形成了社会主义实践的高潮。

很显然，在这样经济文化落后，物质基础薄弱的国家发展社会主义，首先不具备先进的社会制度所需要的物质基础，在政治民主和文明程度方面也不能和先进的社会制度相适应，那么这些国家的优先任务就是要创立发达的经济物质基础，并不断推动文化文明等软实力。但由于早期社会主义与资本主义意识形态的对立，西方发达国家非常害怕社会主义的发展，从而采取了军事威胁、政治攻击、经济孤立等多种手段，妄图合力把先进的社会制度消灭掉；国内的反动势力一刻也不放弃对新制度的打击和破坏，试图开展复辟的各种破坏活动。在这样的背景下，新生的社会主义制度必然不能依赖于传统的旧制度，包括资本主义的市场经济和国内各种经济体制的残余，而试图建立一种全新的社会经济制度。

从理论氛围来讲，早期社会主义必然按照马克思关于共产主义的设想，而无需过多考虑到底如何运用马克思未来社会发展理论，因为别无选择，没有现成的理论加以参考，只能在社会实践中逐步探索这种理论的可行性，再说马克思关于未来社会发展理论的设想本来就是一种方向性预测，而不是具体实践操作的制度逻辑，更不是直接针对苏联社会主义实践而提供的现成的实践方案。在实践诉求与理论困惑的双重背景下，计划经济的选择就成了历史必然。因为其既可以迅速集中全国的人力、财力、物力等多种要素的合力,快速发展社会主义必须优先发展的东西,在国家计划的直接掌控下取得重大的物质基础的建设突破,比如工业化、军事化等,进而破坏国内外敌对势力对新制度的威胁和破坏功能,当然也能够合理运用社会的紧缺资源,确保社会发展的有序进行,比如苏联通过牺牲农业利益而工业化的做法,虽然农民利益受到一定损害,但对于国家工业化和国家安全的保障提供了物质基础。

2. 巩固了早期社会主义制度的发展基础。毋庸置疑,"反市场"模式在经济、政治、文化等领域取得的社会成果奠定了社会主义的物质基础,在广大人民物质文化生活水平等方面均奠定了发展的基础。

如苏联通过集体农庄制度快速实现的农业集体化和规模化,通过生产关系的变更适应了农业生产力的发展,在机械化相对落后的实际情况下,集中全体人民的力量在有限的条件下,整合资源共同开发为农业生产率的提升提供了必备的基础性条件,为工业机械化实现提供了前提,彻底摆脱了传统的小农个体经营的弊病,广大农民从小农经济中获得了一定程度的解放和自由;通过工业化发展的手段,在基础设施、工业体系建设、技术更新等方面都取得了巨大进步,进而为军事化、国防技术现代化等方面提供了坚实的基础。正是在重工业发展的基础上,苏联消除了国防工业技术落后的状态,苏联"在战争中的行动已显示出它的一切工业和技术领域的伟大成就。……过去25年中那非常惊人的发展速度,实在是史无前例的"[①]。在农业现代化和工业化发展的基础上,人民的文化生活水平也取得了快速的发展。

苏联在建国之初,广大人民的文化水平极为落后,大多数人民为文盲,部分少数民族甚至没有自己的文字,通过快速的扫盲运动和文化发展措施,到20世纪30年代末,不仅消除了大量的文盲,还实现了七年义务教育,中等教育、高等教育都获得快速发展,科学技术水平也快速提高,在生理学、植物学、物理学、土壤学、应用化学、航空、火箭制造、水电工程等领取取得世界领先的成就,科学研究机构和研究队伍也不断壮大等。

因此,反市场的实践模式取得了非常大的成就,20世纪30年代以来与

---

① 《爱因斯坦文集》第3卷,许良英、赵中立、张宣三编译,商务印书馆1979年版,第187页。

资本主义发展相比具有明显的优势，西方世界普遍遭遇经济大萧条，在工人失业、经济发展速度下滑、社会危机严重等背景下，社会主义国家则依靠计划经济的模式实现了经济的快速发展。人民生活水平快速提高，经济发展后劲充裕，社会环境安定有序等，凸显了社会主义制度的优越性。

（二）"反市场"实践模式的局限性

马克思市场批判实践的"反市场"模式具有天然的缺陷，主要表现为绝对的生产资料公有制并不适合社会主义早期发展阶段，必然会影响社会主义的生产力，而没有市场经济的制度也不能满足社会主义早期发展阶段的客观诉求。

1. 绝对生产资料公有制的弊端。斯大林教条式理解了马克思关于未来社会实行社会所有制的思想，把完全公有制作为社会主义的实现条件，并把消灭一切个体经济作为社会主义建成的标志而写入了1936宪法。据此，在社会发展条件并不具备的情况下开始了消灭个体经济的步骤。

在农业方面，主要实行集体农庄所有制作为社会主义公有制的实现形式，通过劳动组合的形式实现生产资料的公有化，而仅仅允许农民在个人生活方面保留私人化属性，斯大林甚至不允许"集体农庄拥有大型农业机器，因为只有国家拥有大型农业机器，才能保证农业基本生产资料的国有化，如果集体农庄拥有大型机器，只会使集体农庄所有制离开全民所有制更远"[①]。集体农庄所有制形式取得巨大的发展成就，但这种农庄所有制形式并不完全适合苏联的国情，也并不等同于马克思所指的社会所有制。这种运动从一开始就存在着诸多问题，困扰了农业化发展。这种形式在广阔的土地中实行单一的形式，限制了不同地区的生产力发展，严重阻碍农业生产力水平的提高，在农庄化的过程中也出现了侵犯农民利益的强制性行为，严重打击了农民的积极性，直到斯大林逝世的1953年，尽管农业生产中装备了大量机具，但粮食产量仍未达到1913年的水平。相对来说，工业化领域成就比较突出，但同样也存在此类问题的影响。

斯大林明确提出，要坚持马克思所指的由国家所有制到社会所有制过渡的基本观点。他指出，"当国家还存在的时候，转归国家所有，无疑是最容

---

① 斯大林：《苏联社会主义经济问题》，人民出版社1958年版，第69—70页。

易理解的原始的国有化形式,但国家并不是永世长存的。随着社会主义的活动范围在世界大多数国家中的扩大,国家将日渐消亡,因而把个别人的财产和个别集团的财产转归国家所有的问题当然也就消失"。当国家消亡后,"作为全民财产的承继人的"是"以中央经济领导机构为代表的社会本身"。①这种通过国家所有制实践社会主义的路径无疑是正确的,但是斯大林同样犯了教条主义的错误,一是把国家所有制固化为公有制的基本形式,并没有逐步实现马克思所指的社会所有制,相反他却更加强化国家所有制,不仅在所有制领域,而且在管理领域也加强了国家的行政指令控制,导致了集权化形态的产生,形成了各种弊端等,最终影响了社会主义社会生产力的发展。

2. 过早消灭商品生产的弊端。如前所述,关于社会主义商品货币问题,斯大林模式总体来说是"反市场"的,主张消灭商品货币等机制,但由于社会主义发展的实践限制,实际上处于矛盾状态,也就是处于徘徊反复的实践历程之中。

早在新经济政策实施之前,斯大林基本认可了马克思所指的未来社会消除市场的观点,但新经济政策实施过程中,斯大林对商品、货币在社会主义经济中的性质和作用有了新的认识,认识到工农之间的结合"不是通过农产品和工业品的直接交换,而是通过商业来建立这种结合",也就是仍然需要市场经济的观点。②另外,他明确肯定了社会主义商品货币制度与资本主义商品货币制度的不同之处,肯定了社会主义运用商品货币等市场经济机制并不会导致资本主义,反而会进一步巩固社会主义的制度基础。他认为:"问题决不在于商业和货币制度是'资本主义经济'的方法,问题在于我国经济的社会主义成分在同资本主义成分做斗争时掌握着这些方法和武器来克服资本主义成分,在于社会主义成分成功地利用它们来反对资产阶级,成功地利用它们来建成我国经济的社会主义基础……资产阶级这些工具的职能和使命都发生了原则性的变化。"③斯大林对于市场经济的早期认识,完全符合马克思关于市场问题利用的观点,也与列宁新经济政策及俄国的社会发展实际比

---

① 斯大林:《苏联社会主义经济问题》,人民出版社1958年版,第67页。
② 《斯大林全集》第6卷,人民出版社1953年版,第211页。
③ 《斯大林全集》第6卷,人民出版社1953年版,第307页。

较吻合，比较有利于社会主义的发展。

但可惜的是，从1929年开始，斯大林就完全抛弃了新经济政策，走向了消除商品货币的实践过程。在斯大林的心目当中，马克思未来社会"无市场"的观点是根深蒂固的，这本来无可厚非。但由于马克思并未明确说明"无市场"的共产主义社会的具体条件，斯大林却明确提出了具体的标准。他认为，只要社会主义满足以下三个条件："（1）用新技术装备工业；（2）农业合作化和农业使用机器；（3）沟通城乡的分配机构普遍建立；就可以消灭商品生产和商品交换"①。姑且不论斯大林这种标准是否符合马克思共产主义高级阶段的属性，单从形式上就能发现这种标准的非科学性，这种标准根本不是共产主义，甚至共产主义的低级阶段也难以达到。很显然，这种废除市场的基本标准是错误的，反映了急于求成的发展观点。基于这种判断标准，在1929年，在农业工业发展各个方面取得初步成功的前提下，斯大林就开始了消灭市场经济的过程。但由于消除商品货币的条件尚未成熟，导致了苏联社会主义发展出现了很多问题，而在实际的发展过程中不得不保留部分商品货币等要素，实际上否定了过早消灭市场经济的做法。斯大林发现这些问题，却仍然没有放弃废除市场的过程，而从另外一个角度分析了商品、货币、价值规律等在社会主义的功能，仍然坚守那种废除市场的基本理念，导致了苏联社会主义经济发展的最终问题，给苏联社会主义改革及解体留下了隐患。

3. 过分夸大计划管理体制优越性的弊端。在"反市场"的实践模式中，由于消除了市场机制要素，计划管理体制就充当了生产、消费、分配、流通等各个环节的主要调节机制，虽然在某些领域仍然保留了部分市场经济的作用，但这种调节功能受到了很大的限制。因此，计划管理体制成了"反市场"模式的重要管理手段。

斯大林非常看重计划管理体制的作用，也非常重视计划管理体制的使用问题。他指出，不同的计划"应当根据各地的经验，根据计划执行的经验来修订它，使它精确完善"②；从而使计划不断完善和精确，更加反映国民经济

---

① 《斯大林全集》第6卷，人民出版社1953年版，第194页。
② 《斯大林全集》第12卷，人民出版社1953年版，第301页。

发展的规律，而不能完全凭借想象主观去制定计划，因为"我们经济中的每一个严重失算，都不会只以某种个别危机来结束，而一定会打击到整个经济，每次危机，不论是商业危机、财政危机或工业危机，在我们这里都可能变成打击全国的总危机"①。因此，"为了保证自己不受这一切意外事件和不可避免的错误影响，我们应该懂得必须积累后备的思想"②。这些观点在一定程度上为计划管理功能的发挥提供了很大的保障作用，这也是苏联五年计划顺利执行的重要原因。

但尽管如此，这种计划管理体制也避免不了存在一些弊端，如决策管理体制方面。按照斯大林的设计，市场经济应该局限在个人经济活动方面，个人的消费活动、就业活动、生活安排等方面完全由个人所决定，但个人的生产资料与生活资料的分配是由国家计划安排的，个人没有选择物质资料的决定权。所谓的废除市场，主要是在生产领域，国家和企业的一切活动最终都要由国家计划安排执行，生产多少，生产什么，如何生产，如何消费等相关问题，如生产指标、技术装备、销售渠道、销售价格等，都必须由国家决策机关进行制定，企业与个人无法自由选择。这种自由，对于个人来说影响不大，只要按照国家的安排就可以处理好工作消费等实际情况，较大的问题就是个人消费品需求与供给的矛盾，个人物质资料提供与需要的矛盾，就业的喜好与实际的矛盾等。但对于企业来说，影响就会非常大，由于一切安排都是按照计划进行，企业无需考虑利润、生产、需求、成本、价格等问题，这就强化了企业的软预算约束问题，导致企业生产经营效率低下、资源浪费、重复生产、不能符合生活需求等现象，从而进一步加强了个人与国家的矛盾，也严重影响个人的生产、就业、劳动积极性等，影响社会主义社会的健康发展。产品由国家统一销售，价格由国家统一规定，企业除了有一定的利润留成以外，对生产、分配、流通等方面都没有自主权和决策权。由于企业的一切经济活动都是由国家计划（包括地方计划）安排，所以国家同地方的关系显得更突出、更重要，而国家同企业的关系倒显得无关紧要。这种决策体系当然不利于企业积极性的发挥。这种计划管理体制理论，主张运用直

---

① 《斯大林全集》第 12 卷，人民出版社 1953 年版，第 248 页。
② 《斯大林全集》第 12 卷，人民出版社 1953 年版，第 24 页。

接计划调节方式，否定市场调节。计划以指令性方式下达，靠行政权力贯彻，而且计划内容是实物型的。总之，在这种体制下，企业的人、财、物、产、供、销都要听命于国家机构，当然，更谈不上企业的投资权。

事实证明，计划经济与市场经济都是促进社会发展的有力手段，二者的功能是互补的，而不是相互矛盾的，关键是如何处理好计划与市场的关系问题。社会主义计划经济发展的历史事实证明了这种逻辑，尤其是"反市场"模式开建初期，计划经济的功能发挥得非常突出，如普遍推行的农业集体化，能够有效地实现经济文化落后的条件下农业发展问题，如抵抗自然灾害、人力组合劳动、资源互补整合、机械化操作等，这种生产关系的调整满足了生产力发展的实践诉求，但是在生产关系调整的动力达到极限的时候，再想取得进一步的发展就显得非常困难。如单一的集体化分配模式就很难调动农民的工作积极性，计划性安排农产品价格问题更加会限制农业发展的提升，农业现代化技术的推广和研究等同样面临严重的困难。在工业化、军事化、科技化等各个领域都在计划经济的指导下取得有效的成绩，并建构了坚实的社会发展基础。但由于社会主义过于夸大计划经济的作用，一切依靠行政指令而无视市场功能的实践也导致了社会发展的种种问题，如企业的预算约束问题、商品货币等市场经济要素畸形化问题、市场信息不对称问题、计划与实践的矛盾问题、计划不能有效完成问题等，严重影响社会主义的实践。

总之，苏联模式的社会主义由于误解了马克思的"去市场"理论，在社会发展条件尚未达到一定基础的时候，过早地开启了废除市场的历史进程，过分夸大了计划经济的功能，实践了"反市场"的社会实践。东欧其他社会主义国家同样选择了这种高度集权的社会主义实践，形成了"反市场"模式。这种模式虽然在早期曾经取得了重大的成就，但其最终仍然未能摆脱阻碍生产力发展的天然属性，必然推动着实践中的社会主义进一步的探索。

第四章 马克思市场批判理论实践的"近市场"模式

20世纪50年代以来,在苏联集权社会主义模式弊端凸显的实践背景下,东欧社会主义国家结合独特的国情,重新思考马克思关于未来社会发展理论,在传统社会主义的基本框架中选择了市场经济发展的经济机制,实现了计划经济与市场经济的联姻,马克思市场批判理论发展为"近市场"模式形态。本章重点介绍马克思市场批判思想实践的"近市场"模式形态,包括绝对的"近市场"模式、温和的"近市场"模式、保守的"近市场"模式等三种基本形态,系统论述了马克思市场批判理论的实践转型模式。

一、绝对的"近市场"模式——自治的市场经济模式

绝对的"近市场"模式——自治的市场经济模式是指南斯拉夫在对苏联模式社会主义批判的基础上,由南斯拉夫的领导人、理论家包括南共联盟领导人铁托(Tito)、卡德尔(Kardelj)及"实践派代表人物"马尔科维奇(Marlcovic)、弗兰尼茨基(Vranicki)、斯托扬诺维奇(Stojanovi)等专家共同开创的一种市场实践模式。其属于比较彻底的运用市场经济的国家,并建构了与市场经济相配套的系列措施,因而我们将其归属为绝对的"近市场"模式。主要特征如下:

(一)坚守商品经济的基本导向

南斯拉夫自治的社会主义首先明确社会主义的经济必然优先关注商品生产和市场经济问题,社会主义制度不能摆脱市场经济的制约。商品经济是社会主义不可逾越的发展阶段,但社会主义最终还是走向"无市场"的共产主

义高级阶段。

  1. 自治社会主义的分配离不开商品经济。南斯拉夫早期的社会主义实践实现了计划经济为主的制度体系，但这种计划经济的体制表面上实现了计划生产、计划分配、计划消费等环节，但并没有脱离生产核算、资源交换、分配统计、消费品交换等问题，也是处于一种矛盾摇摆状态。卡德尔通过自己的分析指出，社会主义国家的人们一直"生活在商品经济条件下，国民收入的初次分配自然要通过市场和价格进行"，在这种利用市场和价格分配产品的条件下，"市场和价格决定着生产者在相互经济关系中的地位及其在简单再生产和扩大再生产方面"以及"个人收入方面的可能性"①，明确指出了商品分配离不开市场要素的基本观点。因此，在南斯拉夫的自治社会主义条件下，由于各自治单位成了独立经营的主体，从实践上为社会主义市场经济理论开辟了道路，为社会主义需要市场的理论观点带来了实践支撑。

  2. 自治的社会主义交换离不开商品经济。无论在社会主义条件下还是在资本主义条件下，不可避免地会存在产品交换的可能性，如社会主义企业生产资料就离不开交换，否则企业就无法满足居民需要的产品多样化形态；个人消费品的交换同样也离不开交换，否则居民就无法实现自己消费需要满足的可能。

  卡德尔认为，南斯拉夫的社会主义制度不仅没有消灭商品交换，反而"为商品生产和商品交换，亦即为市场上直接交换产品，开辟了日益广阔的天地"，而市场交换的扩大化又进一步促进了"工人和劳动集体在其劳动中的自由"的实现，因为市场交换本身就属于"衡量劳动生产率、产品质量、生产和社会需要的协调、投资的盈利性、劳动的经济性等等的尺度之一"②，进而提升工人的劳动积极性和劳动效率，从而能提升工人的个人收入和产品交换多样化可能。因而，在社会主义阶段尚不能取消市场，"市场亦即商品

---

  ①　[南] 卡德尔：《卡德尔论文选》，李嘉恩、熊家文、巢蓉芬等译，外语教学与研究出版社1986年版，第234页。

  ②　[南] 卡德尔：《公有制在当代社会主义实践中的矛盾》，王森译，中国社会科学出版社1980年版，第65—66页。

交换永远是实现收入的首要因素"①。

因此,社会主义的交换并不能够离开市场,而交换的产品情况同样会影响产品的生产问题,进而凸显了市场经济在社会主义中的重要功能。南斯拉夫的自治社会主义不仅"包括消费资料和生产资料这类市场,而且也包括金融市场和劳动力市场","并且在物资供应、价格形成等方面,充分发挥了市场调节的作用"②,为自治社会主义的市场交换需要提供了实践的明证。

3. 自治社会主义的市场具有独立性。自治社会主义的市场必然具有一定的独立性。它既不等同于计划经济条件行政指令占主导的局面,又不等同于西方资本主义的自由的市场经济制度,而是具有自己的独特性。

很显然,这种市场经济制度下,工人自治已经成了社会管理的主体,工人民主地管理劳动条件、劳动过程和劳动成果,而不再是依靠出卖劳动力商品的这种特点,因而商品的生产过程与资本主义条件具有不同的特点。从交换层面来看,用来交换的是消费品和生产资料,交换的目的是更好地促进生产力的发展和劳动生产率的提高,而不是单一为了牟利的目标。因为劳动成果的最终管理权属于人民,工人和农民可以自主地管理劳动结果,那种剩余价值生产和剥削产生的可能性也被消除了,市场扭曲性现象就会有所改善。实际上,也就是这种市场经济体制已经烙上了自治社会主义的制度属性,其市场要素、市场过程、市场属性、市场交换等都发生了明显的改变,因为整个社会的制度基础发生的改变,是其他一切制度变革的前提基础。

4. 自治的社会主义必然要消除市场。按照马克思市场批判思想的基本观点,在社会主义物质条件达到一定程度的时候必然消除市场,迈入无市场的高级阶段的共产主义社会,这是社会主义发展的历史规律。自治的社会主义市场经济正是具有这种制度属性。

卡德尔就明确指出,"市场并不是社会主义的永恒的特征。对社会主义来说,市场并不像对资本主义那样是阶级制度和经济制度发挥作用绝对不可缺少的条件",而是具有自己的发展逻辑,社会主义必然会把市场变为"生

---

① [南]卡德尔:《公有制在当代社会主义实践中的矛盾》,王森译,中国社会科学出版社1980年版,第71页。
② 林水源、伍宇峰、刘国平等编:《东欧国家经济体制改革简介》,广西人民出版社1982年版,第75页。

产者自由共同体中各种关系的简单的组织形式",市场将会失去其原来的属性功能或改变其职能而"使市场实际上不成为市场"。① 这样,自然把自治的社会主义推进到共产主义社会,"无市场"的形态也就自然生成了,市场经济必然是社会主义不可跨越的基本历史阶段,但社会主义也要避免资本主义市场经济带来的弊端和副作用,通过自治的民主形式克服市场经济的这些问题,从而实现共产主义社会的理想目标。

(二) 生产资料的社会所有制

生产资料所有制是影响一种经济制度的核心要素,按照当时传统的思维方式,大家往往会把私有制与市场经济相联系,而把公有制与社会主义制度相联系。但南斯拉夫自治的社会主义却突破了当时比较流行的评判标准,运用"回归马克思"的基本思维定式,选取了马克思的社会所有制思想作为自治社会主义经济制度的基本支撑。

1. 废除国家所有制。众所周知,关于未来共产主义社会的生产资料所有制形式,马克思、恩格斯并未做出具体的阐述,而只是指明了一种抽象的方向。他们认为,"当社会成为全部生产资料的主人,可以在社会范围内有计划地利用这些生产资料的时候,社会就消灭了迄今为止的人自己的生产资料对自己的奴役"②;初步具有了社会所有制的观点,也就是"生产工具必定归属于每一个个人,而财产则归属于全体个人",生产资料的"占有只有通过联合才能实现",这种"联合又只能是普遍性的","联合起来的个人对全部生产力的占有,私有制也就终结了"。③

由此我们可以看出,马克思对于公有制的解释还是坚持社会所有制的观点,也就是全社会共同占有生产资料。但这种"联合起来的个人"实际就是共产主义社会的"自由人联合体",也就蕴含共产主义社会才能实现社会所有制的观点,而社会所有制也必然是一个没有市场的社会条件才能实现的一种所有制形式。

自治的社会主义基于马克思未来社会所有制的基本观点,在批判国家所

---

① [南] 卡德尔:《公有制在当代社会主义实践中的矛盾》,王森译,中国社会科学出版社1980年版,第66—67页。
② 《马克思恩格斯选集》第3卷,人民出版社1995年版,第644页。
③ 《马克思恩格斯选集》第3卷,人民出版社1995年版,第129—130页。

有制作为公有制形式的基础上,重新开启了社会所有制的探索之路,把社会所有制作为市场经济的基本支撑。

他们认为,生产资料的"公有制这个概念,无论从法律上还是从管理公有制资料的组织上来说,同国家所有制这个概念是完全相同的"①,但马克思对于未来社会的理解,公有制应该"包括三种形式,即社会主义国家所有制、社会主义自治所有制(也就是社会所有制)和共产主义所有制",而国家所有制仅仅是"一种间接的所有制,是公有制的低级形式"②,苏联模式的生产资料国家所有存在着一定的矛盾和弊端,国家所有在特定的历史时期具有一定的积极作用,因为国家所有制并没有实现工人与生产资料的直接管理结合,从而国家所有制凭借其生产资料占有的优势,成为"使社会劳动的管理职能同工人相异化的工具","限制了劳动者在劳动岗位上和劳动组织中在创造和管理方面发挥原有的主动精神"③,进而会影响职工的劳动积极性和企业经营效率,影响社会主义社会的劳动生产率。因此,自治的社会主义必然要废除传统社会主义的国家所有制,而取代国家所有制的基本形式就是马克思所指的生产资料社会所有制。

他们认为,"生产资料社会所有制"和"按劳分配"必然是社会主义经济具有的两个根本性要素,生产资料社会所有制的意义之一,就在于它能够实现社会主义计划化,消除生产的无政府状态,对这个经济发展进行自觉的社会管理。④ 由此可知,社会所有制在南斯拉夫市场经济中的核心地位。之所以社会所有制的地位这么重要,是他们在批判传统社会主义国家所有制的基础上得出的必然性结论。他们指出,社会主义计划经济"绝不意味着也不应意味着全部活动都要从属于国家机关,或意味着要消除这方面的任何自由

---

① [南]卡德尔:《公有制在当代社会主义实践中的矛盾》,王森译,中国社会科学出版社1980年版,第7页。
② 林水源、伍宇峰、刘国平等编:《东欧国家经济体制改革简介》,广西人民出版社1982年版,第19页。
③ [南]卡德尔:《卡德尔论文选》,李嘉恩、熊家文、巢蓉芬等译,外语教学与研究出版社1986年版,第10页。
④ [南]卡德尔:《卡德尔论文选》,李嘉恩、熊家文、巢蓉芬等译,外语教学与研究出版社1986年版,第18页。

的发展"①，与之不同的是，他们以为社会主义计划经济应该给个人创造性提供比资本主义私有制经济更多的自由，这也是社会主义公有制属性所能够决定的。但实际上，斯大林模式的集权主义的国家垄断虽然消除了生产资料私有制，但因其处于"马克思曾经说过的从资本主义向社会主义过渡的最严重的'阵痛'之一"②，而陷入了国家资本主义的过渡形式，引发了进一步的政治危机形式。因此，只有在"生产资料的社会所有制的基础上不断发展，并借助于计划对这一发展进行自觉的全盘管理，社会主义经济才能获得全面的进展"③。南斯拉夫社会所有制是在坚持马克思生产资料所有制设想的基础上，针对苏联模式国家所有制经济的弊端，在经过详细的论证之后而得出的历史性结论，必将成为自治经济的生产资料的所有制基础。生产资料的社会所有制能够"解放每一个劳动者的个人主动性"，从而激发劳动者在社会发展中的劳动积极性，通过"个人主动性和集体主动性"相结合的基本方式"大大加强社会的创造劳动"，"是每一个社会主义为了朝着共产主义前进而应当实现的生产力飞跃发展的主要条件之一"④，从而确立了社会所有制在社会主义发展中的历史定位和未来发展趋向。

2. 实行生产资料的社会所有制。关于社会所有制，南斯拉夫宪法认为，"社会所有制是社会经济关系，也看成是社会经济过程"⑤，既然作为一种过程，社会所有制的形式也不是一成不变，而是随着不同的历史条件而不断发生变化的。

在南斯拉夫现有的社会条件下，这种社会所有制"仍然包含着强烈的国家所有制因素，因为国家强制仍然是经济关系中不可缺少的因素"，不过这

---

① [南]卡德尔：《卡德尔论文选》，李嘉恩、熊家文、巢蓉芬等译，外语教学与研究出版社1986年版，第19页。
② [南]卡德尔：《卡德尔论文选》，李嘉恩、熊家文、巢蓉芬等译，外语教学与研究出版社1986年版，第19页。
③ [南]卡德尔：《卡德尔论文选》，李嘉恩、熊家文、巢蓉芬等译，外语教学与研究出版社1986年版，第20页。
④ [南]卡德尔：《卡德尔论文选》，李嘉恩、熊家文、巢蓉芬等译，外语教学与研究出版社1986年版，第21页。
⑤ [南]卡德尔：《卡德尔论文选》，李嘉恩、熊家文、巢蓉芬等译，外语教学与研究出版社1986年版，第189页。

种所有制"越来越具有所有人联合劳动的共同基础的性质"。① 可见，这种社会所有制与马克思所设想的共产主义的社会所有制还具有不同的内涵，也可以说是在物质生产条件不成熟的条件下而推行的一种社会所有制，是在"按需分配"尚且不能实现的条件下开展的一种社会占有模式。他们认为，社会所有制实际上就是"在劳动基础上的占有，但要以联合、平等和有计划地使用共同的生产资料和不断扩大这一劳动的共同基础为条件"；"在这一过程中，每个劳动者实际上在进行个人占有，但不以生产资料的私人所有制为基础，而是以自己的劳动为基础"，"既有权利根据自己对联合劳动的贡献占有自己的劳动成果，又有义务保障联合劳动的物质基础的扩大再生产，保证社会共同体的存在和发展"。② 具体说来，就是"全体参加劳动的人的公共所有制，归根结底也就是社会全体成员的所有制"，这种所有制就是不存在任何"私人占有或集团占有，或者由其他工人产生指挥者的地位"，"任何人都不能从工人手里剥夺那些原本就属于他的使用社会资金从事劳动的全部权利"，从而也真正实现了劳动者与生产资料的统一占有、管理、支配、使用等，这种所有制也真正成了"既不是任何人的，又是任何人的，既是公共的，又是个人的所有制"。③

由此可知，南斯拉夫继承了对马克思社会所有制的思想，并在社会主义条件下实践的社会所有制，不能等同于马克思的社会所有制，具有典型的自治社会主义的特点。是为了克服"劳动条件和劳动产品脱节的现象的手段"④；通过工人自治的主要形式把工人的劳动条件、劳动成果结合起来，从而激发劳动者的积极性，进而提高社会主义劳动生产率，实现了马克思所指的"自由的联合劳动者的真正工具"，从而为共产主义过渡提供直接的道路。

---

① [南]卡德尔：《卡德尔论文选》，李嘉恩、熊家文、巢蓉芬等译，外语教学与研究出版社1986年版，第190页。
② [南]卡德尔：《卡德尔论文选》，李嘉恩、熊家文、巢蓉芬等译，外语教学与研究出版社1986年版，第192—193页。
③ 《南斯拉夫经济体制改革文献选编》，李嘉恩、马军、汪丽敏等译，中国社会科学院苏联东欧研究所1986年编，第267—268页。
④ [南]卡德尔：《卡德尔论文选》，李嘉恩、熊家文、巢蓉芬等译，外语教学与研究出版社1986年版，第193页。

（三）劳动者自治的企业经营管理模式

在自治社会主义市场经济条件下，企业经营管理打破了传统的国家指令性计划主导的经营管理模式，凸显了工人自治为主要特征的经营管理模式。

1. 从管理机构职能来看。企业管理的机构是由工人通过选举代表而产生的管理机构，南斯拉夫的企业管理系统一般包括四个组成部分，"工人大会或工人代表大会、工人委员会、管理委员会、厂长或经理"① 等。相当于"一个作为直接表达他们意志工具的国家，或如列宁所说的一个'半国家'，一个其基本职能应立即消亡的国家"②。其中，工人代表大会是最高权力和决策机构，工人委员会或工厂委员会是通过无记名投票方式选出的"代表制"来完成，直接与劳动资料与劳动过程接触的基层工人选出自己的代表，该选举每年举行一次，最终这些代表组成工人委员会，工人委员会和它产生的管理委员会是最高执行机构；而厂长或经理则是具体方案的直接执行者，受到工人委员会的监督管理。

在这样的管理体制下，"劳动人民用最民主的方法来行使他们的管理职能"，"在工厂、矿山和一切企业中，职工用无记名投票方式直接选举产生工人委员会，这些工人委员会和由工人委员会成员在他们之间选举产生的管理委员会，必须得到工会的支持"③；通过工人委员会和管理委员会，"已经管理着自己的合作社的农民们，从现在起行将自己管理自己工厂的工人们，今天他们已经真正地将自己的命运掌握在自己的手中了"④。这种自治的管理结构实现了工人自己来管理经营企业的直接参与式管理形式，能够保障"主要代表劳动领域的阶级享有主导地位，并避免政治操纵和克服资产阶级代议制的寄生性"⑤，从而实现劳动者管理企业，并能提高劳动者参与管理的积

---

① 林水源、伍宇峰、刘国平等编：《东欧国家经济体制改革简介》，广西人民出版社1982年版，第140页。
② ［南］弗兰尼茨基：《马克思主义和社会主义》，杨元恪、陈振华译，人民出版社1982年版，第142页。
③ ［南］佩·达姆扬诺维奇博士：《铁托自述》，达州、李代军、赵乃斌译，新华出版社1984年版，第341页。
④ ［南］佩·达姆扬诺维奇博士：《铁托自述》，达州、李代军、赵乃斌译，新华出版社1984年版，第342页。
⑤ ［南］弗兰尼茨基：《马克思主义和社会主义》，杨元恪、陈振华译，人民出版社1982年版，第147页。

极性。

关于企业经理的产生。企业经理不再是通过国家任命，而是通过招聘的基本形式产生，相当于职业经理人的属性，具体负责招聘活动的机构他们称为"混合委员会"，一般由工人委员会成员、专业委员会成员、政府委员会或人民委员会指定等，各占 1/3 的比例，以确保企业经理人选的民主性、专业性、政府性，确保经理人选能够代表工人来科学高效地进行企业经营管理。工人委员会和经理的管理职能具有清晰的界定。"企业的经济决策由工人委员会制定，而经理和该企业的专业人员则是这一政策的技术上的执行者"；工人委员会"不能直接干涉经理和专业人员的这一权利"，企业经理"可以提出有关企业的经济决策的建议，而工人委员会也可以对生产中的劳动组织工作提出意见和建议"；如果工人委员会"认为经理是不称职的，它可以要求解除经理的职务，并宣布对经理职务的重新招聘"；当然如果工人委员会"不愿意接受经理的建议，经理可以把建议提交人民委员会"，最终决定权"由该企业所在的公社的人民委员会做出"①。从而明确了经理、工人委员会的责权利以及相互监督和相互制约的关系，同时也从宏观层面上由国家对这些管理机构加以限制。

2. 从劳动过程管理来看。自治的社会主义突破了传统的国家所有制企业管理经营模式，打破了集体主义式的统一性劳动，而是采用了"联合劳动体制"的基本形态，经济联合会、同行业联合组织协调统一的企业劳动管理体系。

其中，"联合劳动体制"主要是"每一个劳动者在联合劳动中均拥有使用社会所有的生产资料从事劳动的权利"②，按照工人自治和自我管理的基本形态，"按民主原则决定有关劳动和社会再生产的事宜"，从而实现"劳动和资本的联合"，确保"社会主义生产关系下的工人在联合劳动中和整个社会中能够实现自己的统治地位"③。这种管理体制的最核心的特点就是南斯拉夫

---

① [南]卡德尔：《卡德尔论文选》，李嘉恩、熊家文、巢蓉芬等译，外语教学与研究出版社 1986 年版，第 102—103 页。
② 《南斯拉夫法律百科辞典》，黄良平、丁文琪译，法律出版社 1984 年版，第 22 页。
③ [南]卡德尔：《卡德尔论文选》，李嘉恩、熊家文、巢蓉芬等译，外语教学与研究出版社 1986 年版，第 529 页。

共产主义者联盟已经不再直接领导企业的经营管理，而仅仅为企业经营发展提供方针性、政策性指南，企业经营管理业务则由联合劳动的自治机构来行使，按照"社会全部管理应该从最基层，即从直接生产者和其他劳动者所从事劳动的地方组织开始"的基本原则①，由基层组织承担起具体经营业务的开展。如南斯拉夫的联邦共和国在经济管理方面仅仅能"通过联邦社会计划，确定有关金融、外汇、外贸的政策和对外经济关系"，"通过联邦预算处理与各共和国和自治省的利益密切相关的经济问题"②，"联合劳动组织"则根据其具体的法律法规和政策指向来确定企业经营的具体业务，在企业经营管理方面拥有完全的自主权。由此可知，联合劳动组织在自治社会主义经济体制中具有独立的经营权利。

"联合劳动"的工人自治管理组织包括联合劳动基层组织、劳动组织、联合劳动复合组织等三级结构，这三种形态之间并没有必然行政隶属关系，而是为了共同的业务利益和合作利益自愿组成的企业管理结构。其中，"劳动基层组织是最基层的劳动生产单位，是社会经济关系的基本细胞，也是工人集中劳动和资金的基本形式"；可以独立地"组织生产，管理业务和资金，决定收入和确定劳动报酬的标准，行使其社会经济以及其他自治权利、义务和责任"等。劳动组织则"是由两个或两个以上联合劳动基层组织结合而成"，是基于"技术方面或业务安排方面相互的共同的利益而结合在一起"的；其目的是为其所属的基层组织"协调生产的各个过程，拟定中长期计划"，"开展业务往来"以"获取收入"等，但其并没有"干预联合劳动基层组织的生产经营活动"的权利。联合劳动复合组织"是由若干劳动组织自愿结合而成的"，通过"共同制定发展规划""共同的业务活动中的相互关系"，共同的"业务活动""培训人才、医疗保健"等工作，获取"在生产中共同的利益"，"改善劳动条件，改进基层组织和劳动组织的自治关系"。③

另外，除了联合劳动组织之外，与其共同管理经济发展的相关机构还有

---

① ［南］弗兰尼茨基：《马克思主义和社会主义》，杨元恪、陈振华译，人民出版社1982年版，第147页。
② 林水源、伍宇峰、刘国平等编：《东欧国家经济体制改革简介》，广西人民出版社1982年版，第49页。
③ 《国外社会主义研究资料丛书》第2辑，求实出版社1983年版，第318—319页。

"经济联合会、同行业联合组织、自治利益共同体"等机构,共同构成"自治共同体和与经济管理密切相关的组织机构"。① 南斯拉夫法律规定,所有的经济单位都必须参加经济联合会和同业会,经济联合会是从联邦、共和国、地区等不同行政等级要求进行设立,相应地也聚集了不同级别的经济单位和不同属性的经济单位,共同协调有关企业经营的宏观性规划政策,从顶层做好企业经营管理的相关业务性规定,并且要依法进行。而企业之间的相互业务活动,如科研活动、培训交流等活动,则由同行业联合组织进行,用来协调管理基层联合劳动组织之间业务活动。据此,经济联合会、同行业联合会、联合劳动组织等共同构成了企业的管理机构,三者之间分工不同、业务不同,但却形成了完整的管理系统。很明显,最直接的管理活动还是由联合劳动组织承担,保证了企业管理的独立自主;同时又辅之以上层的协调机构和指导机构,宏观管理推进企业的经营管理。

3. 从企业经营管理原则来看。在自治社会主义条件下,企业工人已经成了企业经营的主体,企业成了自主经营的独立的实体,其基本放弃了国家的统一化计划经济指导,而走向了自治的市场经济模式。

在生产方面,企业产品生产多少,生产什么,如何生产等具体的问题由企业根据市场行情的需要来自主地决定,从产品源头发展保证了企业独立自主的地位。在生产资料来源方面,突破了过去国家根据计划统一划拨的制度,而由企业根据生产情况和市场行情去购买,无需参照国家有关生产原材料的管理。在价格制定方面,由企业根据产品的具体情况和市场的供需状况进行价格定价,但同时要接受社会监督,在国家宏观指导下确定合适的价格体系。在收入分配方面,由于国家放权让利,企业的纯收入有所增加,企业可以根据工人劳动的具体表现和企业经营的具体状况,根据按劳分配的原则制定分配标准,而不用兼顾国家统一工资制度的管理规定,有时候还可以采取适当的利润分红的灵活性政策等。

(四)按劳分配为主的个人制度体系

其突破了传统的"平均主义"分配倾向,通过"从事联合劳动的工人根

---

① 林水源、伍宇峰、刘国平等编:《东欧国家经济体制改革简介》,广西人民出版社1982年版,第50页。

据按劳分配的原则",突破了那种"国家所有制的、官僚主义和专家治国论垄断"式的分配倾向①,建立了市场经济条件下"按劳分配为基础的个人收入分配制度"。

1. 关于按劳分配原则。他们认为,"彻底运用按劳分配原则"是南斯拉夫劳动生产率发展水平和劳动者的社会主义性质双重地位所决定的,这一原则应该是"联合的各企业、联合企业、业务联合组织内部"等必须坚守的分配尺度。② 但是同时要关注按劳分配制度操作的具体问题,探索在不同的劳动属性和劳动过程中的具体运用,尽可能实现按劳分配的科学性和可行性,不能沦为平均主义的外壳,必要的时候,应该通过社会的手段进行行政干预,以确保按劳分配原则的理性运行,另外也要加强人民的社会主义和共产主义信念教育,尽量发挥个人创造性,从而提升社会主义的劳动生产率。在社会主义市场经济条件下,按劳分配同时也要考虑到事实上的不平等,充分考虑劳动质量、劳动数量、技术因素、人的因素等对按劳分配原则的影响,但总的方向性原则不能改变。

2. 关于个人收入问题。他们认为,"工资"概念与"个人收入"概念具有不同的内容和实质,"个人收入"是"在自治制度基础上,反映着联合起来的劳动者给予社会的劳动量,作了各项扣除以后,能够由劳动者个人所得的那部分收入",消除了"旧社会遗留下来的雇佣观念"等。③ 工人的个人收入是由工人自己根据联合劳动组织的要求,直接参与劳动成果的管理分配,这种分配的标准是依据工人在劳动过程中创造的社会财富的收入情况而定的。当然联合劳动组织也必须根据企业的市场情况,根据企业的平均收入等来确定一个统一的分配标准,以保证全体劳动者收入的合理化。因为这种管理模式是全体劳动成员共同占有社会生产资料,那么生产资料的劳动成果当然应该由全体社会成员共同占有,从而通过经济收入分配的合理化来确保

---

① [南]卡德尔:《卡德尔论文选》,李嘉恩、熊家文等译,中国社会科学出版社1980年版,第95页。

② [南]卡德尔:《卡德尔论文选》,李嘉恩、熊家文等译,中国社会科学出版社1980年版,第225页。

③ 林水源、伍宇峰、刘国平等编:《东欧国家经济体制改革简介》,广西人民出版社1982年版,第102页。

劳动者在政治领域、社会领域、其他领域等的权利。社会所有制不会允许个别人或个别集团运用强制的手段或隐性的办法来获取不良收益，从而杜绝了收入分配不均的基础和根源。

按劳分配通过劳动评价的基本方法使劳动成果实现了合理的分配，打破了平均主义的分配弊端，从而为企业发展提供了基础性动力。为了激发企业生产的积极性，南斯拉夫进一步扩大企业经营管理的自主权，实行放权让利，利润分红制度。也就是在原来的一切由政府说了算，完全按照国家统一工资分配的基础上，适当给予企业一些自主分配权。企业利润除了上缴国家预算部分之外的盈余，由企业自行分配，企业有权在国家统一固定的工资之外增加自主经营部分的工资。20 世纪 50 年代末期，南斯拉夫政府进一步扩大企业自主权，使企业成为分配的主体，企业逐渐转向自主经营、自负盈亏的独立的市场主体。企业利润增加就意味着企业收入的增加，企业亏损则由企业自主承担，国家不再干涉企业经营权，联合劳动组织则构成了企业分配的主要机构。同时，除按劳分配原则外，南斯拉夫也采取了一些避免收入差距的分配原则，如通过"基层劳动组织也采用相互支援的原则"，"使用共同消费基金，以满足低收入的劳动者及其家庭成员的某些社会需要和其他需要"，同时南斯拉夫还通过相关法律规定，"有最低限度的个人收入以保障劳动者本人及其家属的基本生活需要得到保障"，"每个劳动者都能得到确保个人收入应该能保证其物质保障与社会保障"①，从而避免市场经济条件下带来收入差距问题，确保劳动者收入的公平性和稳定性。

（五）市场价格为主导的价格体系

自治的社会主义市场经济非常关注价格体系在市场经济中的核心地位，通过价格的变化来反映供求关系的要求，从而反映生产产品的增加或减少，也反映出投资积累消费等各种综合的市场经济情况。他们认为，在自治的市场经济条件下，"价格必须由市场供求关系来决定，它必须反映价值规律的客观要求"②，从而确立了市场价格主导的系统。这种价格体系的确立要依靠

---

① 林水源、伍宇峰、刘国平等编：《东欧国家经济体制改革简介》，广西人民出版社1982年版，第115页。
② ［南］马尔塞尼奇：《南斯拉夫经济制度》，朱行巧等译，人民出版社1981年版，第194页。

联合劳动自治组织、政府宏观条件、社会监督体系等共同作用，才能使这种价格体制趋于合理化。

1. 强化市场定价的功能。他们非常看重市场定价在这种体制的功能，必须要建构一种符合市场经济要求的价格体系，只有按照市场要求的行情制定合理的价格，才能准确把握市场经济的趋向，从而制定合理的经济政策，在生产、交换、消费、投资等领域取得合理性决策，保证国民经济的理想运行。

从50年代到60年代末，南斯拉夫就逐步建构起了国家行政价格体制与市场经济价格体系相结合的形态。其中一部分产品价格由国家制定，一部分产品在市场形成，构成了价格双轨制运行的基本形态，同时国家的价格也仅仅属于导向性的价格，如最高价格或最低价格，即依靠国家制定最高的限价标准，用于那些"生产数量较少而又需求量大的工业原材料"或者处于"垄断地位"的工业原材料，国家必须制定限价标准。协议价格，"主要适用于农产品"，以保证农业产品生产的稳定性。固定价格，即"适用于对人民生活影响较大的重要生活用品和对工业生产费用影响较大的产品和劳务"[①] 等，也就是属于弹性价格的空间，最终商品销售的价格还是由市场定价来完成，能够确保市场定价的准确性，同时也保证了国家宏观调控价格的科学性，进而限制完全自由化市场的矛盾。

20世纪70年代中期，南斯拉夫的价格体系逐渐与市场经济价格体系完全接轨，也逐渐把国家行政定价的权利交给联合劳动组织根据市场行情来确定价格，基本实现了市场主导确定价格的机制。在国际贸易方面，联合劳动组织也有权利根据国际市场的标准来确定价格，基本取消了国家定价的制度体系，国家仅仅通过货币政策、收入分配制度、外汇政策等实行宏观调节价格。如1976年，南斯拉夫通过了《价格形成和社会监督法》，对价格市场形成提供了制度保障，明确了国家不干涉价格和由联合劳动组织依据市场行情制定价格的基本依据，明确了国家通过经济手段和立法手段管理价格体系的基本原则，对那些影响市场稳定的价格体系和垄断性价格体系等进行社会监

---

① 林水源、伍宇峰、刘国平等编：《东欧国家经济体制改革简介》，广西人民出版社1982年版，第90页。

督，基本形成了"直接影响价格并价格不利波动和上涨方式"必然是社会监督等结构。①

2. 强调社会对市场价格的监督功能。自由市场价格的制定往往会受到人为因素的影响，会出现市场失灵、垄断价格、不正当竞争价格等弊端，市场价格不能准确反映市场行情，反过来就会影响生产、消费、交换等相关情况，最终会影响社会主义市场经济的运行。为此，自治的社会主义又非常看重社会监督对价格制定的意义，他们把"社会对价格的监督以及社会对市场作用的其他协调和指导措施"作为"整个经济制度、统一各自的经营条件和获取收入的非常重要的手段"；通过社会监督价格在"有计划地协调生产、国际交换和消费"方面的功能，克服"市场自发作用的消极面"，在"政策上干预监督方面有更多的灵活性"②，用以保证市场经济的有效运行。在南斯拉夫的市场经济实践中，他们不断探索社会监督价格的多样化形式，有的产品可以实行到政府备案审批甚至直接定价的直接监督形式；有的产品则需要通过社会的经济政策、市场信息行情、人为因素的调控等实行间接性监督，监督的主体可以是政府，也可以是联合劳动组织，同样居民个人、工人、农民等也必然是社会价格监督的主体，通过这种严密的社会监督体系，把南斯拉夫的市场定价完全纳入社会监督的体制之中，保障了市场定价的合理性，也有利于广大居民的经济生活状况，从而有利于社会主义市场经济的有效运行。如"南斯拉夫的簿计局、物价局、技术监督局就负责对财物、市场情况和其他技术情况进行监督的职能"，"对违反法律和自治协议额的劳动组织"，社会监督机构有权报告，"由社会机关依法直接采取措施加以制裁"③，甚至可以给出解散工人委员会的建议。因此，社会监督价格体系有利于克服完全自由市场经济的弊端，是社会主义市场经济运行的不可或缺的重要途径。

（六）自治计划体制保障的市场经济体制

在南斯拉夫自治的社会主义体制中，他们反对苏联模式国家所有制的弊

---

① ［南］马尔塞尼奇：《南斯拉夫经济制度》，朱行巧等译，人民出版社1981年版，第216页。
② ［南］卡德尔：《卡德尔论文选》，李嘉恩、熊家文等译，外语教学与研究出版社1986年版，第235页。
③ 林水源、伍宇峰、刘国平等编：《东欧国家经济体制改革简介》，广西人民出版社1982年版，第49页。

端,为此而选择了马克思废除国家职能理论,但实际上并不是真正的废除国家,而是把国家的部分职能转交给了基层劳动组织,也就是他们所指的劳动者自治的基本组织,相应地,在市场经济的管理体制下,国家的宏观管理职能也就转交给了劳动自治的组织,也就是自治的计划管理体制,用来保障市场经济的运行,实行了计划体制与市场经济体制共同运行的体制。

其中,计划制定的主体包括联合劳动组织和政府两个基本层次,也就是基层组织和上层组织,联合劳动组织主要制定关于企业生产经营的具体事项规划、工人自我发展微观层次计划、劳动组织之间关系处理的计划等层次;而较为高层次有关国家发展运行的重大方针计划政策等应该由政府层面进行制定,如有关国计民生的重大规划,教学科学文化宏观发展规划制定,区、自治省、共和国联邦等重大的法律法规等都需要由这些主体来完成。另外,必须关注"依靠计划体现者本身被制度化了的相互关系、相互义务和责任,求得计划工作的有效性"①,这就要求处理好各类计划之间的定位和相互作用的机制,如国家机关制定的计划就必须依靠法律手段作为保障,具有强制性和法律性,不允许有协商和妥协的余地,以保障较高层次计划执行的有效性。为此,南斯拉夫制定了《劳动关系法》《收入分配法》《联合劳动法》《关于劳动集体管理国营经济企业和高级经济组织的基本法》《联邦社会主义政治制度的基础和联邦政权机构法》等相关法律,并以此制定论述有关自治社会主义中收入分配、经济活动、政治活动等的相关条款,用以保障国家宏观调控计划的执行。而对于联合劳动组织制定的计划则需要通过广大工人的协商和自愿的协议来完成,以保障工人参与的民主性。当然,基层组织的计划与国家政府的计划原则上不能出现矛盾,二者应该具有内在的统一性。另外,为了保障自治社会主义计划的可行性,要求计划与市场相互作用,相互补充,从而实现计划与市场统一的经济格局。

总之,南斯拉夫的自治的社会主义开辟了一种绝对"近市场"的实践模式,其内核是"工人自治"和"社会自治"相结合的管理体制,其手段是市场经济和自治计划结合经济体制,采用了废除国家职能的社会所有制形式,以实现马克思"自由人联合体"为目标。在一定程度上突破了苏联社会主义

---

① [南]卡德尔:《南斯拉夫计划制度》,杨达洲译,人民出版社1978年版,第10页。

模式，发展了马克思市场批判理论，促进了南斯拉夫社会主义的快速发展，但其教条式利用马克思理论，超越实际的风险性创新，使南斯拉夫的社会主义发展模式陷入解体的历史深渊。

二、温和的"近市场"模式——新经济体制模式

在实践探索马克思市场批判思想的过程中，匈牙利结合本国的实际开辟了独具特色的"近市场"实践模式。与南斯拉夫比较彻底的市场经济趋向不同的是，匈牙利并没有完全放弃国家的宏观调控和计划经济的主导功能，而是在国家宏观调控理论的指导下开始市场经济探索，其甚至根本不承认自己是在搞市场社会主义，而是习惯性把自己称为社会主义市场经济改革或新经济体制改革。由此，我们称其为温和的"近市场"模式。其核心特点就是国家行政计划性功能与市场自主功能相结合，既不同于南斯拉夫的自治型市场经济模式，又不同于东欧其他国家有关市场经济问题的探索，是比较理性处理计划与市场关系的典范。

（一）国家宏观调控下的市场导向

匈牙利的社会主义改革开始于1966年，其标志是《经济体制改革的决议》的通过。1968年，匈牙利在农业、工业等领域全面推开改革，并把价格改革、工资改革、企业管理改革、外贸改革等作为突破口，取得了非常突出的实践效果。由于其坚守国家宏观调控与市场经济相结合的基本改革思路，形成了与南斯拉夫不同，也与东欧其他国家不同的改革类型。

主要体现在，在生产资料所有制方面，仍然坚守传统社会主义的国家所有制的公有制形式，同时又允许少量的私有经济、小农经济、辅助经济等私有制形式的存在，生产资料的管理权、支配权等适当下放给企业经营管理，农业和小企业领域拥有一定的对生产资料的支配和使用的权力。在计划经济成分方面，匈牙利并没有完全放弃国家的计划指导，对于经济发展和经济体制改革的宏观性政策，国家仍然保留了政策性的指导，在某些领域甚至保留了一些具有指令性的强制性计划，同时辅之以企业根据市场行情制定具体计划的做法，企业有自主性地根据生产销售情况，市场价格情况等制定具体的规划，国家不具体干涉企业的经营问题，在很多情况下，国家计划仅仅作为

企业的具体参考而执行。在价格管理方面，匈牙利坚持国家统一定价与市场自由价格相统一的管理体系，二者共同影响价格决策，在特殊的时期可以使用浮动性自由价格等，充分发挥企业自主性和国家宏观管理性。在生产资料的供应保障方面，匈牙利基本取消了国家统一行政划拨的基本手段，允许市场通过贸易方式为企业提供物质生产资料，但对于那些事关国计民生的重要物质资料或稀缺性资料，国家也会采用一定的计划性管理。在企业的经营管理方面，匈牙利同样实行了国家的指导和企业独立经营相结合的基本体制，在工资收入、分配机制、社会保障、经营政策等领域均实现了二者的合理对接。

总之，通过确保国家宏观计划与市场自由相结合的基本导向，匈牙利确立了市场经济的制度体系，形成了国家宏观调控的市场经济模式，属于温和型近市场实践模式导向。

（二）计划与市场共存的理论基础

匈牙利市场经济探索的理论基础是 20 世纪 50—60 年代发生在匈牙利的经济问题大讨论，这次大讨论涉及所有制问题、企业经营管理问题、外贸体制改革问题、工资收入分配问题等领域，把匈牙利经济体制逐渐由计划经济主导的模式推进到市场经济因素生成的实践领域，直接奠定了其市场经济理论形成的基础。

1. 涅尔什·雷热（Nyers Rezs）关于计划经济与市场经济相结合的思想。这是匈牙利实践马克思市场批判思想的内核理论。和东欧其他国家的社会主义制度一致，匈牙利在建国初期同样采用了高度集中的社会主义模式，在迅速获得社会主义初期的短期发展之后，由于计划经济体制固有的弊端同样给匈牙利带来一定的负面影响，影响了匈牙利社会主义的发展，尤其是对于匈牙利这样落后的农业国家，经济发展受到严重的打击，这些现实也迫使匈牙利开始探索社会主义经济发展的新体制，在匈牙利一般称为新经济体制，在国内外引发了广泛讨论的基础上，形成了独特的匈牙利社会主义经济发展体制。

其中，涅尔什·雷热的经济理论起到了基础性作用。涅尔什·雷热是匈牙利著名的经济学家，同时也曾经担任过国家经济委员会主席，社会主义工人党中央书记等重要的领导职务，是集理论家、政治家于一身的著名改革代表人物，也是匈牙利经济改革的先驱者和设计者。其理论的核心就是计划经济与市场经济相结合的基本思路和框架。基本思路是，社会主义的传统计划经济否认市场经济的做法是不对的，已经严重影响了社会主义的生产力的发展，社会主义条件下不能否认商品、货币、价值规律等经济要素。因此，社会主义的经济必然要采用计划经济与市场经济相结合的基本路径，充分发挥中央对经济的计划调节与市场对经济的直接调节功能，国家应该通过经济性的宏观政策对经济发挥宏观管理作用，而企业应该作为市场主体充分利用市场经济的功能，把市场调节生产作为经济发展的制度导向等。正是沿着这种理论思路，匈牙利的农业、工业、收入分配、价格制度、外贸制度等各领域开始了大规模的经济体制改革，并取得重要的成果，促使匈牙利经济得到了快速发展。

2. 里斯卡（Riska）关于马克思重建个人所有制思想的实践设计。这是匈牙利实践马克思市场批判思想的实践理论基础。如前所述，马克思关于重建个人所有制思想是一种新型的所有制，是在未来物质基础高度发达的共产主义社会，因为实现了生产资料的社会所有制，人与人之间也形成了自由联合体的基本结构，从而社会财产就成了全体社会成员的共同占有形式，从而就变成任何一个人的了，任何人都拥有对社会财产的管理、使用、支配等权利，也就变成了一种新型的个人所有制。

里斯卡关于重建个人所有制的思想则是在批判传统社会主义经济制度的基础上提出的。作为匈牙利著名的经济学家，在前人研究讨论的基础上，他敏锐地发现传统社会主义价格存在的弊端，并以此为契机而提出社会主义必须发展市场经济的基本结论，并为此而设计了一种实践的操作模式。1963年，他发表了《批评与构想——社会主义经济机制改革纲领》一文，鲜明地提出了"现代化的经济机制必然要从计划和价格体制改革开始"的观点[1]，因为匈牙利传统的预算方式和价格体系存在着"限制市场作用，减缓经济发展速度"，"导致市场控制缺乏或计划的困难"，"分配比例模糊"，"模糊货币价值尺度"，"能源开发、储备、使用过程中的争夺"等诸多弊端[2]，明晰

---

[1] 纪军：《匈牙利市场社会主义之路》，中国社会科学出版社2000年版，第88页。
[2] 纪军：《匈牙利市场社会主义之路》，中国社会科学出版社2000年版，第88—89页。

了"社会主义经济发展不能脱离市场"的基本观点导向。而要想改变预算价格这种不合理的价格体制，必然要引入市场经济预算的合理方式和途径。为此，里斯卡提出了市场经济条件下如何实现生产资料所有制的思想，也就是其著名的重建个人所有制思想，构成了"匈牙利承包经营责任制"的思想来源，也是匈牙利市场经济改革的重要理论基础之一。

其核心思想是继承发展了马克思关于重建个人所有制的设想。马克思认为，"从资本主义生产方式产生的资本主义占有方式，从而资本主义的私有制，是对个人的、以自己劳动为基础的私有制的第一个否定。但资本主义生产由于自然过程的必然性，造成了对自身的否定。这是否定的否定。这种否定不是重新建立私有制，而是在资本主义时代的成就的基础上，也就是说，在协作和对土地及靠劳动本身的生产资料的共同占有的基础上，重新建立个人所有制"[1]。实际上表达了一种新型的个人所有制属性，也就是社会所有制内涵的表达。

里斯卡沿用了马克思关于未来社会的基本构想——生产资料的社会所有制，和当时南斯拉夫比较流行的所有制基础一样，应该保证每个居民平等地拥有社会财产，平等使用社会财产，从而平等占有社会收益，也就是实现了生产资料的全体社会成员占有与个人所拥有的统一性，生产资料社会所有制能保障全体社会成员共同占有，也就是属于所有个人的财产，但同时又不能单独属于个人，任何人没有权力独占社会生产资料。里斯卡认为，现有生产资料国家所有制形式实际上限制了工人积极性的发挥，限制了生产资料公平公正地使用，因而不能合理利用现有的社会生产资料；而保证社会所有制资产的最有效的办法就是实行"承包经营"，也就是按照市场经济的竞争原则，承包者通过一定的契约或协议，明晰自己的责任和权力，把部分社会资产承包经营，通过努力经营和合理使用，从而保障社会财产的保值增值，除了上缴部分社会资产所需要的利税之后，承包人有权支配其收入及其处置权，从而激发承包人的劳动积极性，保证劳动效率的提升，消除现存所有制形式带来的不公平、不公正等现象。为此，他设计出了承包者责任、承包者利益、承包者风险一体化的实践模式。当然，这种设想虽然具有一定的局限性，但

---

[1] 马克思：《资本论》第1卷，人民出版社1975年版，第832页。

确实为当时的生产资料所有制变革从形式上取得了重大突破,也为匈牙利经济改革提供了思路,在匈牙利经济改革实践中得到了一定程度的推广使用。

(三) 计划与市场共存的经济形态

1. 公有制为主体,多种所有制并存的生产资料所有制形式。与南斯拉夫的社会所有制不同,匈牙利的所有制改革始终保持了国营经济与集体经济为主体的公有制形式为主体,同时允许农业、手工业、工商业等领域存在辅助经济、个体经济、小农经济等多样化的经济成分,采用了"生产资料归政府所有,但像市场经济一样利用价格配置资源的经济组织形式"①。

(1) 坚持公有制的主体地位不动摇。主要表现为,"在社会主义计划经济方面,在实现社会利益和发展整个社会方面",公有制经济始终"具有决定性的作用";"合作社所有制在农业、工业生产和服务性行业的许多部门中,在商业和整个国民经济中,占有重要地位"②。其中,在农业方面,主要是大力发展自留地经济和辅助经济形式。20 世纪 60 年代,在农业合作化的过程中,在匈牙利政府发展国营农业初期,就允许农民自由利用劳动力、生产资料、零星土地等形式,开垦国营农场无法耕种的土地,充分利用农村剩余的劳动力,增加农民的收入等,兴起了自留地经济;同时也鼓励职工、脑力劳动者、退休人员等经营辅助经济,鼓励这些工人利用业余时间开展养殖业和种植业等。

20 世纪 70 年代,匈牙利政府通过关于发展自留地经济和辅助经济的决议,采取了很多激励自留地经济和辅助经济的做法,"规定国营农场、农业生产合作社、消费合作社和供销合作社应为'自留地经济和辅助经济确保长远的生产和销售的稳定性',对小生产者提供种子、饲料、技术指导,并为其销售产品"③ 等;并规定国家要在补贴、税收、生产条件等方面给予大力支持,保障了匈牙利小农经济的发展,构成了匈牙利经济成分的重要组成

---

① [美] 约瑟夫·斯蒂格利茨:《社会主义向何处去》,肖枫译,吉林人民出版社 1998 年版,第 10 页。
② 《匈牙利社会主义工人党第十一次代表大会的决议》,见《1971—1975 年匈牙利社会主义工人党代表大会文件汇编》,科苏特出版社 1978 年版。
③ 林水源、伍宇峰、刘国平等编:《东欧国家经济体制改革简介》,广西人民出版社 1982 年版,第 31 页。

部分。

(2) 鼓励多种所有制发展。在多种所有制企业经济发展方面，匈牙利新经济体制也采取了独特的措施，形成了国有企业为主体，多种经济成分的中小型企业经济共同发展的所有制形式。

建国初期，匈牙利的企业主要以国有企业为主体，一般规模比较大，"大约2/3以上的企业拥有两千名或两千名以上的劳动力，而拥有50名或50名以下工人的小企业在全国企业总数中只占0.1%"①。为了克服传统社会主义国有企业生产效率较低、资源浪费、预算约束软化等弊端，匈牙利引入了企业管理的市场经济形式，这势必要求国家大力发展中小型企业。因为，中小型企业具有投资少、见效快、方向灵活等特点，更容易适应市场经济的发展，匈牙利政府开始解散原有的大型企业，而鼓励中小型企业的兴起。为此，匈牙利政府逐渐通过减少国家干预，大力发展中小型企业的思路，如他们"取消合并了政府的一些部门，使政府的部由17个减少为13个"，并解散一些"部门形成垄断，不利于企业竞争的托拉斯"，"鼓励某些大型企业分散成若干中小企业单独经营"，"建立一定数量的小企业，作为大企业的补充"等措施②，大大促进了匈牙利企业经营管理体制的改革。这些中小型企业，有的是国家自己开办的，有的是集体成员开办的合作社形式，有的是国营企业出租转让的形式，有的是专业小组或劳动小组等多样化的形式，从而出现了多种所有制企业形式的存在。这种形式实际上就是里斯卡重建个人所有制思想的实践，即采用了承包经营租赁的方式开展经营。在工业部分通常采用承包制，在20世纪80年代初期，"匈牙利全国约有一万个这样的承包小组，参加者约十万人，这个数字达到匈牙利工业企业就业人数的近1/10"；而在商业和服务业领域"广泛采用承包经营和租赁经营"等形式。③ 总之，通过大力发展自留地经济与辅助经济，开展多样化的工业企业经营形式改革，匈牙利政府基本确立了公有制经济为主体，多种所有制经济共同发展的

---

① 林水源、伍宇峰、刘国平等编：《东欧国家经济体制改革简介》，广西人民出版社1982年版，第34页。
② 林水源、伍宇峰、刘国平等编：《东欧国家经济体制改革简介》，广西人民出版社1982年版，第43页。
③ 纪军：《匈牙利市场社会主义之路》，中国社会科学出版社2000年版，第118页。

基本经济结构。

2. 市场导向的计划管理体制。匈牙利新经济体制的主要特点就是在保留改革传统计划经济体制的实践中，又引入了市场经济机制，既保障国家通过计划的经济形式实现其宏观调控，又导入了促进经济效益提升的市场经济管理体制。匈牙利经济体制改革决议就明确指出，"经济体制改革的基本特点是，在生产资料公有制基础上，把国民经济按计划发展的中央管理和商品关系、市场的积极作用有机地联系起来"[1]，从而界定了匈牙利经济体制的特点，明确了其市场属性的计划管理体制的特色。

具体说来：从计划类型来看，取消了行政指令性计划，保留了对国家发展的宏观调控性计划，建构出多层次的计划类型和体系。其计划体系涉及中长期计划和短期计划等，分别由不同的部门和机构来制定，如事关国家长远发展的国家计划当然要由全国性的机构国民议会来决定，而涉及地方教育、文化、卫生、服务等的具体事务的计划应该由地方议会负责制定；具体的企业生产销售等具体的事务性计划要由相关的企业管理部门来制定。其中核心是中期计划为主，不同的计划制定部门具有不同的定位和导向，各司其职，彼此独立而又互相制约。地方议会制定的发展计划原则上不能与政府议会制定的长远规划相冲突，而同时又要符合本地区发展的实际特点；企业的发展计划既要受到国家长远规划的调控，又要满足企业发展的市场化特点等。如匈牙利企业在制定计划时，必须"尽可能把企业计划纳入整个国民经济计划的轨道，使国家计划同企业计划尽可能在整个社会利益的基础上一致起来"[2]。基于此种特点，这些计划的管理程序方面也应该具有不同的特点和方式。如这些计划必须通过国家计划局来拥有国家层面的管理；通过不同的职能部门来管理制定职能性计划；同时也可以通过多部门的协同合作和多渠道的信息整理，进而征求诸多代表的意见，尽可能保证计划的可行性。但是与传统计划管理体制不同的是，行政指令计划进一步减少，而通过信贷制度、税收制度、价格制度、信息制度等管理经济的经济性计划应该占据主导地

---

[1] 林水源、伍宇峰、刘国平等编：《东欧国家经济体制改革简介》，广西人民出版社1982年版，第68页。

[2] 林水源、伍宇峰、刘国平等编：《东欧国家经济体制改革简介》，广西人民出版社1982年版，第69页。

位，用以适应市场经济的基本需求，政府的计划也逐渐演变为指导性计划，用以为企业发展提供借鉴参考，从而不再具有行政命令性的属性。如果出现国民经济计划与企业经济计划不一致的情况，国家尽可能"通过银行贷款、国家项目的补助、设备进口、出口信贷、征收建筑税等，来控制企业的投资"，从而实现国家对企业的调控，只有在相当特殊的情况下，国家才可以"对企业下达指令性指标"，"采取包括改组或取缔企业的必要的行政措施"等。[①]

3. 自由灵活的价格制度。在计划经济与市场经济共同发展的基本思路引导下，匈牙利在市场经济实践方面开辟了广阔的发展空间。尤其是在价格制度的探索方面形成了独特的匈牙利特征，一方面，"强调价格的计划性"，"部分产品可以通过国民经济计划使之直接变成社会所需要的产品，可以用计划成本与计划利润的办法确定其价格"；另一方面，它强调价格的市场确定性，"强调在生产单位都成为独立的商品生产者、市场作用发挥的情况下，其产品的实际价值应让市场对其做出评价，并以这种评价作为其价格形成的基础"[②]，最终形成了计划价格与市场价格统一的多样化的价格体系，具有很大的灵活性。

具体说来，匈牙利自由灵活的价格体系主要从价格制定主体、价格制定要素、价格形式系统、价格监督体系等几个方面进行改革。从价格制定主体方面来看，匈牙利价格制定的主体既包括国家制定，又包括生产单位制定，从而形成了国家定价与企业定价共存的价格体系，另外还有一部分价格是在国家宏观调控下由企业单位进行制定，属于二者相结合共同制定的价格体系。但总的说来，彻底改变了过去一切产品价格都由国家制定的局面，企业经营单位具有了一定的定价权，而国家则重在强调经济政策杠杆对价格进行调控的功能。

从价格制定要素来看，匈牙利传统的价格制定要素主要是依据成本价格，也就是以生产产品所需要的成本加上少量的纯收入来确定，这样的价格

[①] 林水源、伍宇峰、刘国平等编：《东欧国家经济体制改革简介》，广西人民出版社1982年版，第69页。

[②] 林水源、伍宇峰、刘国平等编：《东欧国家经济体制改革简介》，广西人民出版社1982年版，第92页。

体系因为缺少利润的刺激往往会导致企业生产积极性不高、生产效率低下等弊端，影响企业生产经营的水平。新经济体制价格制定的因素除了考虑传统的生产成本之外，还要考虑市场行情、国家经济政策等综合性因素，这样就会出现直接的通过计划制定的价格，同时也会存在受到市场要素如供求关系、消费状况等影响下的市场价格，当然也会出现受到多重因素制约的价格形式，形成了计划与市场共同影响价格制定的多要素形态。

从价格的表现形式来看，出现了多样化的价格形态。鉴于制定价格的主体和影响价格制定要素的多元化，自然就形成了多元化的价格形式。其典型特点是用"混合价格制度取代了过去的单一官方价格形式"，即"固定价格、协议价格、自由价格"。① 固定价格主要是指原来国家根据生产成本做出的计划定价，协议价格则主要指国家宏观调控与企业定价相结合的体系，也就是在国家规定的最高限价与最低限价之间企业做出的价格选择，自由价格主要是企业根据市场行情和生产状况等综合要素而制定的灵活性价格。因此，匈牙利的价格体系已经打破了传统的单一国家制定价格体系，表现出多样化的价格形式。

从价格监督管理层面来看。匈牙利打破了过去国家直接进行的行政性手段监督手段，而逐渐加入了经济手段干涉监督的体系，从而形成了行政监督与经济手段监督共存的价格监督管理体系。从行政手段看，国家直接监督管理重点运用行政政策开展，如通过直接的法律或条例来确定价格水平、价格变动幅度、价格审批登记、价格制裁管理等诸多手段，这种行政性手段与传统的计划经济管理体制并没有太大的区别。从经济手段来看，重点通过税收制度、信贷制度、价格补贴机制、金融管控制度、货币流通管理制度等相关政策，从引导调控的视角引导规范企业对价格制定的合理性，自觉运用价值规律、货币金融规律等进行市场化调节手段，从而使产品价格和市场行情达到一致性，进而制定出合理的市场价格体系等。而对于农产品的价格关系方面，匈牙利和其他社会主义国家的价格改革进程比较接近，也是由传统的农业产品价格"剪刀差"逐渐过渡到国家补贴以稳定农产品的价格，最终演变为把农产品纳入市场化轨道，从而提高农产品的消费价格，维持购销价格

---

① 纪军：《匈牙利市场社会主义之路》，中国社会科学出版社2000年版，第127页。

平衡。

4. 集中与分散相结合的工资收入分配制度。匈牙利的工资收入分配制度始终坚持国家统一管理与企业自主决定相结合的收入管理制度，既能够凸显国家集中统一的收入分配制度管理，又给予企业较大分配自主权。

具体说来，从国家对工资制度管理方面来看，匈牙利"仍然由国家制定统一的全国各行业工资图表，规定各年度工资基金增长的幅度"①，以确保全国同行业及各行业之间的工资收入差距，实现社会主义市场经济条件下不同企业之间的收入差距合理性，从而稳定收入分配水平。国家主要通过对国家工资总额的宏观调控、工资增长幅度宏观调控、工资等级规定、企业奖金利润分红调控等手段，既保障企业工资收入分配的自主性，又能够保障全国工资收入的合理化。从企业工资管理自主权方面，企业比过去拥有了很大的自主权。主要表现为，一是企业可以根据上一年度的平均工资或上一年度的工资总额标准，结合本年度相关的生产情况，制定统一的平均工资后工资总额，其增长或降低的幅度必须结合企业生产经营的基本状况与市场行情来确定，在国家规定的工资增长幅度的范围内自主地确定本年度的工资水平。

另外，除了基本工资之外，企业也有权根据企业经营的盈利情况和经济效益的情况，实行奖励制度、浮动工资制度、利润分红制度等灵活的收入分配机制。如果企业经营效果较好，收益比较大，企业有权对工人给予一定数量的物质奖励，也可以给予职工一定量的年终分红或季度分红等，产生了基本工资、浮动工资等类型。其中，基本工资是由国家统一标准制定并进行开展的工资分配制度，浮动工资是根据企业的经营状况通过奖金、分红等方式由企业自主决定等。总之，匈牙利的工资收入分配制度基本是国家统一管理与企业自主管理相结合的双重管理体制，在国家统一管理下，企业拥有了更多的自主权，形成了多样化的工资形式。这种多样化的工资收入分配制度彻底突破了传统收入分配方式的弊端，打破了平均主义式收入分配制度，大大激励了工人劳动积极性，提高了企业生产的劳动生产率。

5. 独特的企业经营管理方式。在国家宏观管理与企业自主经营相结合的

---

① 林水源、伍宇峰、刘国平等编：《东欧国家经济体制改革简介》，广西人民出版社1982年版，第113页。

市场经济制度下,匈牙利的企业经营管理模式也逐步凸显了计划与市场相统一的经营管理模式。企业具有独立的生产与扩大再生产的自主权,尽管匈牙利采取了一定程度的宏观管理,但国家不会具体干涉企业的生产性事务,国家的宏观调控政策也仅限于企业参考。关于如何扩大再生产、再生产的资金如何、再生产的规模如何等具体问题全权由企业自主管理,只要企业的生产性事务与国家的国民计划保持方向性一致,企业可以自主地进行生产性活动。

在收入分配决定方面,在保证与国家宏观的收入分配政策统一的基础上,企业可以自主地进行工资收入分配的调节;在劳动组织的形式方面,匈牙利通过总厂、分厂、车间、工人等的具体形式,但国家可以对各企业进行监督管理和宏观调控,各个企业组织之间既有统一的任务要求,又有各自的权力分配,在国家的统一指挥下独立运营;在劳动保障方面,匈牙利采取国家行政管理与企业自主管理相结合的办法,制定了许多劳动保护的相关制度,并通过国家的相关法律规定来进行落实,但具体的落实和执行活动则要由具体的各个企业进行开展;企业的财务管理方面,匈牙利企业基本实现了自负盈亏制度,在国家统一的经济制度、财税制度的管理监督下,企业可以自主地使用留存资金,可以自主地分红,可以自主地投资等;在企业民主管理方面,会通过相关的工人管理机构来落实相关的民主管理制度,涉及工人的利益、福利、工资、收入等重大突破的调整与决定,都要充分吸收工人代表的建议,以保障每位工人的参与管理权等。

总之,匈牙利在探索市场经济改革的实践过程中,既坚守了公有制的主体地位,又促进了多种所有制成分的发展,实现了计划经济与市场经济的联姻结合,建构了匈牙利特色的市场经济模式,创新实践了马克思市场批判理论。

三、保守的"近市场"模式——以罗马尼亚和捷克斯洛伐克为例分析

保守的"近市场"模式是指除了南斯拉夫、匈牙利大胆全面地进行市场经济体制导入和全面的改革模式之外,东欧其他社会主义国家在探索"近市

场"的实践或理论过程中形成的。其保守的形态可以归纳为两种趋向,一类是以罗马尼亚为代表的实践型保守模式,包括民主德国、保加利亚、阿尔巴尼亚等国家的社会主义实践探索,这些国家无论是在理论探索或是在实践探索过程中均出现一定的突破;一类是指以捷克斯洛伐克和波兰为代表的理论型保守模式,这些国家虽然在实践探索中处于保守的状态,但其在理论探索方面却有了重大的突破,出现了奥塔·锡克、布鲁斯等著名经济学家的理论型"近市场"模式。本节重点以罗马尼亚和以奥塔·锡克模式为代表进行简要分析。

(一) 罗马尼亚为代表的保守型"近市场"模式

总的说来,东欧社会主义国家在关于"近市场"的实践探索中,以罗马尼亚为代表的其他社会主义国家改革相对处于保守状态,既没有像南斯拉夫那样比较彻底地进行模式改革,也没有像匈牙利那样比较稳妥地进行社会主义改革,而是在传统社会主义国家的经济政治体制的总体框架之中,略微提出了一些社会主义的改革探索。呈现出"改革在无碍于中央集权的原则下所做的局部性质的改革",而仅仅在"经济管理的若干方面作出一些改革"①,并未动摇传统集权社会主义的生产资料国家所有制、经济管理的指令性计划属性等,市场经济在一定程度上受到传统集权社会主义的制约,同时也具有一定程度的突破。具体如下:

1. 在生产资料所有制改革方面。坚持生产资料的国家所有制,国家在整个经济活动中占据核心地位,国家所有制企业在国家处于绝对支配地位,小农经济和基层企事业单位并未得到充分发展,基层单位往往处于被动地位,缺乏应有的积极性和主动性。建国初期,这些国家大多像苏联一样,在农业合作化的过程中实现农业现代化,而在工业方面大多是鼓励国有企业发展而限制其他所有制形式的企业发展等,这种所有制形式同样不可避免传统社会主义的弊端,严重影响了这些国家经济的发展,为此,这些国家自然也就开启了不同程度的改革探索。如从1956年开始,"波兰政府决定对公有制农业经济和个体农业经济采取一视同仁的政策,并解散了80%的农业合作社",

---

① 林水源、伍宇峰、刘国平等编:《东欧国家经济体制改革简介》,广西人民出版社1982年版,第10页。

"鼓励农村私有经济发展",并采取了"保证农民土地所有权,恢复土地自由买卖,允许雇工等政策"①,在一定程度上突破了生产资料国家所有制的局限性,促进了私有经济的发展。

2. 企业管理经营模式自主权的增加,提高了企业的生产积极性。建国之后,以罗马尼亚为代表的东欧其他国家都普遍建立了国家集中统一管理的经济管理体制,严格加强国有企业的管理,国有企业缺乏应有的积极性。如罗马尼亚实行严格的"中央—州—区—乡"四级行政管理体制;捷克斯洛伐克实行了"中央订委—政府各部—总管理局—企业"的四级管理体制②;其他国家也基本采取了类似的企业管理体制,这种严格的管理体制实际就是集权社会主义的标准化管理模式,企业并没有应有的自主权,一切活动都要听从中央发来的行政指令,企业对市场供需缺乏应有的了解,也没有提高生产积极性和经营效率的内在动力,限制了社会主义经济的优越性发挥,也窒息了国有企业发展的内在活力。因而,这种计划经济体制烙印明显的国有企业管理体制,必然要开展相应的改革和调整。

(1) 关于企业经营自主权的调整。由于这些社会主义国家并没有彻底根除计划经济弊端的决心,也仅仅做出了一些细微的变化,其核心特点就是加强一些管理环节和管理方法的调整,而核心的企业地位和政策性并未予以过多的关注。如罗马尼亚重点聚焦地方经济积极性提升的改革,在企业改革体制方面下了一些功夫,减少了国家层面行政指令的作用,进一步发挥了基层企业的积极性,取得了一定的效果。而波兰则采取了精简机构,减少行政管理环节,通过国家行政部门的改组,把企业经营的管理权力交给了联合公司,建立了企业自我管理的机构,为企业适应市场需要提供了一定的条件,促使企业不断走向自负盈亏的管理轨道。保加利亚则在"放权—收权"的循环中打转转,虽然取得了一定程度的效益,但最终又回到了传统的国家所有制局面。民主德国主要采取把权力转移到地方的过程,同样收效并不是很好,最终并没有取得重大的突破。如罗马尼亚就建立了非常完善的群众自我

---

① 林水源、伍宇峰、刘国平等编:《东欧国家经济体制改革简介》,广西人民出版社1982年版,第27页。
② 林水源、伍宇峰、刘国平等编:《东欧国家经济体制改革简介》,广西人民出版社1982年版,第44页。

管理企业的机构，包括全体职工大会、劳动人民委员会等成熟的管理机构，通过劳动委员会及其机构负责人的集体领导，实现"企业经营中的一切重大问题，都由劳动人民委员会在职工群众讨论的基础上集体作出决定"①，突出了国家集中统一领导下的"企业自治"基本特点。

（2）关于企业财政自主权的调整。按照罗马尼亚传统的社会主义财政体制的要求，其一直坚持国家计划集中管理的财政体制，企业没有独立的财政管理权，其收支的多少完全按照国家计划，盈利亏损的事情完全由国家负责，具有较强软预算约束属性，企业很少关心财务管理问题，这种缺乏独立财政核算的企业使企业丧失了经营的基本约束机制和发展激励机制，使企业成了工具般的生产机构，严重影响了企业经营效率的提升。为此，罗马尼亚政府对企业的财政管理问题进行一定程度的改革和调整。其具体思路就是坚持中央集中统一的领导，逐步使企业成为财务自理、独立核算、独立经营的市场主体，从而提高企业的生产积极性。

一方面，他们适当下放给企业一定的财政自主权，把过去完全由国家实行预算的管理制度权限适当下放给企业，让企业根据自身经营状况和市场行情制定资金支出与收入预算，而不再是单纯的国家行政预算的执行者，企业有权支配自己的部分收入，用来自我调节经营的自主权。另一方面，企业拥有一定的运用自主经营的基金管理权。鉴于企业经营独立权的分散化，必然要求企业在分散经营管理方面具有一定的资金管理权，如企业可以支配一定的发展资金、周转资金福利基金、利润分红基金等，从而完成企业相关的投资、周转、福利安排、奖金分红等具体的改革性业务，从而拥有了一定的资金管理权，突破了过去资金完全由国家统一管理、统一划拨、统一调配的行政化体制。1978年之后，罗马尼亚明确提出了"企业自治体制，要求各企业实行自我核算、财务自理、自负盈亏"的财政管理原则②，企业逐步实现了财务独立，独立地进行财务收支预算，在企业自主经营的独立项目、企业发展的各项基金、银行贷款及上缴国家的款项等方面实现了"自治化"管理，

---

① 林水源、伍宇峰、刘国平等编：《东欧国家经济体制改革简介》，广西人民出版社1982年版，第141页。

② 林水源、伍宇峰、刘国平等编：《东欧国家经济体制改革简介》，广西人民出版社1982年版，第153页。

企业基本拥有了独立的财政自主权,实现了国家财政制度统一管理的"自治性"财政制度。

(3) 关于企业劳动管理自主权的调整。关于企业的劳动管理,罗马尼亚基本是按照国家统一管理和工人自治管理相结合的制度,既保证了职工拥有的各项事务性权力,又适当导入了工人自我民主管理。一方面,在传统的社会主义劳动管理体制中,各个国家基本都会通过严格的劳动合同制度、劳动福利制度、劳动规章制度等保障各项劳动有序地开展和职工的各项福利保障,从而维护社会主义国家劳动运行的科学性。罗马尼亚也不例外,它不仅通过《劳动法》保障工人的物质利益,对"各种报酬""刺激支付""公共福利"等方面的投资;同时又保障工人"劳动权利,使能依照社会的需要,在经济、科技、社会或文化领域中从事一种适合每人才能、所受职业培训训练和愿望的职业"[①];以保障工人享有社会主义劳动的各项权利和义务,获得社会主义劳动应该具有的劳动福利、社会保障、教育培训、健康制度等。在这方面,以罗马尼亚为代表的东欧国家基本保持了这种劳动管理制度。另一方面,它们又充分发挥工人自我管理企业的积极功能,在企业管理改革方面取得了一定的进展。一般情况下,它们都是通过职工代表大会或类似的管理机构,直接吸收工人对企业发展的建议来参与企业管理,既发挥了工人职工的劳动积极性,又能够保障企业工人的各项民主权利,在企业经营管理中发挥了突出的作用。

3. 在处理计划与市场关系方面。适当改组原来的高度集中的计划体制,但又没有大力导入市场经济体制,结果使这种计划体制改革陷入循环逻辑之中。与苏联传统的社会主义国家一样,这些国家在建国之初都采取了高度集中的计划管理体制,对于建国之初的经济恢复和国有经济的建立确实发挥了一定的积极作用,但是在社会主义经济体制全面建立之后,这种高度集中的计划经济体制就越来越影响社会主义经济的发展,势必要求改革这种高度集中的计划管理体制,否则就不能够适应社会主义国家的经济发展。为此,这些社会主义国家也都或多或少地对这种计划经济体制进行了改革,并取得了

---

① 林水源、伍宇峰、刘国平等编:《东欧国家经济体制改革简介》,广西人民出版社1982年版,第145页。

一定的积极效果。

关于计划的制定方式方法的突破。从 20 世纪 70 年代开始，波兰就开始了对计划体制的全面改革，其重点是把国家原有的行政性指令性计划下放给企业，允许企业按照国民经济发展和市场行情自主地制定相关计划，而中央政府则仅仅对全国性的项目、重大的投资、经营决策、工资增长总额等相关重大事项做出计划性管控。保加利亚则主要改变计划的制定过程和程序等，改变了过去完全通过"自上而下"的国家行政性计划程序，采用了"自上而下"与"自下而上"相结合的计划制定方案，使计划制定能够更加满足企业经营发展的实际情况，逐渐放松国家对企业计划编制的行政性管控手段，加大了企业计划制定的自主权。而罗马尼亚则侧重于"计划方法"的改革，并强调法治对于计划的管理功能。在计划制定的方法方面，罗马尼亚一般采用"自上而下"与"自下而上"相结合的管理办法。其通过国家计委和工业部制定计划指标体系，然后再通过各个企业根据这些指标，结合具体的市场行情制定出符合本企业经营的计划体系，然后把企业指标计划体系上报国家中央，经中央相关的管理部门与行政部门共同审定确立，从而拿出企业切实可行的计划指标，进而由各个企业按照这种计划指标体系贯彻执行等。应该说，这种上下结合的计划制定办法是比较科学的，也是罗马尼亚在计划改革方面的重大举措。关于计划的法治化管理方面，1972 年，罗马尼亚通过了第一个计划法，"强调把地方和企业作为制定的重点，强调经济合同的作用"[①]；并把合同作为具有法律效力的文件来执行，从而确立了法律对于计划管理的约束力。但是对于企业的计划性管理问题，罗马尼亚也相应做出了一定程度的调整，进一步消除政府在经济发展中运用集中计划的弊端，鼓励计划的制定应该以企业为重心，加强企业计划制定的功能，突破了传统的集中计划管理的基本形式等；而阿尔巴尼亚、民主德国等在这方面做出的行动相对较少，高度集中的计划管理体制一直占据主导地位。

4. 收入分配方面。实行国家集中管理的收入分配制度，其关于收入分配的改革仅仅限于局部性的、零星的改革范围。

---

① 林水源、伍宇峰、刘国平等编：《东欧国家经济体制改革简介》，广西人民出版社 1982 年版，第 64 页。

（1）确定了个人收入分配的统一性标准。在国家总的收入分配政策方面，国家起决定性作用，关于工人工资的等级、工人工资的增长政策、工人工资的调整等，国家都有严格的规定。如罗马尼亚"按技术工人和非技术工人的不同以及部门和工种的不同"的标准，把全国工人的"工资表划分为39类，每类又分4级，每级再分7等"①，从而确定了全国工人工资的不同类型和不同标准，为企业工人工资发放提供了统一的基本依据。另外，罗马尼亚又明确了工人工资升级的具体标准和条件，"工人从基础级升入第一级，一般至少需要一年的工龄，以后每升一级至少需要两年的工龄，而且一个企业每年升级的工人人数不能超过该企业工人总数的40%"等详细的描述②，为工人收入分配的增长确定了具体的条件，以保证社会主义收入分配的合理性，从根本上说，这是传统社会主义收入分配方式的主体，这种传统的收入分配方式并不能够激发工人劳动的积极性，会带来平均主义分配的弊端，也不利于企业自主地开展业务经营和劳动分配。

（2）探索了按劳分配为主的企业自主分配方式。在工人收入分配的激励方面，罗马尼亚也进行了一定程度的探索，其基本思路是把工人收入分配的增长与企业效益相结合，把工人个人收入增长与个人劳动效率相结合，如果工人个人为企业提供的劳动数量与劳动质量程度较高时，自然就会获得更多的个人收益，反之则获得相对较少的收益。如罗马尼亚工资收入分配普遍实行了"基本工资为基础的集体定额制，即以车间、工段或班组为单位签订集体合同，规定必须完成的生产定额作为发放基本工资的依据"，而对于那些"在劳动中取得优异成绩的人，有可能得到更多的收入"，对于那些劳动效率不高或者"没有完成劳动职责的人，则直接承担其未完成的后果"③，也有可能会扣取工资，从而减少其个人的劳动收入，这部分收入分配主要体现在其基本工资层面的增加或减少，是国家宏观整体的工资收入标准。

---

① 林水源、伍宇峰、刘国平等编：《东欧国家经济体制改革简介》，广西人民出版社1982年版，第110页。
② 林水源、伍宇峰、刘国平等编：《东欧国家经济体制改革简介》，广西人民出版社1982年版，第111页。
③ 林水源、伍宇峰、刘国平等编：《东欧国家经济体制改革简介》，广西人民出版社1982年版，第111页。

（3）探索了多样化的收入分配方式。罗马尼亚经济改革鼓励企业自我管理和调节工人收入分配的积极性，建立了"人民分享利润制"，也就是企业经营收入所获得的利润部分，应该由参加劳动的全体人民共同分享，但这种"分享制"不是平均主义的分配制度，而是采取了多种形式的分配制度，如可以通过"平时奖、年终奖、分红"等形式，按照不同的奖励标准和不同的企业经营情况来获取不同的利润分享。利润分享的前提是企业要完成国家所规定的指标体系，并获得相当数量的利润基金，这是利润分享的基础；利润分享的主体是参与企业经营的全体工人，任何经济单位的职工都有利润分红的权利；参与利润分享的标准是工人的个人劳动效率，如果个人在企业中的贡献比较大，那么理所当然会按照贡献获得一定数量的利润分享，其分享的数量并没有具体的限额，多劳多得，不劳不得，"不受数量上的限制，能分享多少就分享多少"①。

（二）以捷克斯洛伐克为代表的理论型模式

这种模式的基本特点是在理论方面取得重大突破，但在实践层面仍然处于保守的基本形态，在市场经济实践机制实践建构方面并没有太大的突破。这些理论主要表现为捷克斯洛伐克经济学家奥塔·锡克的计划与市场兼容型与波兰经济学家布鲁斯的社会主义市场经济模式等，鉴于二者都属于计划与市场分权的管理模式形态，本书只重点介绍奥塔·锡克的理论设计，以揭示这种保守型"近市场"模式的基本特征。具体说来：

1. 关于社会主义需要计划的必要性。从最根本的原因来看，社会主义与资本主义都需要计划，计划必然是作为经济活动管理的一种"中性的手段"，而不是区分社会主义与资本主义的根本区别。不过因为社会主义与资本主义在生产资料所有制方面的不同，也就是生产资料的公有制与私有制的不同，也就出现了社会根本利益与人民劳动利益的一致性或背离性的矛盾，因而也就出现了社会主义更容易实现计划，而资本主义比较难以实现计划的表现性区别。但社会主义却不能因此而混淆计划体系与制度体系的联系和区别，从而也就引发了社会主义与资本主义在计划方面的不同特征。在社会主义条件

---

① 林水源、伍宇峰、刘国平等编：《东欧国家经济体制改革简介》，广西人民出版社1982年版，第112页。

下，因为消除资本主义条件下的生产资料私有制，从而使"各种经济活动都是在整个国民经济界限内进行的计划"成为可能①，也使社会主义经济体制中计划的科学性提供了科学的基础，并能够使这种计划更加容易发挥其功能，从而体现了传统的计划特征的制度属性。

但是由于传统社会主义对于计划经济的误解，出现了把经济计划化简单化的观点，忽视了计划制定过程中的一般的经济规律，把经济计划与经济管理混淆起来，出现了指令性计划与具体管理的矛盾，计划制定无视各种具体的社会信息，计划执行忽视具体的经济手段，计划属性等同于行政管理手段等弊端，误解了计划作为经济调节手段的基本属性。因此，如果从计划作为经济调节手段基本属性的层面来看，无论是资本主义或是社会主义，都需要计划经济的调节手段，不过社会主义国家更有条件能够更好地制定计划和管理计划，从而也能更加有效地处理好计划经济的关系，这是社会主义与计划经济的基本的首要的条件。因此，社会主义必然要充分利用好计划经济的调节手段。

（1）从计划决策的类型来看，社会主义的计划必须分为"集中决策和分散决策，集中管理和分散管理"的经济关系②，并把它作为社会主义最重要和最现实的问题。

首先，社会主义必然是集中决策和分散决策的统一，也就是中央机关的决策和分散管理机关的决策具有统一性，我们不能把二者的关系绝对对立起来，也不能把二者的关系绝对统一起来，而是相互补充，相互作用辩证的对立统一体。因为任何中央机关都不可能经常地、准确地、翔实地对不断变化的生产劳动技术条件、信息条件、需求关系的改变等做出科学的决策，并使各类经济活动达到协调统一，这就需要分散的管理机关结合具体的条件做出直接的微观决策，才能真正实现经济活动的协调与统一。因此，社会主义国家的中央管理机关和地方管理机关都是必不可少的。要处理好二者之间的"一般与特殊，短期与长期"等的关系，集中决策一般只负责一般的、规律

---

① ［捷克］奥塔·锡克：《社会主义的计划与市场》，王锡君译，中国社会科学院出版社1982年版，第78页。
② ［捷克］奥塔·锡克：《社会主义的计划与市场》，王锡君译，中国社会科学院出版社1982年版，第98页。

性的、长期的与全局性的决策，而不具体直接参与企业管理机关的具体的、局部的、直接的分散决策，而一般基层机关也不能把中央机关的集中决策作为一成不变的执行决策，而应该把握其科学性、规律性在基层管理机关的具体运用。但是传统的社会主义国家往往存在单一化、教条化的弊病，把中央机关的计划代替了一切具体的分散计划，把分散性计划看成了具体计划的执行和具体化，很显然误解了集中决策和分散决策的内涵，从而也把社会主义经济的计划转化为了一种阻碍性因素，这是传统社会主义国家计划经济出现问题的基本原因。

其次，从管理层面看，集中管理和分散管理是集中决策与分散决策的具体表现。他认为，中央机关的集中管理必然是"根据某些预见的条件，就极其广泛的、一般的生产种类做出一般的、总的生产发展方向的决策"，而不是对"大量的、个别的具体比例做出决策"。① 因此，这就要求中央机关的集中管理与各基层机关的分散管理同时发挥各自的功能。对于那些事关全局性、长远性、社会性的利益管理，当然要由中央机关的集中决策进行管理；对那些具体的细节性的管理性问题必然由基层管理单位的分散管理所决定。因为中央管理机关的集中管理不可能直接了解经济管理的具体细节、具体指标、具体需要等相关事宜，这些问题必须留给具体的企业管理机构去完成；而对于那些比较宏观的管理事宜则要由中央的集中管理来进行。因此，从决策管理的层面来看，社会主义的计划也是必需的，其可以对未来市场需要、生产结构调整、市场之外各偶然性要素等作出计划，关键是要采用合理的计划制定方法和理性的管理方法，也就是集中决策和分散决策结合，集中管理与分散管理相结合的基本类型。

（2）从计划管理层面来看，社会主义需要具体的管理机关。经济活动是复杂纷繁的世界，其中会牵涉到多种多样的生产企业、生产类型、产品类型、销售渠道类型，同时也会牵涉到管理者、生产者、消费者等多样化的社会人群体，还会涉及长远利益、短期利益、社会利益、个人利益、政府利益、领导利益等不同的利益群体，如果这些不同类型的经济主体之间不能够

---

① ［捷克］奥塔·锡克：《社会主义的计划与市场》，王锡君译，中国社会科学院出版社1982年版，第104页。

协调统一有序发展，最终必然引发整个系统的经济矛盾，甚至会引发社会矛盾，从而危及人类生存和发展的现实需要。因此，这就很有必要通过计划的手段建立其计划管理机构，这些机构又要分为不同行业、不同层次、不同范围、不同属性等类别，才能够更好实现经济活动的有序运行。奥塔·锡克提出，"社会经济活动首先要求有一个特定的中央管理机关"从高层进行统一管理，以"保证下级管理机关以及全部经济活动的管理活动的方向一致性"①；同时在中央管理机关之下应该建立多种多样的基层管理机关，以负责具体基层事务的管理操作，并各司其职，协调运行从而建构其社会主义有效运行的计划体制。

奥塔·锡克提出，在社会主义计划经济的企业中，至少要存在"两个或三个管理机关作为上下级而存在，它们主管着逐级扩大和逐级更加一般化的生产部分"，进而保证"最经济和最协调的经济发展"②，他把这些机关命名为"总管理局"，含中央管理局、部门管理局、工厂管理机关等组成部分。其中，中央管理局是中央级别的管理机构，其负责全国性的企业生产业务，通过中央管理局来实现全国各部门之间的协调发展；而部门管理局则是凌驾于各企业之上的一个管理机构，其重点关注企业的主要发展过程，用以协调各企业之间的协调发展；在部门管理局之下就是最基层的直接性企业事务管理部门，工厂管理机构或企业管理机构，直接参与具体各个企业的相关业务活动，如"生产项目、签订合同、录用和解雇劳动力"等活动。③ 这样就形成了宏观层面、中观层面、微观层面的三级管理机构结构，从而做出不同的微观决策和宏观决策，实现了集中决策和分散决策，集中管理和分散管理相结合的社会主义目标，保证社会主义计划的科学性和合理性。

2. 社会主义也需要市场经济。奥塔·锡克明确指出，社会主义必然需要市场经济的基本诉求，其既依托于传统社会主义的行政计划与企业的生产效

---

① [捷克] 奥塔·锡克：《社会主义的计划与市场》，王锡君译，中国社会科学院出版社1982年版，第94页。
② [捷克] 奥塔·锡克：《社会主义的计划与市场》，王锡君译，中国社会科学院出版社1982年版，第115页。
③ [捷克] 奥塔·锡克：《社会主义的计划与市场》，王锡君译，中国社会科学院出版社1982年版，第114页。

率的不一致性，导致了企业不能使社会主义实现最佳生产，因而也不能满足社会主义人民的物质利益和消费需求；同时还依托于社会主义发展的特殊阶段，劳动还没有成为兴趣爱好和基本需求，可供消费的产品剩余度不够等条件的限制，社会主义条件下还必须保留市场经济，只有到了共产主义社会才能消除市场经济，继承发展了马克思关于市场批判的基本逻辑，这是基于社会主义发展实践的客观条件而得出的基本结论。

（1）市场经济是解决具体耗费的劳动和社会必要劳动矛盾的必要形式。奥塔·锡克认为，社会主义需要市场经济的根本原因在于社会主义劳动属性之间的矛盾。社会主义社会的劳动耗费在一定意义上能否实现其社会必要劳动转换，是其劳动属性是否取得社会承认的关键，也是生产使用价值不断增加的基础和社会主义经济发展的根本目标。但在传统社会主义条件下，由于社会主义的企业都是按照政府的指令性计划开展生产，其生产的目标是不断满足国家的行政功能计划指标，才能实现企业的利润增加与工资收入的基本要求，因而企业很少关心其劳动耗费是否能转化为社会必要劳动，从而也就无需关心劳动生产率，而只需要关心政府的指标化体系，去关心那些"年度产量计划任务（总产值、商品产值、净产值，按劳动力计算的总产值等等）"，并且力图避开影响完成计划的高难度的活动，如"技术变革、改进产品、生产新产品"等，从而影响企业生产的发展。① 这种片面按照计划指标的生产性活动很难实现生产发展的最佳化效果，"企业的决策也并不是最佳决策，企业管理机关所展开的企业活动会以取得最大限度的报酬为目的"，而不是关心企业的生产经营效率，尤其是在"政治的和行政的监督优先集中指向完成和超额完成生产定额的情况下，发展使用价值就变得毫无意义"。② 因此，这种不能转化为社会必要劳动的劳动耗费实际上变得毫无意义，在国家计划指标体系下的生产经营活动，限制了企业的经营自主性和产品生产的多样性，造成社会主义产品生产和消费需要之间的矛盾，影响人民的生活水平，限制了社会主义优越性的发挥，势必要求导入市场经济的因素克服传统

---

① ［捷克］奥塔·锡克：《社会主义的计划与市场》，王锡君译，中国社会科学院出版社1982年版，第138页。
② ［捷克］奥塔·锡克：《社会主义的计划与市场》，王锡君译，中国社会科学院出版社1982年版，第139页。

社会主义计划经济的矛盾和弊端。

（2）社会主义劳动和消费的关系需要市场经济。奥塔·锡克认为，在社会主义条件下，由于消除了资产阶级与无产阶级之间的对立矛盾，自然也就消除了资产阶级性质的消费状况，实现了按社会主义原则在各个社会成员之间进行产品的分配，也就实现了广大人民根本利益的一致性，但由于社会主义的劳动是在计划指令的条件下进行，必然会存在统一利益之主导下的非统一的矛盾，人民之间也会存在诸多的利益矛盾性，这是由计划性的社会主义劳动耗费衍生的。具体说来：

首先，从社会主义的劳动性质来看，社会主义的劳动"还没有成为生活的需要"。他指出，要想使社会主义劳动成为生活需要，必须使劳动具有创造性，而创造性的劳动必须发挥人民的"智力、劳动主动性和多方面的才能"①，把劳动转化为这样一种活动，即"人们运用自己的智力、基本知识和实践经验去完成在维修、调节品种、改进自动化生产方面不断出现新的任务，并真正成为生产机制的富于创造性的主人"，从而真正把劳动转化成为"创造性的、引起人们兴趣的、令人满意的"。②很显然，目前社会主义的劳动并不具有这种属性，尤其是还存在"僵化的劳动分工"问题，从而使大多数人"不能从事创造性的劳动，劳动并不符合他们的自然发展能力，因而也就不能成为真正的主要的生活乐趣"③；那么这种计划属性的初级阶段的劳动属性必然会限制人们的劳动积极性，也必然会影响社会主义的劳动生产率。

其次，消费必须作为社会主义计划劳动的刺激因素。按照马克思的理解，高级阶段的共产主义必然建立在"按需分配"的实践条件下，也就是对个人消费品的支配方面实现大大的满足，即存在"消费品具有一定的盈余，因而在这种产品的分配上保持差别的必要性也消失了"④，才会实现共产主

---

① [捷克] 奥塔·锡克：《社会主义的计划与市场》，王锡君译，中国社会科学院出版社1982年版，第144页。
② [捷克] 奥塔·锡克：《社会主义的计划与市场》，王锡君译，中国社会科学院出版社1982年版，第144页。
③ [捷克] 奥塔·锡克：《社会主义的计划与市场》，王锡君译，中国社会科学院出版社1982年版，第145页。
④ [捷克] 奥塔·锡克：《社会主义的计划与市场》，王锡君译，中国社会科学院出版社1982年版，第150页。

义。很显然,在社会主义条件下还没有存在消费品的过量或盈余,仍然可以作为劳动的刺激手段,也就是说,大多数人劳动的目的还是为了自己生存发展所需要的物质消费、精神消费、文化消费等基础,如果脱离了这种必须满足的物质需要或精神需要,"也许大多数人就不会从事这种劳动,并且不会像在有这种社会联系的条件下那样劳动"①;通过劳动与消费这种直接的联系的互动关系,社会主义劳动就成了依靠追求更高的消费作为劳动刺激的基本条件。这样,作为消费和劳动统一体存在企业也就必然需要劳动刺激因素来不断满足人的消费,但计划性的企业管理却与消费品提供存在一定的矛盾,企业劳动生产率的提高、消费品的增加、企业间消费品的互相供货等诸多因素必然要摆脱计划经济的控制,而要选择市场因素作为其发展依赖的重要条件,因为只有市场经济,才能让企业摆脱"完成和超额完成计划的兴趣",而实现"最佳的生产发展"②,从而选择有利于企业生产率提高的市场化机制。

(3) 市场经济与社会主义物质利益追求具有本质一致性。奥塔·锡克在批判那些认为市场经济容易导致人们追求物质利益的基础上,论证了社会主义物质利益、精神利益等与市场经济的本质一致性,并论述了市场经济在保障社会主义物质利益和精神利益的基本功能,从人们需求的角度论证了社会主义市场经济合理性。一方面,他认为,与其他任何社会一样,"人们的物质利益总是现存生产方式的反映",是"对物质的使用价值的社会占有方式的反映"③,这是人类社会发展的基本规律所决定的。在社会主义条件下,尽管与资本主义物质占有方式有所区别,但不能够否认社会主义对物质利益的消费需求以及在物质利益基础上的精神消费需要,因而劳动者通过劳动提高自己劳动消费需求的基本做法是符合社会主义要求的,社会主义同样需要劳动者更加关心物质利益和精神利益的提高,从而才能促进有价值的劳动发

---

① [捷克]奥塔·锡克:《社会主义的计划与市场》,王锡君译,中国社会科学院出版社1982年版,第150页。
② [捷克]奥塔·锡克:《社会主义的计划与市场》,王锡君译,中国社会科学院出版社1982年版,第154页。
③ [捷克]奥塔·锡克:《社会主义的计划与市场》,王锡君译,中国社会科学院出版社1982年版,第163页。

展。但是社会主义物质利益的基本保障并不能够通过计划经济来实现,因为行政指令计划并不能真正促进劳动耗费的社会化,而仅仅属于计划指标追求的劳动,并不一定带来使用价值的提升,从而促进社会必要劳动数量的提升。也只有通过市场经济的插入,鼓励企业通过市场的手段来提高劳动耗费的社会必要性,从而提高劳动生产率,也为劳动者物质利益保障提供物质基础。因为只有充分利用市场关系,"企业才比以前更始终一贯地关心最佳的生产发展",从而促使"企业机关在企业内部实行这样的报酬,这种报酬使劳动者关心为保证这种最佳的生产发展所必要的劳动效率"①,明确表达了社会主义需要市场经济的观点。

另一方面,他认为,精神鼓励同样离不开市场经济的保障。精神激励需要市场提供完善的物质基础为保障,这是维系精神激励的核心要素,没有永久的精神效力,更没有永久的精神激励。他提出,在任何社会条件下,"精神激励对于例如各种非寻常的、公益的和大多数是无报酬的劳动,诸如义务劳动和其他社会活动,有着巨大的意义"②,物质利益的刺激和精神层面的刺激都会对社会劳动评价产生重要的影响。在社会主义条件下同样如此,很多时候比资本主义会更加有利,因为社会主义实现了人民根本利益的一致性,为这些精神意义的刺激提供了更多的条件和更高的要求。但是,我们必须清醒地认知,"这种自愿的、无报酬的劳动在社会主义制度下只能是暂时的、非寻常的劳动;久而久之,在劳动的性质、劳动的管理等方面所发生的激起这种热情的外部变化逐渐从人们的记忆中消失,人们习惯于这种变化,劳动对他们来说也就成了通常的劳动"③。那么,作为劳动精神刺激的手段就失去了作用,而如果运用市场的手段,就能够从根本上和制度上保障人们精神激励的物质基础,从而使精神激励也成为社会主义制度条件可运用的手段。换句话说,精神激励行为不是单一的行为,而是在物质激励基础之上的附属形

---

① [捷克] 奥塔·锡克:《社会主义的计划与市场》,王锡君译,中国社会科学院出版社1982年版,第169页。
② [捷克] 奥塔·锡克:《社会主义的计划与市场》,王锡君译,中国社会科学院出版社1982年版,第169页。
③ [捷克] 奥塔·锡克:《社会主义的计划与市场》,王锡君译,中国社会科学院出版社1982年版,第170页。

式，破解精神激励困境的途径仍然在于物质激励条件的改善，就此而言，市场经济同样作为精神激励的重要手段和重要变革性内因存在。

（4）社会主义公有制企业离不开市场经济。从劳动者的因素来看，社会主义商品经济根源于劳动耗费的社会必要性，而劳动的必要性既不能单靠计划经济实现，也不能依靠社会主义分配关系来实现，只能依靠市场经济才能真正破解这种矛盾。因为在社会主义条件下，人类对劳动的刺激还主要依靠消费需要的基本导向，这就决定了通过市场交换引导人类劳动的行为，从而保障通过市场手段调整社会主义的劳动关系，那么作为社会主义企业的核心因素——劳动者，自然就成了社会主义企业生产影响的重要因素。因而，社会主义的国有企业同样不能摆脱市场经济的管控，以激发劳动者内在的劳动积极性，从而提高企业管理经营的劳动效率，促进社会主义企业生产经营水平的提升。从企业主体结构来看，社会主义的公有制企业大多是以国营企业或合作社企业为主体开展，这种企业的经营主体仅仅是所有制形式发生了变革，即由原来的生产资料私有制转化为生产资料的国家所有制；劳动的性质发生了改变，即由原来的受压迫受剥削的劳动转化为人民自我劳动利益的付出。但如果从劳动内部结构来看，这种劳动结构同样属于一般劳动的形式并没有发生改变，如劳动数量、劳动质量、劳动技术、劳动过程等与资本主义的劳动结构并无差异，劳动者作为消费满足的基本需求和客观形式并未发生变化。那么在这种情况下，同样存在着劳动生产率提高的必然性和实践性，这就决定了国有制企业内部既存在着交换、生产、消费、流通等具体的客观环节，同样也存在通过交换获取消费需要的核心因素，因此，市场经济同样适合社会主义条件下的公有制企业。

3. 社会主义市场经济关系的特殊性。综上所述，奥塔·锡克非常肯定社会主义经济体制必然是一个计划经济体制与市场经济体制相结合的基本形态，而计划经济形态也不再是传统的行政性体制，而是与市场经济结合起来的一种宏观管理式计划体制，而市场经济也不再是资本主义式的市场经济，而是在国家宏观管理之下的市场经济体制。具体说来：

（1）从生产资料所有制来看。按照马克思市场批判的基本思想，市场经济是人类社会经济体制的中性手段，无论在社会主义制度下还是在资本主义制度下，市场经济都可以发挥其功能，并且作为一种客观实在性而存在。奥塔·锡克基于劳动耗费和社会必要劳动关系的评判,同样坚持马克思的市场批判理论。他认为,"私人的和社会主义的商品货币关系,有着一定的共同的根源",因为这种关系起源于任何"社会劳动并非一开始就能保证始终是社会必要劳动"的客观事实①,也就导致在任何社会制度下必然存在着交换关系,从而使商品经济在任何社会制度存在提供了必然。但是由于生产资料所有制基础的差异性,导致了社会主义市场经济的特殊性。在社会主义条件下,因为全体人民共同占有生产资料的公有制形式的出现,人们的劳动从一开始就是全社会劳动的一部分,决定其劳动方向的直接社会性,劳动耗费会按照社会主义计划的导向自动实现劳动的社会必要化,虽然由于传统的计划经济的不科学性,从而影响其实践中不能实现社会劳动必要化的事实,但这种方向却是客观存在的。这就决定了其与资本主义市场经济的不同性,资本主义市场经济建立在私人所有制的基础上,从本质上就蕴含了个人利益与社会利益的矛盾,从而也出现个人劳动耗费与社会必要劳动方向上不一致的客观必然性,尽管资本主义也会借助于一定的宏观计划来调节这种不一致性,但因其本质的私人所有制属性,并不能从根本上协调各种劳动耗费转化社会劳动的多样性和私人性,从而导致市场经济的无序性和滞后性现象突出。

(2)从计划与市场的结合状态看。社会主义市场经济是由宏观调控的市场经济,其必然在国民计划的宏观主导下充分发挥市场经济的实践价值。因为社会主义国家存在计划性功能发挥的客观优势,为"社会对基本生产条件本身的决定性前景安排和发展做出决策,并掌握对未来国民经济发展的计算和最佳方案"② 提供了理论的可行性和实践的依赖性,社会主义国家可以通过对现有经济状况、经济运行的具体条件制定出合理的发展方案,从而通过计划的手段来保证国民经济的生产发展的最佳性,但国家计划的制定必然要通过市场因素来考虑到价格、价值等因素,必然要通过理性运用价值规律、投资信贷、生产要素评价、价值与使用价值管理处理、利润分配等手段,实现国民经济计划的合理性,保证国民经济发展的最佳比例和最佳方案。同时

---

① [捷克]奥塔·锡克:《社会主义的计划与市场》,王锡君译,中国社会科学院出版社1982年版,第182页。

② [捷克]奥塔·锡克:《社会主义的计划与市场》,王锡君译,中国社会科学院出版社1982年版,第185页。

在社会主义条件下，"社会主义各企业集体之间所产生的矛盾具有非对抗性"①，这种非对抗性的矛盾实际也是劳动耗费与社会必要劳动的关系，也必然要通过市场来估量和实现其社会必要劳动，从而公平地处理社会主义各企业之间的矛盾。"企业迫于财政工具不得不在自己的建议中考虑未来市场的发展、销售的可能性、投资的收回和收益"等来制定切实可行的计划，通过市场经济条件下"财政、价格、信贷、外贸等工具"②，发现未来国民经济发展的最佳的方案。因此，在社会主义条件下，计划经济与市场经济的结合或者说市场经济由计划经济所主导就成为必然的选择。

四、"近市场"模式的实践经验与教训

回顾马克思市场批判理论在东欧国家实践的"近市场"探索，可以说既有诸多成功的经验，也存在内质方面的天然缺陷。其在处理计划与市场关系、政府与市场关系、市场与企业、社会与市场等关系方面取得了开创性的成就，为马克思市场批判理论的创新与实践积累了丰富的实践经验，但没有突破传统社会主义发展道路上的障碍，步入了背离社会主义发展轨道的历史悲剧，值得我们深思。

（一）关于处理计划与市场关系的经验教训

处理计划与市场关系是东欧所有社会主义国家在探索"近市场"实践模式的时候优先关注的载体。东欧国家在处理计划与市场的关系时，明确了社会主义必须选择市场经济，社会主义必须改革原有的行政指令性计划方式等要求；但在处理计划与市场关系的实践中又存在绝对的"近市场"、温和的"近市场"、保守型的"近市场"三种模式，反映了东欧社会主义国家的矛盾与困惑。

1. 选择了市场经济的正确导向。东欧国家关于市场经济的选择导向非常正确，在其实践中出现了市场经济主导型、市场经济与计划经济共存型、市

---

① ［捷克］奥塔·锡克：《社会主义的计划与市场》，王锡君译，中国社会科学院出版社1982年版，第184页。
② ［捷克］奥塔·锡克：《社会主义的计划与市场》，王锡君译，中国社会科学院出版社1982年版，第194页。

场经济受计划经济约束型等三种基本经济体制形态。

所谓市场经济必然要处于主导地位的观点是在南斯拉夫的自治型市场经济的实践模式中所采取的实践模式。如前所述，鉴于南斯拉夫特殊的国情，与苏联关系的闹僵以及被社会主义国际阵营的孤立的现实，迫使南斯拉夫去大胆地探索，在这样的现实背景所迫使下，南斯拉夫才形成了与传统社会主义截然不同的发展模式，那就是试图从马克思经典理论中寻找社会主义发展的依据，同时又结合苏联模式弊端与南斯拉夫发展的现实，把市场经济作为社会主义国家发展的必然选择，这也是南斯拉夫被西方国家称为"市场社会主义"的根本原因。所谓计划经济与市场经济共存型主要是指匈牙利为代表的新经济体制的探索。如前所述，不像南斯拉夫那样彻底的运用市场经济，匈牙利根本就不敢承认自己搞过市场社会主义，其公开宣布他们的改革也仅仅是社会主义市场经济改革，是在总结匈牙利社会主义发展实践的基础上，经过理论界与实践领域的反复探索与争论才形成的，明确表达了"扩大市场作用"具有重大意义，但同时"不能用市场经济取代计划经济"，其在改革实践中"并没有抛弃计划经济，而是强调国家计划仍在经济管理中起决定性的主导作用"[①]，始终没有放弃传统社会主义的计划经济，使计划经济与市场经济地位处于共存平等状态，如他们在探索价格双轨制，企业管理的双重管理体制，国家计划仅供企业参考等设计的实践中，实际上把计划经济的地位等同于市场经济的地位。

所谓市场经济要受到计划经济的约束类型，主要是指罗马尼亚为代表的市场经济选择，其中包括保加利亚、阿尔巴尼亚、民主德国等国家在实践层面的探索，同时也包括捷克斯洛伐克、波兰等国家在实践领域未动而在理论领域却取得重大突破的理论探索。在罗马尼亚为代表的社会主义改革中，在所有领域都没消除高度集中的计划经济的管理和指南，行政性计划经济一直是主导地位，而仅仅在一些较小的领域、管理方法层面、管理手段的微观性等方面适当导入了一些市场性因素而已，市场经济体制根本无法发挥其科学功能，如他们在计划管理体制的改革、企业放权让利、农业经济管理、工人

---

① 林水源、伍宇峰、刘国平等编：《东欧国家经济体制改革简介》，广西人民出版社1982年版，第60页。

劳动管理、信贷体制改革、外贸体制改革等领域，始终没有放手为市场提供应有的空间，有的国家如民主德国、保加利亚等甚至又退回到原有的计划经济框架之中。

2. 计划经济与市场经济的矛盾形态。东欧社会主义国家普遍选择了把市场经济作为其改革的方向性选择，这符合马克思市场批判理论的基本逻辑，但由于其没有深入地把握马克思市场批判理论的本质，在社会主义阶段始终不敢大力支持市场经济的发展，也就是未能突破社会主义依靠计划经济的历史怪圈，从而也出现了社会主义计划经济与市场经济兼容的失衡性。

在这些国家的实践中，普遍探索了市场经济机制要素。如南斯拉夫的主导经济机制就是市场经济，市场经济在劳动管理、收入分配、价格管控等方面已经发挥了主导的功能，但由于其未能合理处理计划经济的定位，没有看到工人自治同样存在计划经济的弊端，没有观察到国家计划经济职能的价值等，最终未摆脱市场经济与计划经济的一体化的逻辑。而匈牙利也同样普遍建立了小农经济、辅助经济、自留地经济、双层收入分配体制、多元化的价格体系、企业自主经营分配、市场化的外贸体制等，但其并没有放弃计划经济的形式化管理，实际阻碍了市场经济体制的运转。罗马尼亚则基本运用计划经济来控制市场发展的模式，捷克斯洛伐克则明确在理论中论证计划经济与市场经济受限的实践模式等。这种处理计划经济与市场经济的矛盾与徘徊，实际上阻碍了市场经济的发展，也带来了计划经济与市场经济不能兼容的社会问题等，最终导致社会主义国家的解体，这肯定是其中的一个重要动因。

3. 教条式理解马克思市场批判理论。马克思市场批判关于社会主义经济问题的分析预示了社会主义使用市场经济的必然性，同时也解读了社会主义条件下离不开市场经济的根本原因在于其独特的社会发展阶段，生产力发展水平和精神层面的追求，市场经济必然要发挥其功能来确保社会主义生产力的发展，精神财富的积累，社会劳动的社会化等问题，在此基础上才能实现共产主义的制度形态，并论证了未来共产主义形态的主要特征。而关于社会主义使用市场经济问题，社会主义的发展特征，社会主义市场经济形态等问题，由于主客观条件的限制，马克思并没有进行过多的论述，这个实践的历史任务就交给后续的社会主义国家实践展开探索。但马克思一贯分析问题的方法就是按照社会实践来评判，不会脱离实践的分析来设定规律性的认识。

因此，马克思关于经济问题的认识也是"根据许多国家制定经济规划的经验，来研究现代经济规律的"①，这就要求社会主义国家在认识利用马克思经济观点的时候不能采取片面的教条式的理解。

但很可惜，东欧的社会主义国家并未能够深入理解马克思市场批判的基本逻辑，忽视了社会主义国家实践的基本形态。如南斯拉夫在发展社会主义市场经济时，公开宣传其自治理论来源于马克思的"自由人联合体"思想，以工人直接管理生产资料来实现劳动者管理思想；以马克思国家消亡理论为指南，取消了南斯拉夫国家在经济发展中的经济职能、政治职能、社会职能，开展工人自治与社会自治，以劳动组织的形式取代了国家的宏观调控作用；以马克思社会所有制理论为基础，在南斯拉夫开始了社会所有制等。但实际上，马克思有关这些经典思想的论述大多都是对于未来的共产主义社会而言的，而南斯拉夫的社会主义时代并不具备这些条件，生产力发展水平还有待于提高，劳动人民的精神文化发展也需要提升，关键是民族分裂的因素更不符合高层次的共产主义的要求，这种教条式搬用马克思经典思想的做法只能导致极端性问题，这也是后来南斯拉夫社会主义解体的直接原因，如民族分裂活动、经济发展混乱、外贸活动受限等问题，在短期的经济高速发展之后，引发了更多的社会矛盾和社会问题，直接为南斯拉夫社会主义解体提供了导火索和社会基础。而东欧其他的社会主义国家在实践"近市场"的探索中，则固守原来对马克思社会发展思想的理解，如匈牙利在探索市场经济与计划经济发展的过程中，始终没有突破社会主义必须发展市场经济的核心观点，结果就把计划经济与市场经济的地位基本平等对待，这种思维实际上既限制了市场性要素的发展完善，也会导致计划性要素与市场性要素之间的矛盾，从而会引发新的问题。以罗马尼亚为代表的东欧其他社会主义国家则完全陷入过去思维的控制之下，在计划经济与市场经济的尖锐对立之中徘徊前进，导致了社会主义社会生产力发展的停滞不前，也导致集权社会主义弊端加剧的体制性矛盾，从而社会主义解体就成了历史必然，窒息了社会主义的活力。

---

① [英]阿诺夫：《可行的社会主义经济学》，郭于红、朱小勇、宋川等译，中国展望出版社1989年版，第177页。

(二) 关于处理政府与市场关系的经验教训

处理政府与市场关系是任何社会制度下都不可避免的问题，其本质就是处理好国家与市场的关系，重点在于处理好政府与权利与市场权利的边界问题，涉及国家宏观调控与市场的关系，政府职能与市场职能关系。东欧国家"近市场"模式普遍选择了政府与市场分权的关系导向，但难以理清政府与市场的功能边界，衍生了集权式、无政府式、模糊式三种模型，积累了一定的经验和教训。

1. 政府与市场的二元分权导向性突破。东欧社会主义国家在实践"近市场"的探索中，主要导向是政府与市场的二元分权，也就是兼顾政府的宏观调控与市场功能的发挥，这种导向符合马克思关于未来社会市场批判思想的建构逻辑。

(1) 从生产资料所有制基础来看，东欧社会主义国家没有脱离生产资料的公有制，把生产资料公有制作为社会主义的制度基础，同时适当允许少量的小农经济、个体经济、私有经济，这种所有制结构能够充分发挥政府宏观调控的功能，为政府宏观调控的发挥提供了物质基础和方向保障。南斯拉夫采取的是生产资料社会所有制，突破了把公有制理解为国家所有制的范畴，借用了马克思的社会所有制概念，从而实现工人对生产资料的直接占有，保障工人对劳动资料、劳动过程、劳动结果等的直接管理，并通过工人自治的联合劳动形式、联合劳动组织形式实现，为市场经济的社会主义制度属性提供了保障。匈牙利则通过法律明文规定，允许公有制经济为主体的情况下，鼓励私有经济、个体经济、辅助经济等多样化的所有制形式存在，促进了多种经济成分的共同发展，为市场经济提供了多元化的市场主体。罗马尼亚为代表的其他社会主义国家则大多实行国有制的生产资料所有制，在小范围的层面进行一些改动，并没有改革生产资料所有制的基础。

(2) 从收入分配方面来看，东欧国家均实行了国家管理的按劳分配模式。南斯拉夫虽然废除了国家的职能，但实际上把劳动产品的分配权直接与工人自治和社会自治的形式相结合，并把这种分配的权利转移给联合劳动组织，由工人根据具体市场行情、企业发展的需求等自主地开展分配，但这种劳动成果的分配必然要通过市场机制来运行，比如在国家工资制度改革方面，在价格的制定方面，在产品消费方面等。匈牙利收入分配改革的重点体现在工人工资的双层分配体制方面，既允许国家通过统一的固定工资的形式加以规定，又鼓励企业自主根据经营状况和市场行情来确定工人工资，同时还允许企业通过奖金、利润分红等多样化的激励制度来实现个人收入的分配等。虽然以罗马尼亚为代表的东欧其他国家在收入分配方面没有突破传统的国家统一规定性，但实际上也出现了多样化的市场分配渠道。如罗马尼亚的人民分享利润制度，通过国家工资、企业奖金、利润分红等多种方式允许全面共同分享企业利润。

（3）从企业经营管理模式来看，东欧社会主义国家大多采取了国家放权让利，企业自主经营的发展方向，扩大企业经营管理的自主权，重视物质利益激励原则。南斯拉夫的企业采取工人自治的形式，由工人自主地管理企业，通过人民委员会、工人委员会、职业经理人等保障全体工人参与企业管理，有关企业生产经营、投资分配等大型的有关事务都要通过工人投票选举来决定。其中，人民委员会具有最高决定权，属于国家层面的管理层次，而工人委员会属于工人投票选出的代表来执行工人的意志和决策，职业经理人是由工人委员会代表选出的。在具体的劳动层面则通过三级劳动组织来实现企业生产经营的合理化等。匈牙利则通过政府宏观决策与企业自主决策共同发挥作用的形式，但政府的宏观调控政策仅供企业参考，具体的实务性工作需要由企业自主地开展。以罗马尼亚为代表的东欧其他国家则重点通过调整国家计划的管理环节来实现企业的管理，企业有了一定的自主权对经营作出决定等。

（4）从市场要素导入来看，东欧国家大多加大了市场在价格、工资、投资、外贸、管理制度等方面的管理投入，形成了计划经济要素与市场要素共同发生作用的趋向。南斯拉夫明确提出，社会主义必然大力发展商品经济，并把经济活动的调节交给了市场机制管理。匈牙利提出，社会主义必须要充分利用市场机制和计划机制，如在投资分配方面、银行信贷方面、价格形成方面、交换分配方面等都纳入了市场管控的实践机制。尽管罗马尼亚为代表的东欧其他国家并没有真正大力发展市场经济的想法，处于保守性的实践状态，但他们在理论方面却取得了重大突破，如捷克斯洛伐克的计划与市场共同的决策分权制度，波兰布鲁斯的计划经济与市场经济共同发展的机制等；在实践领域取得了一定程度的改革，在市场要素的导入方面取得了一定的成效，突破了传统社会主义计划经济绝对统一的局面。

2. 政府与市场职能定位不准确倾向。在发挥政府宏观调控与市场经济相结合的实践探索中，东欧国家虽然普遍选择了正确趋向，但在实践中又普遍存在处理政府与市场关系时的矛盾。

（1）"无政府式"的实践状态。主要是指南斯拉夫自治的市场经济模式，其在探索政府与市场关系的过程中，选择了废除国家的无政府的制度体系。他们采取"工人自治"和"社会自治"基本途径，实现工人与生产资料的直接接触，工人直接参与劳动资料的管理、劳动过程的管理、劳动结果的管理等，从而实现工人占有自己劳动的基本权利。因此，他们提出，只有"废除国家职能，实行工人自治"，才能彻底打破传统社会主义的国家化、集权化、官僚化等，实行由"基层劳动组织、劳动组织、劳动复合组织"一体化的工人自我管理模式，逐步废除国家的政治职能、文化职能、社会职能等。

他们认为，这是马克思所指的废除国家思想的直接表现。但实际上，他们还是误解了马克思关于未来社会废除国家的基本思想。马克思国家废除思想实现的基本制度是共产主义制度，其已经拥有了社会所有制的成熟形式，实现了全新的个人占有生产资料的形式，拥有发达的社会生产力和较高的道德素养和文化水平层次，劳动已经成了人的第一需要，人们把劳动看成了兴趣、爱好和创造性工作的一种享受等。很显然，南斯拉夫的社会主义没有达到马克思所设想的基本条件，其社会所有制只能算是社会主义阶段的所有制，从而成了"既是所有人，又不是所有人的"无人管理的公有制，其把国家权利交给了劳动组织和工人组织来管理，那么各级劳动组织是否有能力来调节全国劳动组织的生产、分配、交换等相关复杂的生产性事务，是否能调节市场经济条件下的市场要素、计划要素、法律法规、社会服务等相关业务，工人是否有能力成为自我管理主体，是否会按照社会长远利益和大众利益来参与劳动、管理劳动等。

其实，南斯拉夫的社会主义根本没考虑这些因素，充其量也就是形式上进行一种转换，没有从制度层面进行彻底的变革，在经历了改革初期热情式的发展之后，人们的劳动形式必然会转化为一般性劳动，而那种潜在的不成熟的因素自然也就会爆发出来，从而为社会主义的发展带来隐患，再加上南斯拉夫本来就存在的民族矛盾、外贸领域矛盾等，自然加剧了这种不成熟体制的功能，国家彻底失去了对民众和社会的引导与管理，陷入了分裂主义和解体的历史悲剧之中。

（2）职能模糊型模式。这种实践主要是匈牙利所探索的政府与市场并行模式，实际上没有厘清政府职能与市场职能的关系，导致了政府与市场各行其是的双轨制体制。

如前所述，匈牙利改革并没有南斯拉夫那样彻底，而是很谨慎地把社会主义与市场经济并行起来。在生产资料所有制方面坚持国家所有制形式，企业劳动集体并没有生产资料的支配权；在计划管理方面，匈牙利基本取消了国家计划的行政指令性属性，把国家计划与企业计划同时存在，仅仅把政府计划作为企业计划的参考；在价格制度方面，匈牙利实行国家统一定价、企业自由定价、国家调整定价相结合的政策等，对于生产资料管理，匈牙利保存了一定的国家统一划拨的管理形式等。由此可知，匈牙利并没有完全放开对市场的管理，实际上没办法搞清楚政府职能与市场职能的关系问题。在生产资料国家所有的主导体制下，企业不会真正地主动地探求发展，因为企业并没有真正的自主权，也没有真正努力追求生产效率的动力；国家计划制度与市场制度并行导致了国家计划形同虚设，企业计划也并没有符合市场规律，会导致社会主义计划制定的非合理性；而对于价格、信贷等市场要素的运用，必然会引发计划与市场的矛盾，如何处理国家统一价格与市场自由价格的关系、如何处理国内经济与国际外贸的关系等，这些矛盾就会引发市场的混乱，导致计划不能更好地发挥作用，而市场同样不能更好地发挥作用。从长远来看，这种矛盾必然导致经济发展出现问题。如匈牙利坚持国有经济和集体经济的绝对地位，只允许少量的私有制存在，坚持工资收入和利润共同参与分配的二重机制，政府经济职能仅仅做了一点调整，给企业适当放权等等，这种模式实际上是政府对市场控制过于严格，难以充分利用市场机制，"集权式"的管理模式禁锢了市场的生机。因此，这种管理模式虽然短期给匈牙利经济发展带来很大的促进作用，但也为经济的进一步发展带来了阻碍。20世纪70年代，匈牙利在对外贸易中出现的失误，政府不当的价格补贴等均是匈牙利后期社会主义解体的重要因素。

（3）集权式的实践模式。这类模式主要是以罗马尼亚为代表的东欧社会主义国家在探索"近市场"的过程中所采取的模式，其主要特点是传统的社会主义集权模式并没有消除，国家占据绝对的主导地位，市场仅仅是从属或者补充作用。从根本上来讲，政府的功能过强，国家仍然直接干预企业经营、产品分配、价格体制、信贷制度等，市场仅仅在某些领域做出了一些细微的插入而已。在这种关系中，企业绝对处于国家的直接管控之下，而不仅仅限于国家的宏观调控，国家的指令性计划仍然具有普遍的指导权，而企业所能做的仅仅是在国家指令性计划的主导下，结合自己的具体情况而对国家计划的执行性自由，而不能从根本上违背国家计划，也就是只能从管理环节的细节部分做出调整，如计划的制定方法，计划的制定程序，计划的管理过程等方面，但最终做出决定性功能的仍然是国家的指令性计划。在经济性要素方面，计划因素同样占据主导地位，如在价格的制定方面，罗马尼亚大部分产品的价格执行国家统一的定价；关于个人收入的规定，大部分还是执行国家统一的工资表，统一的工资调节标准，统一的国家调节幅度等，而企业仅仅在利润盈余方面略微具有奖金激励等措施，并不具备根据市场行情和经营状况独立进行财务管理、收入分配、投资管理等权利。因此，这种模式实际上是集权式控制的市场，国家与市场的关系仍然属于计划主导控制的局面。

3. 关于处理企业与市场关系的经验教训。市场经济条件下，企业是经济运行的重要的微观主体，企业都必须根据市场的行情，运用市场评价体制和市场运行规律来健康运行。但由于传统的社会主义以国有企业或集体企业为主体，忽视了市场经济对企业的微观调节功能，建构起行政指令性计划主导的社会主义企业经营模式，严重影响了企业的运行。为此，东欧社会主义国家在探索"近市场"的过程中，大多会给予企业更多的经营自主权，鼓励企业运用市场机制调节，但这种调节属于市场有限调节模式。

（1）完全由市场调节的企业管理模式。在处理政府与企业关系时，南斯拉夫算是最为彻底的一种经济管理模式，其把企业经营管理的权利完全交给了工人自我管理，工人根据企业经营的具体现状以及市场相关行情来决定企业有关经营管理的方案、收入分配的具体措施、价格制定、银行贷款、投资、基金等。因此，从一定意义上来说，南斯拉夫的自治性市场经济在处理市场与企业的关系时是比较合理的。但可惜的是，这种自治市场管理模式犯了两个错误。

一方面，绝对放弃了政府对企业的市场引导，而通过废除国家职能的手段来实现管理，忽视了政府对经济的宏观调控手段，客观上必然会导致市场经济问题。他们把原有的政府宏观调控的职能转移给了社会监督管理机构,如簿记局、物价局、技术监督局等负责对市场运行监督;监督劳动组织执行的相关情况等事项。对于那些执行不力的联合劳动组织,监督机构有权提出免除的建议。由此可知,这些监督机构已经没有义务对企业发展的相关规划进行设计,对于企业执行情况不理想的情况也仅仅只具有建议权,从而转化为完全的市场化行为或无政府状态行为。另一方面,政府虽然放弃了企业的控制,但实际上是把政府的权力下放给了自治劳动组织,该劳动组织主要依靠工人自我管理来实现,但是从传统计划体制下过渡来的工人集体,对于市场经济相关运行的规律、制度并不熟悉。如南斯拉夫法律规定,劳动组织必须"依照联邦共和国所制定的法律、法令和决议来确定自己的生产计划,并接受各级议会的监督,在经营管理上拥有充分的自主权"①。但很显然,南斯拉夫的这种企业调节模式实际会遭遇无政府状态,会导致市场经济调节的无序性。

(2) 计划管理与市场管理并存的企业管理模式。与南斯拉夫不同的是,匈牙利企业改革没有那么彻底,而是采用了国家宏观管理与企业微观管理相结合的办法。

一方面,从管理主权来看,匈牙利并没有取消国家计划的管理部门,主要通过管理中间环节的优化来实现企业管理的最优化,既强调了"国家仍是企业主人"的传统特点,又突出了"企业在中央领导和企业自主性相结合的基础上活动"的改革措施。② 因此,从这个意义上看,匈牙利企业管理拥有了更多的自主权,但其管理权限还属于国家计划管理。

另一方面,从具体的管理环节来看,匈牙利实现了企业管理自主权的市场化。在计划制定方面,匈牙利在计划体制和实现计划的方式方面做出了一些改动,如取消国家直接的经营指标,克服传统的指令性计划倾向,由企业自主根据国家计划的导向、市场的基本行情、企业经营情况等制定生产销售计划,增加企业的自主权,国家通过税收、财政等宏观经济政策实现对企业的调控。在价格制定方面,废除了原来的单一官方定价模式,采用固定价格、协议价格和

---

① 林水源、伍宇峰、刘国平等编:《东欧国家经济体制改革简介》,广西人民出版社1982年版,第49页。
② 林水源、伍宇峰、刘国平等编:《东欧国家经济体制改革简介》,广西人民出版社1982年版,第51页。

自由价格结合的混合价格体系。对于企业职工的收入分配制度，采用了企业工资与利润分红结合的双层分配体系，把企业利润与职工收入结合起来，通过收入分配制度实现对企业的调节。因此，从总体上来说，匈牙利在处理企业与市场关系时主要采用了计划管理与市场管理结合的模式。

（3）计划约束的市场管理模式。罗马尼亚为代表的东欧其他国家企业的经营管理基本属于计划管理模式，而没有采取市场管理的基本形态，所做的改革仅仅是给企业一定的自主权下放而已。从管理体制方面看，改革前，其是从国家到企业的严格的"四级行政管理体制"，企业直接属于国家高层管理机构的垂直管理；改革后，其采用了"三级行政管理体制"，在"专业化协作的基础上实行企业联合"，实行了"工业部—工业中心—企业三级管理体制"①，减少了对企业领导的机构层次，有利于企业自主决策和提高劳动效率，但企业并没有真正依靠市场进行运转的机制。捷克斯洛伐克企业仍然受到中央各部的计划经济管理，而企业则仅仅是生产经济单位，并不具有独立的法人资格，也并不能独立地进行经济核算，而只是对其下属单位具有一定的经营权管理权，属于中间管理环节的调节功能。而波兰的企业则属于高度集权的经营体制，其所谓的改革也就是在精简机构和行政管理方面有所体现，在管理方法方面突出了经济手段管理企业的方法，建立联合公司并赋予这些联合公司更多的自主权，但并没有从实质上改变企业的从属于计划的根本地位。保加利亚的做法体现在权力下放方面，克服传统计划经济集中的弊端，把部门管理的权限适当下放给地方，设置专业的管理机构，但这种改变并不能扭转企业的行政管理地位，指令性计划的管理模式并没有消除。因此，这种模式仅仅是从管理环节、管理部门、管理方法等手段进行适度调整，其计划管理的属性并没有克服，企业也没有获得市场经营的权利。

总之，在东欧社会主义国家"近市场"的实践探索中，初步实践了马克思市场批判思想，在实践中摸索了社会主义与市场关系的结合基本形态，取得重大的历史突破，但由于历史条件的制约和世界发展格局的变迁，最终没有逃脱社会主义解体的历史命运。

---

① 林水源、伍宇峰、刘国平等编：《东欧国家经济体制改革简介》，广西人民出版社1982年版，第44页。

第五章　马克思市场批判理论传承的"亲市场"模式

20世纪80年代开始，随着英国工党在大选中的败北，英国社会主义理论家结合英国的社会发展实际提出了"市场社会主义"理论，理论界称之为西方市场社会主义。20世纪90年代，苏东社会主义模式的解体，美国兴起了市场社会主义的探索，形成了以英美发达资本主义国家对马克思市场批判理论的创新突破，并逐渐波及澳大利亚、日本、白俄罗斯等国家。本章重点介绍"亲市场"模式设计的理论基础、模式特征、基本评价等，系统把握马克思市场批判理论在英美等发达资本主义国家的创新突破。

一、"亲市场"模式创新的理论基础

英美马克思主义理论家与左翼理论家围绕马克思的市场观、社会主义与市场的关系、社会主义发展市场经济的实践等展开研究，探索了马克思对待市场的态度，马克思对资本主义市场批判的基本内容，社会主义的实践问题等，丰富发展了马克思市场批判理论，建构了"亲市场"模式设计的理论基础。

（一）詹姆斯·劳勒（James Lawler）[1] 关于马克思是市场社会主义者论述

詹姆斯·劳勒赞同马克思市场批判思想的相关理论，认同马克思所主张

---

[1] 美国布法罗纽约州立大学哲学教授，美国马克思主义研究会主席，致力于马克思主义理论研究，发表了有关马克思、黑格尔、萨特等的思想研究文章，赞同马克思市场批判思想相关观点，甚至把马克思说成是市场社会主义者。

的社会主义阶段离不开市场的基本观点，同时也赞同马克思关于共产主义高级阶段废除市场的基本研判，但夸大了马克思关于市场取向，把马克思说成是市场社会主义者（这里他所指的市场社会主义等同于马克思所指的科学社会主义，和我们通常意义上所讲的市场社会主义具有一定的差异性，目前理论界对市场社会主义概念评价基本是乌托邦的、改良的等形态，但在他们心目当中并不是这种想法，而是真的希望遵从马克思的科学社会主义，但由于理论与实践设计的偏颇而导致了一些问题），他自认为这种观点是"最接近马克思和恩格斯论述的新出现的后资本主义社会的本质的观点"①。

1. 马克思是一个市场社会主义者。詹姆斯·劳勒认同马克思是一个市场社会主义者的根据是马克思主张社会主义必须保留市场经济，其思想来源主要是以《共产党宣言》为代表的相关经典著作。他提出，马克思预示了刚刚革命后必须建立一个"以发展市场社会的经济条件为基础的改造资本主义社会的纲领"②；进而通过间接暴力消除市场经济，实现共产主义的高阶阶段的目标，预示了市场经济存在的必要性。他认为，马克思在《共产党宣言》中提出，"无产阶级将利用自己的政治统治，'一步一步'地夺取资产阶级的全部资本，把一切生产工具集中在国家即组织成为统治阶级的无产阶级手里"等相关论述，预示了社会主义革命建设实际是一个"逐渐发展的过程"，需要"一步一步地实现"，那么也就预示了无产阶级革命后会存在一定时期的"不完善的集中"，这意味着必将存在"市场经济"。

根据马克思的论述，社会主义国家要"一步一步"实现，必须对"所有权和资产阶级生产关系实行'强制性变革'"，也就是在经济关系方面采取一些措施，因为这些措施"在经济上似乎是不够充分和没有力量的"，但这些措施又必然成为"进一步向旧的社会制度进攻成为必要"，是"变革全部生产方式不可或缺的手段"。因此，经济关系对于社会主义制度建立的必要性是不言而喻的。据此，詹姆斯·劳勒认为，共产主义纲领的实现必然包含"强制性的，国家干涉的，只是在'初期'是必要的"，必须依赖于"资产

---

① [美]伯特尔·奥尔曼：《市场社会主义——社会主义者之间的争论》，段忠桥译，新华出版社2000年版，第24页。

② [美]伯特尔·奥尔曼：《市场社会主义——社会主义者之间的争论》，段忠桥译，新华出版社2000年版，第26页。

阶级生产的基础";而这些措施结果证明"在经济上是不够充分的"。① 既然共产主义纲领实现经济尚不够充分,革命后早期就必然完成经济上基础的建设,也就必须按照经济条件来运行,蕴含了旧的经济条件必须继续存在的必要性。但马克思对于这些经济条件的细节并没有详细论述,这就为市场经济的使用保留提供了可能。

他认为,在提出这些具体的措施后,《共产党宣言》就跳过了'一步一步'发展的中间环节而直接设想了共产主义的直接结果,当然其中蕴含着"直接或间接的暴力作用",而间接的暴力就是保证资产阶级经济关系运行的暴力。也就是维系那些必须存在"货币现象和市场经济关系"等,在经历相当一段时间的建设后,"货币关系与市场经济"才会像国家一样消亡,也就是实现了共产主义的高级阶段。关于革命胜利后到共产主义的中间阶段,经济关系的表现如何,他根据恩格斯在《共产主义的原理》中的描述提出,这些中间环节包括"用国家工业竞争的办法,一部分直接用纸币赎买的办法,逐步剥夺土地所有者、工厂主、铁路所有者和船主的财产";同时无产阶级还要通过"累进税制度"和"遗产税制度"等消灭不劳而获的财富,并用这些资金购买、创建企业。很显然"市场关系是预料之中的经济逻辑,即对市场生产的尊重,将得到遵守"等,表明了无产阶级革命后"并没立即废除市场的"基本观点。②

2. 马克思主张辩证的市场批判。詹姆斯·劳勒赞同马克思市场批判是针对资本主义市场批判的核心内容,肯定马克思对于一般市场的辩证认知的内容,预示了未来共产主义社会消除市场的客观必然性。

詹姆斯·劳勒提出,马克思的《资本论》是能够最好诠释马克思市场批判思想的例证,通过《资本论》中理论逻辑的阐释,马克思客观地批判了资本主义的市场经济,表明了未来社会无市场的本质特征。他认为,"资本主义的市场制度只是市场关系生产中的一个阶段,资本主义并不等于市场生

---

① [美]伯特尔·奥尔曼:《市场社会主义——社会主义者之间的争论》,段忠桥译,新华出版社2000年版,第25页。
② [美]伯特尔·奥尔曼:《市场社会主义——社会主义者之间的争论》,段忠桥译,新华出版社2000年版,第31页。

产，它是一种特殊类型的市场生产"①。根据马克思的观点，市场关系先于资本主义存在，非资本主义的商品生产是资本主义商品生产的基础，简单商品生产关系逐步发展为资本主义这种特殊类型的商品生产，也就是人的劳动力商品化或市场化，构成了资本主义商品经济的本质特征。也正是资本主义这种特殊的劳动力商品化现象，才导致了市场经济的畸形化，劳动者人性异化，从而也形成了资本主义社会市场经济调节下的诸多问题。也正是基于这种劳动力商品化所导致的现象，马克思预示了除此之外可以长期存在的诸多市场经济要素，这些要素并不能导致人性异化问题的产生，也就能够构成未来社会发展的基本依托。

他认为，正是这种市场观，马克思就非常关注资本主义条件下合作社制度的重要性，甚至设想通过工人管理的合作社制度，作为未来社会劳动的基本劳动组织。虽然这种合作组织衍生于资本主义市场经济条件下，但因为这种合作化的劳动组织解放了劳动力的商品化属性，从而也就意味着消灭资本主义异化属性的可能。进而通过这种合作化的劳动组织形式，逐渐过渡到共产主义社会。因此，"虽然从长远的观点看市场生产是要消失的，但直接的、革命后的社会却包含继续存在的市场生产"，这种"混合的国家——合作社的所有制形式"②，已经在法律层面转移到社会手里了。如果能够通过合作社的形式过渡到高级阶段的共产主义社会，其自身的属性自然能够消除市场经济存在的可能性。

3. 马克思的市场社会主义形态。按照马克思关于市场经济存在的社会阶段的基本特征，詹姆斯·劳勒把马克思关于未来社会发展的基本阶段定义为市场社会主义，重新解读了马克思关于未来社会的制度特征，其实质是揭示了马克思市场批判思想蕴含在其未来社会制度中的基本逻辑。

詹姆斯·劳勒认为，马克思关于未来社会的基本阶段应该包括："革命

---

① [美]伯特尔·奥尔曼：《市场社会主义——社会主义者之间的争论》，段忠桥译，新华出版社2000年版，第36页。
② [美]伯特尔·奥尔曼：《市场社会主义——社会主义者之间的争论》，段忠桥译，新华出版社2000年版，第43页。

转变时期，以及在这一转变出现的共产主义社会的两个阶段"①，但根据他的市场区分逻辑，"混合的社会主义——资本主义社会"形态，"纯粹的市场社会主义"形态都应该是共产主义的重要组成部分。其中，在"混合的社会主义——资本主义社会"形态时期，资本主义企业仍然占据重要地位；而在"纯粹的市场社会主义"阶段，"合作社企业则居支配地位"。因此，这两个阶段的企业形式都具有资本主义的典型特征并在很大程度上依赖市场生产。据此，他提出，马克思共产主义就应该包含六个阶段，即一是"新社会种子播撒期"，工厂法作为"社会主义及其生产过程自发形式的第一次有意识、有计划的反作用"；二是"新社会萌芽期"，即"合作企业"的出现，"工人成为自己劳动的雇主"；三是"过渡期"，即"革命后将资本主义转变为共产主义时期"，四是"资本主义所有制最终消除期"，即"资本主义生产已不再存在，但商品生产仍继续起重要作用"；五是"共产主义社会系统期"，即"合作生产已经发展到国家的，也许是国际的水平"，但在各方面"还带有资本主义起源的烙印"；六是"完全成熟的共产主义阶段"等。②他认为，在共产主义第一阶段，"虽然不存在完全意义的货币"，也不存在"商品交换关系，但仍然存在受到限制的货币形式和受到限制的交换形式"③；根据马克思惯用的辩证法，共产主义高级阶段是"消除事物现存状态的真正的运动"④，很显然，市场经济也会作为现存事物必然消除。

总之，詹姆斯·劳勒根据马克思经典著作思想的挖掘和解读，根据马克思市场批判逻辑厘清了其未来社会的发展阶段，肯定了社会主义需要市场以及其走向未来无市场的必然阶段，具有重要的理论突破价值；其关于马克思是市场社会主义的理论观点虽然具有局限性，但却清晰地描述了马克思市场批判理论的存在形态，肯定了共产主义与市场关系的发展逻辑。

---

① ［美］伯特尔·奥尔曼：《市场社会主义——社会主义者之间的争论》，段忠桥译，新华出版社2000年版，第49页。

② ［美］伯特尔·奥尔曼：《市场社会主义——社会主义者之间的争论》，段忠桥译，新华出版社2000年版，第7页。

③ ［美］伯特尔·奥尔曼：《市场社会主义——社会主义者之间的争论》，段忠桥译，新华出版社2000年版，第54页。

④ ［美］伯特尔·奥尔曼：《市场社会主义——社会主义者之间的争论》，段忠桥译，新华出版社2000年版，第55页。

（二）伯特尔·奥尔曼（Bertell Ollman）① 关于市场意识形态负面功能的批判

作为长期研究马克思主义的理论家，伯特尔·奥尔曼重点从市场起源出发，聚焦资本主义社会和社会主义社会市场意识形态问题展开研究，揭示了世人容易忽视的市场意识形态衍生的根本原因、基本内容、资本主义化形态、社会主义化内涵等问题，继承了马克思关于市场起源的基本观点，对资本主义市场内容的批判进行详细的阐述，丰富了马克思关于资本主义市场批判内容的结构，并在一定程度上对社会主义市场建设提供了独到的见解。

1. 关于市场意识形态内涵的界定。伯特尔·奥尔曼指出，市场意识形态主要是指人们在"市场交换中的思想和感情"，是在有关"买卖活动中，以及准备这些活动（包括对它们的担心）和再从这些活动恢复原状所花费的时间、心思、情感数量上的膨胀"等"市场行为方式中"逐步形成的"市场思维方式"，并使市场"成为人们如何在全部其他生活中行动和思想"中"一种决定性影响"的因素。②

他指出，市场意识形态是市场这个有机体中十足的完整的有机体的主观方面的因素，主要起源于市场的神秘化，也就是由于社会缺少透明化而引发的主观影像。在计划的社会主义中，人人都知道社会运行效果不好的直接负责人，自然把这种责任归咎于那些计划的制定者或计划的行使者；但在资本主义条件下，由于市场这种行为让人们觉得社会运转的一些因素（包括积极的和消极的因素）都成为了一切可行的、必然的、公平的因素，把失业、不公、生态破坏等因素归咎于市场经济，从而掩盖了资本主义社会的负面效应的责任人，其中起决定作用的因素就是市场意识形态的影响。

另外，他揭示了市场意识形态与一般意识形态的联系与区别。他进一步指出，除了市场意识形态之外的因素之外，也存在"国家、宣传媒介、军

---

① 纽约大学政治系教授，牛津大学博士，美国著名的马克思主义理论家，主要著作有《异化：马克思关于资本主义社会中人的概念》《社会主义教育学研究》《美国大学校园的马克思主义学术研究》《社会的和性别的革命》等。

② [美] 伯特尔·奥尔曼：《市场社会主义——社会主义者之间的争论》，段忠桥译，新华出版社2000年版，第93页。

队、家庭、教会、学校和工作场所等'意识形态工厂'①，是资本主义意识形态的重要渠道，通过这些机构或部门的宣传传播，把看似不公平的事物变成了公平的，把看似不寻常的事情寻常化，而市场意识形态却作为一种隐性的意识形态在人们的心中自觉不自觉地产生了重要作用。因为，市场意识形态的衍生主要来源其市场经历，是在进行市场行为中的所感、所思、所闻、所见等的直接的公开的反映，是在公平公正的市场化规则运行下而自愿形成的意识形态，是"人们在很小的时候买卖行为的经历（以及目睹别人的买卖行为而造成的），包括成千上万的广告"，从而使人们每年都在"受到如同儿童记下最初的基本原则一样的影响"，再加上所谓"'意识行业'的部门提供的谎言、遗漏和歪曲"的共同作用，从而肯定了"个人与市场的牵连而形成的世界观和更为具体的信念，并赋予它们完美的形式"。②

2. 关于市场意识形态的批判。伯特尔·奥尔曼认为，市场意识形态的形成具有完整统一的逻辑有机体，市场经历、市场带来的生产神秘化、市场对剥削和异化的掩盖等共同作用带来了对过去的和未来的社会的扭曲理解，从而就形成了一种消极的市场思维方式。

（1）市场要素的神秘化现象批判。他指出，每个人的市场经历受制于市场形态含成品或商品市场、资本市场、货币和各种金融证券市场、劳动力市场等，在进行商品交换的过程中，每个人都会经历大致相同的过程和程序，包括买卖行为、参与方式、交换自由、交换权利、商品属性、竞争属性、货币手段、价格制约等市场行为方式，在一种市场公平的表征下进行的一种活动方式。这种行为方式会使人们产生一种独特的市场化世界观，并把这种世界观认为是合理的、公正的理念。同时这种被市场所掩盖的价值理念反过来又会对人们的其他生活行为产生影响，会把生活观念行为与市场行为混淆或者一体化，从而形成了一种市场化的意识形态，形成了人性、社会关系、货币、商品等的神秘化现象，进而把"人被认为是原子式的、高度理性的和自私自利的生物，其生活的最重要的活动就是选择"，把"人与人的主要关系

---

① [美]伯特尔·奥尔曼：《市场社会主义——社会主义者之间的争论》，段忠桥译，新华出版社2000年版，第93页。
② [美]伯特尔·奥尔曼：《市场社会主义——社会主义者之间的争论》，段忠桥译，新华出版社2000年版，第94页。

看作是竞争和可能的效用",把世界"看成是可以用钱买的东西构成的",金钱被认为"是没有它什么事也办不成的权利",对"金钱的贪婪成了天经地义的"等现象①,货币拜物教、商品拜物教、拜金主义、享乐主义等现象自然就会衍生,这些现象就是典型的市场意识形态的负面效应。

(2)市场导致的生产神秘化现象批判。他认为,市场容易导致生产的神秘化,也就是通过"隐瞒、歪曲、误传和混淆事实,以及偶然简直就是撒谎的结合造成的广泛流行的错觉",从而使人们对生产领域产生误解和扭曲,形成了一种最有害的"神秘化"。② 伯特尔·奥尔曼认为,市场导致的生产领域神秘化主要体现在三个方面。

首先,市场容易掩盖生产领域的劳动事实,使劳动与交换出现分离化趋势。众所周知,市场交换的商品的生产具有直接的、内在的联系,市场交换的价值和使用价值必然要与生产产品的劳动耗费保持一致性,在劳动耗费与社会必要劳动转化的程序中确立合理的价格机制,进而结合市场交换的供求关系确定合理的交换行为,进一步在扩大再生产的基础上维系社会生产力的发展。但是,由于市场神秘化的出现,大多数人虽然主观上并不否认产品是由生产产出的客观事实,但是大多数采用的思考方式是"商场好像是独立的,产品被看成是已经'上架'的东西"③,生产与市场好像是在"两个关闭房门的房间"进行的,二者毫不相干。这种现象导致了市场与生产的背离化现象,从而形成商品拜物教现象,忽视或贬低了生产的价值,违背了社会发展的基本客观规律。

其次,生产者功能的颠覆性,使生产者倾向于市场化趋向。如前所述,由于市场神秘化的影响,市场表面看起来就成了生产的决定者,不是产品的客观性决定市场的导向,而是市场属性决定了生产的属性,一切都要以市场为角度来进行生产,而忽视了社会的客观需求,从而带来整个社会市场化的

---

① [美]伯特尔·奥尔曼:《市场社会主义——社会主义者之间的争论》,段忠桥译,新华出版社2000年版,第96页。
② [美]伯特尔·奥尔曼:《市场社会主义——社会主义者之间的争论》,段忠桥译,新华出版社2000年版,第98页。
③ [美]伯特尔·奥尔曼:《市场社会主义——社会主义者之间的争论》,段忠桥译,新华出版社2000年版,第98页。

倾向，从长远来看，必然会导致生产经营的扭曲化、功利化导向，从而不利于整个社会的存在与发展。按照马克思的理解，劳动应该是赋予创造性和兴趣性的东西，要不断发展成为人类的第一需要，从而不断满足人类全面发展的人性自由，消除人性在劳动中的异化问题。但是这种生产者功能弱化的现实，必然会导致"工作只是为了挣钱消费才干的事"，因为人类劳动的价值在"市场的关系内都显露不出来"，只有从"有利于市场的角度观察生产，才使得整个生产的目标看来就是满足消费者的需要"。① 这种市场导向的生产形态并非完全一无是处，但过分的市场化导向生产往往会忽视劳动者的价值，从而引发虚拟经济与实体经济、劳动者与消费者、管理者与劳动者等之间的矛盾，最终会动摇社会发展的经济根基，危及社会赖以生存的根本性基础。

最后，产生基于市场关系模式的生产倾向。按照马克思的理解，"如果从生产出发，那么就应当考虑生产的实际条件和人们的生产活动。如果从消费出发，那么可以……丝毫不去考虑人们的现实的生活关系和他们的活动"②。很显然，马克思非常关注从生产的角度来考虑问题，才能厘清人类社会所处的复杂的生活关系和社会活动的性质。从现实的具体的生产的具体条件出发，我们可以发现生产活动必须依赖于分工合作，是多数人共同完成的一种群体性的劳动，社会越发达，其分工合作的紧密度就越高，人类不仅可以体会共同劳动的乐趣，也可以体验共同劳动的产品，从而通过生产的物质基础来决定自己的生产文化条件和社会地位的类型。任何人都不能脱离一定的社会关系，与其他人进行合作性的社会劳动，这是人类社会活动的客观属性所决定的，并且也只有通过这样的活动趋向才能真正促进人类社会的发展。而市场神秘化往往会让人通过市场的关系来审视生产活动，从而把这种纷繁复杂的社会活动看成为了市场而进行的消费性活动，"每个工人好像都可以自由地接受或拒绝任何特定的工作"，体现出市场化的"市场化的个人的选择权"，可以"有权利选择的机会，在行使这一权力时不受物质或法律

---

① [美]伯特尔·奥尔曼：《市场社会主义——社会主义者之间的争论》，段忠桥译，新华出版社2000年版，第98页。

② 《马克思恩格斯全集》第三卷，中央马克思恩格斯列宁斯大林著作编译局译，人民出版社1960年版，第614页。

上的限制"等①，这种市场模式看待生产的方式最终会影响劳动的社会化、物质化、客观化属性，从而凸显市场意识形态的负面功能。

（3）市场掩盖了剥削与异化现象。剩余价值的创造和工人的异化问题是马克思在资本主义社会独到的发现，也是马克思主义致力于其理论建构的核心。在马克思看来，全体资本家的核心目标就是最大限度地获取工人的剩余价值，最大限度地降低工人的工资，而工人也会最大限度地为这种剩余价值创造的劳动所限制，越来越受制于自己劳动创造的过程，人性异化的现象也就不可避免地存在，实际也就是马克思所阐述的剥削与异化共存的一个过程，而这个过程就存在生产劳动的过程之中。如果从"只关注交换重要性的市场出发，工人阶级与资本家之间的不平等关系是根本看不到的"，因为只有在"隐蔽的生产场所剥削才会发生"，这种从市场出发的方法"掩盖了作为建构马克思剥削理论大厦的这些真正的生产中的因素，使人们无法看到马克思所讲的东西"。②而异化重点关注的是工人在劳动过程中人性发生的变化，是工人的劳动、劳动过程、劳动产品等联系在一起的独特的社会关系。在资本主义条件下，作为出卖劳动力的群体工人，生产什么，生产多少，为谁而生产，生产的产品去了哪里等问题都不是工人所能够决定的，最终都是在资本家的管理下而产生的，工人最终受制于自己劳动产品的属性，这种异化属性是资本主义条件下工人人性的最本质的表现。但是如果通过市场的神秘化来看，不去反观思考生产的基本情况，市场就掩盖了异化理论的阶级关系，从而导致市场意识形态的出现而使异化问题更加扭曲化，从而也就掩盖了异化现象的真实的本质。

（4）市场导致分配与消费环节的扭曲。伯特尔·奥尔曼指出，市场在导致生产领域神秘化的基础上，在分配领域、消费领域、交换领域等都产生了神秘化，这种神秘化最终反映在国家政治、个人社会地位、个人意识形态等的神秘化，从而对过去的社会以及未来的社会产生扭曲化的理解。

首先，市场掩盖生产的经济过程进而扭曲了分配的属性。伯特尔·奥尔

---

① ［美］伯特尔·奥尔曼：《市场社会主义——社会主义者之间的争论》，段忠桥译，新华出版社2000年版，第99页。
② ［美］伯特尔·奥尔曼：《市场社会主义——社会主义者之间的争论》，段忠桥译，新华出版社2000年版，第102页。

曼认为，分配是劳动者获取其社会财富的基本过程，其既取决于有哪些产品可供分配，又取决于消费者需要哪种产品，而生产者的供给和消费者的需求是统一的紧密相连的过程，也是实现经济稳定发展的基本评价。但由于市场神秘化倾向掩盖了生产的过程，生产领域就远离了人们的视野，"分配好像取决于一个人在市场上的成功，成了主要应归于努力、技能和运气的个人的事"①，混淆了生产与市场的关系，从而也破坏了经济赖以平衡的供给需求的关系。

其次，市场扭曲了消费的属性。生产、分配、交换、消费共同构成商品流通的实际进程，消费处于经济链条的最末端，承担着对产品满足社会需求属性的检验，为生产者提供市场信号进而检验商品的劳动耗费，同时也承担着消费者需求的需求，为商品生产提供市场性要求的指向。因此，消费是联系商品生产与商品消费的最直接的桥梁。伯特尔·奥尔曼认为，一旦从"有利于市场而不是生产的角度看待消费，消费就具有了被异化的'用户第一主义'的形式"，此时"创造需求比满足需要更有优先权，使用被视为交换的手段而不是交换的目的"，进而把"交换和消费合二为一"②，这样就会导致把交换者与消费者一体化的直接结果，从而容易导致货币对消费者利益的控制，从而也否认了生产对消费的决定性作用。

（5）市场导致政治思考的扭曲。伯特尔·奥尔曼提出，在市场对生产、分配、交换、消费等诸多环节神秘化之后，"国家和政治大概是遭受没被普遍承认的市场神秘化影响最大的领域"③，也就是在人类熟悉了市场思维的状态，往往会把这种思维方式运用到对国家生活、政治生活的评判与思考。他们会把这种习惯于市场的意识形态当作处世的普遍真理，从而把政治生活市场化、功利化、个体化等，致使国家政治生活出现扭曲现象，从而歪曲了人类的政治生活（如资本主义社会普遍存在的选举的金钱化和个性化特征）。

---

① ［美］伯特尔·奥尔曼：《市场社会主义——社会主义者之间的争论》，段忠桥译，新华出版社2000年版，第105页。
② ［美］伯特尔·奥尔曼：《市场社会主义——社会主义者之间的争论》，段忠桥译，新华出版社2000年版，第105页。
③ ［美］伯特尔·奥尔曼：《市场社会主义——社会主义者之间的争论》，段忠桥译，新华出版社2000年版，第105页。

虽然这些生活实际仍然不能摆脱物质生产和物质利益的限制，资本主义的政治生活必然要受到资产阶级的物质基础和私人所有制条件的制约，但由于市场扭曲化的影响，在表现方面却出现了"一人一票制"的公平的假象，满足了个体市场环境中一样的选择性的自由。而国家的运作也不得不借助这种假象，即"它平等地属于它的所有公民和它是一个中立的正义的仲裁人"，鼓励每一个公民把自己当作"与其他人没有任何联系的独特的个人"，把自由理解为"没有公开限制的选择的实行"①，忽略了阶级与阶级差别等，确保国家的稳定运行，这种市场化思维发挥了重要的作用。从而在这种社会生活中也就出现了马克思所批判的"商品拜物教现象"、货币表现的"人类的外化的能力""异化的隐蔽化"等特征，从而使生活呈现出诸多假象。

总之，伯特尔·奥尔曼通过对市场掩盖生产事实的本质，揭露了市场神秘化的现象，完善了马克思关于资本主义条件下市场批判的本质性内容，尤其是其从市场意识形态视角对市场批判的分析，揭示了社会主义早期阶段与市场的共融性和未来共产主义社会市场消除的必然性，与马克思的市场批判思想保持了逻辑的一致性和内容的关联性，尽管有诸多观点还有待商酌，但这种结合资本主义实际批判市场的内容大大推进了马克思市场批判理论的创新。

（三）有关社会主义与市场的关系探索

如前所述，马克思市场批判思想预示了社会主义可以利用市场经济的基本评判，但对于社会主义为什么需要市场经济，需要什么样的市场经济，如何实现社会主义计划经济与市场经济的统一，马克思并没有更多的论述。西方市场社会主义理论家结合资本主义社会发展的实际进行了关于社会主义计划与市场关系的讨论，丰富了马克思关于社会主义需要市场经济的理论。形成两种基本观点，一种是以英国的市场社会主义理论家戴维·米勒、戴维·温特等从正面论述了社会主义为何需要市场经济，社会主义需要什么样的计划经济与市场经济的问题；而美国的希勒尔·蒂克庭则从认识的反面论证了社会主义与市场的关系的论述等。

---

① ［美］伯特尔·奥尔曼：《市场社会主义——社会主义者之间的争论》，段忠桥译，新华出版社2000年版，第107页。

1. 戴维·米勒（David Miller）① 关于社会主义需要市场的解读

戴维·米勒立足于社会主义衍生发展的客观历史基础出发，对空想社会主义及马克思科学社会主义进行分析，进而结合英国社会发展的现实，肯定市场经济对发展社会主义的优势，表明了社会主义必须坚持市场经济的观点。

（1）社会主义反对市场的历史渊源。关于社会主义反对市场的历史渊源问题，戴维·米勒认为有以下两个基本原因。首先，受到早期社会主义思潮的影响。他认为，早期社会主义思潮兴起的主要根源是反对资本主义社会盛行的剥削压迫和贫困化，同时也反对前工业化导致的村落社区解体而衍生的社会问题。他们所致力于建构的制度是强调工人阶级的物质平等和生活水平提高，用和谐的社会关系取代资本主义社会的矛盾和冲突，在如何实现这种制度的建构方面，基本是按照"工业化生产的物质利益同前工业化社区中的社会性和人际性利益结合起来"，但他们却忽视了"他们所构想的制度的经济方面"的探索②，就是没关注社会主义该采用何种经济制度的问题，这也就成了其后社会主义思潮探索的矛盾所在。

其次，起源于马克思关于社会主义市场理论论述较少。他认为，马克思对于社会主义经济制度的论述也不多见，故而为社会主义反对市场的传统留下了空间。他指出，马克思科学社会主义既继承了早期社会主义思潮，又有别于这种思潮，而是在向社会主义过渡中发现了工人阶级的物质利益基础，抛弃了过去依靠上层开明人士"道德感召"力量，从而建构科学的阶级基础；同时，马克思的理论"蕴含于宏大的，从黑格尔（Hegel）那里继承过来的历史发展观之中"③，从而肯定由资本主义到社会主义过渡的历史必然性和社会制度的历史传承性。但他认为，马克思虽然承认了资本主义给其后社会各阶段提供的物质利益，如关于资本主义合作社、异化现象等问题的扬弃

---

① 牛津大学纽菲尔德学院社会学和政治学理论研究教授。主要著作有《市场、国家和社会》《社会公平》《无政府主义》等，也是英国市场社会主义的代表人物。

② ［英］索尔·埃斯特林：《市场社会主义》，邓正来、徐泽荣、景跃进等译，经济日报出版社1993年版，第28页。

③ ［英］索尔·埃斯特林：《市场社会主义》，邓正来、徐泽荣、景跃进等译，经济日报出版社1993年版，第29页。

方面，在其他方面并没有过多地论述，"马克思虽然是一位远较其他社会主义前辈更加伟大的经济学家，但他对社会主义本身的经济，同样鲜有论述"①。基于早期社会主义关于社会主义必须拥有"道德感召力"的倾向和马克思关于社会主义经济理论论述的薄弱性，实践的社会主义国家大多继承了这种"无剥削、无等级、无竞争"的价值观念，同时又在经济制度的实践上陷入困惑，把国有化特征变成了社会主义的核心特征，国家取代市场也就成了历史必然，进而出现了把计划经济等同于社会主义、市场经济等同于资本主义的实践趋向。

戴维·米勒认为，马克思是主张"社会主义超越资本主义"，也就意味着"继承和保留资本主义中有价值的成分，剔除资本主义中已经被历史淘汰的东西"，但马克思把这种有价值的成分界定为"资本主义所达致的物质成就"，而关于"这种物质成就如何才能被保持下来"②并没有深入探讨，这种观点实际上应该涉及市场经济的运用问题，为实践中的社会主义处理市场经济的关系预留了空间。

（2）社会主义需要市场的理由。对此，戴维·米勒主要是从福利、自由、民主等方面展开论述的，认为市场能够提供更多的福利、自由和民主。

首先，关于市场与福利安排的关系。他着重强调的是物质福利，其衡量标准是"人们所能享受的商品和服务的数量、质量、范围"③。在传统的社会主义思潮时期，物质财富的极度发达和工人阶级的贫困化形成了鲜明的对比，工人阶级群体的物质福利水平极度低下，资产阶级和无产阶级的福利对比反差非常大，这就衍生了重新分配福利的必要性。他提出，市场作为一种经济机制具有两种基本功能，一是信息机制，通过市场的信息互动，商品生产者能够了解消费者最需要什么产品，从而引导生产者把投资生产转向大众需求比较多的商品品种；一是激励机制，由于商品供求关系的影响，市场会

---

① ［英］索尔·埃斯特林:《市场社会主义》，邓正来、徐泽荣、景跃进等译，经济日报出版社1993年版，第29页。
② ［英］索尔·埃斯特林:《市场社会主义》，邓正来、徐泽荣、景跃进等译，经济日报出版社1993年版，第31页。
③ ［英］索尔·埃斯特林:《市场社会主义》，邓正来、徐泽荣、景跃进等译，经济日报出版社1993年版，第32页。

通过价格机制为那些符合社会需求产品生产者的利润激励，从而鼓励这种符合社会需求的产品生产者提供更好的产品。市场的这两种属性特点可以满足不同类型的人的多样化需求，激励制度对生产者、消费者、社会奉献者等都能给予合适的空间，从而为公民福利提供奠定了基础性的调解机制。在早期社会主义思潮中，由于这种设想的社会比较狭小，对于生产什么，需求什么都比较容易了解，因而计划的可行性比较大。但到了比较复杂的实践中的社会主义国家中，生产与需求的类型日益增加，信息复杂多变，唯一可行的办法就是通过国家计划，以从总体上对这些复杂的信息进行全面统筹安排，从而为企业生产什么，如何生产以及消费者需求什么等做出计划安排。但事实证明，这种国家计划在很多情况下也难以符合日益发展的社会需求，从而导致了传统社会主义国家计划的非合适性。

另外，对于个人公共福利的安排，如公共汽车、游泳池、影剧院等的服务，传统社会主义国家大多倾向于道德倾向型安排，过分强调集体消费高于个人消费的观点，从而也为社会主义国家福利安排带来一定的困惑。对于依靠市场进行福利安排的资本主义国家来讲，由于受到生产资料私有制为基础的制度体系制约，往往存在着收入过分差异、不能充分就业等，导致了福利安排的极度的不平等。基于这种福利安排事实的困境，他主张一定要实现社会主义与市场经济的结合，也就是他所说的市场社会主义类型，即"通过对投资的公共调节来保证充分就业"，通过"促进工人合作社企业"的发展壮大，实现"收入的分配较为平等"，通过"税收制度来实施那些受公众认可的进一步的再分配措施"等。①

其次，关于市场与保障自由的关系。关于市场保障自由的观点，戴维·米勒提出，"社会主义的自由观乃以有效选择为核心，一个自由的人应有许多选择"②。基于这种对自由的理解，他摒弃了自由的抽象的一般的意义，而把自由界定为具体的、行为的、选择的形式，一种具有按照人民意愿自觉选择行事的手段。从这个意义上，自由应该具体化为个人消费选择的自由、就

---

① ［英］索尔·埃斯特林：《市场社会主义》，邓正来、徐泽荣、景跃进等译，经济日报出版社1993年版，第34页。
② ［英］索尔·埃斯特林：《市场社会主义》，邓正来、徐泽荣、景跃进等译，经济日报出版社1993年版，第35页。

业选择的自由、言论自由和政治自由等类型，这些自由的保障都离不开市场对资源的配置。因此，市场能够为这些类型的自由提供充分的保障。

市场通过资源配置给人民提供了多样化的生活方式选择，"人民可以想穿什么衣服就穿什么衣服，想听什么音乐就听什么音乐等等"，而没有任何公共机构去干涉人民的这种一般自由的选择能力；人们也可以拥有"选择工作种类和工作地点的自由"，市场经济类型"既可以迎合那些不图高收入而愿意以特殊方式工作的人（如众所周知的在阁楼里忍饥挨饿的艺术家）的需要，又可以迎合那些虽身怀一技之长又由于种种原因并不想将之充分贡献的人的需要"①，从而给人民提供了职业选择的自由。而由于市场拥有广泛的书刊资源和科技结晶的传媒资源，从而可以通过投资的方式来大力发展那些符合大众政治观点的机构，来扩大这些报纸杂志以及传媒资源的种类数量，而不用受到资金限制和政治压力的限制等因素，从而保障大众的言论自由及政治自由。因此，戴维·米勒认为，"社会主义市场经济能够对私人消费选择自由、就业选择自由、言论自由作出保障"，而"无市场或仅有极有限市场的社会主义市场经济，则不可能保障这些自由"。②

最后，关于市场能够促进民主的观点。戴维·米勒认为，民主是一种政治平等的制度，这种政治平等与分配平等没有直接的联系，这就要求在民主类型方面加以改进。一方面，他坚决反对计划经济体制下的国家民主。他坚决批判国家民主普遍存在的官僚机构的行政官员，这些身居国家核心部门的人很难制定出切实可行的计划，无法应对千变万化的信息需求，而作为普通民众的意见又很难达到这个层面，二者无法实现合理的统一，从而使这些民主保持在"口号"层面，而忽视了民主的具体内涵。另一方面，他非常赞同市场经济条件下的工业民主。他所谓的工业民主主要是指在英国普遍存在的合作社企业中，"各企业成员必须掌握对其工作环境的高度控制，这包括生

---

① ［英］索尔·埃斯特林：《市场社会主义》，邓正来、徐泽荣、景跃进等译，经济日报出版社1993年版，第36页。
② ［英］索尔·埃斯特林：《市场社会主义》，邓正来、徐泽荣、景跃进等译，经济日报出版社1993年版，第38页。

产什么、怎么生产等事项拥有决策权"①。只有在市场经济条件下，这种企业的工人才能根据市场的行情、供求情况、价格机制等具体的指标自主地确定企业生产的规模，生产的种类，资金流动，企业管理等，也就摆脱了传统计划经济主导的社会主义。

（3）对社会主义无需市场观点的批判。在讨论了市场对福利、自由、民主等方面具有的优势之后，戴维·米勒就转而批判了当时流行的对市场优势攻击的集中观点，进而进一步论证了社会主义必须与市场经济相结合的基本观点。

首先，关于市场经济提供的是不对路的商品和服务，从而也就不是消费者真实的需求的观点。他认为，市场能够为人类提供更多数量和更高质量的福利安排，这一点是毋庸置疑的。至于他们所指出的"非真实需求性"，社会完全有能力根据人性发展的需要，判断出人类普遍适用的"必需需求"，因为人类要满足生存发展所需要的基本产品的类型并不是很复杂，这仅仅是一种先决性条件。而对于那些超过人类基本需求的产品种类，既具有类型较多又具有非必需属性的产品，完全没有必要做出这种区分，而应该尽可能地丰富人类生存发展所需要的各类产品，从而为人类生存发展提供更多的福利基础。

关于"市场需求会刺激人类需要"的观点，也可以从另一个视角解读为市场需求激发了人类福利项目的增加，从而为福利安排提供更多选择，如果把人类的福利安排局限于某几种产品，不管是有意的刺激或是被动的刺激，都会对人类福利安排选择和种类增加，这个目标是客观存在的。因此，也就没必要把市场刺激人类需求解读为负面功效，而应该多从正面加以分析。对于在消费市场存在的上当受骗、过分包装、夸大广告等刺激消费心理的行为，也可以借助非市场的手段，如消费服务中心、贸易说明法、消费心理教育等手段进行规范，从而尽可能消除市场所衍生的负面效应。

另外，对于"必需需求"概念也是一个不断变化的过程，很多情况下会随着社会生产力的发展而不断发展，其类型和质量也会发生一定的变化，但

---

① ［英］索尔·埃斯特林：《市场社会主义》，邓正来、徐泽荣、景跃进等译，经济日报出版社1993年版，第39页。

不能超越现实社会所存在的普遍适用的标准,符合社会的供给水平和大众的消费水平,这样的需求才能界定为"必需需求"。"按需分配"是高阶段共产主义的分配原则,在社会主义条件下还不能成为一种全面的分配原则,这种"需"也是符合社会水平的"需求",而不能理解为个人实际"需要"的变量概念,因为人的无限制的"需要"肯定是永远无法满足的。因此,在社会主义市场经济条件下,就需要政治当局或政府进行监督与管理,允许市场运作,又允许所有人的需求都得到满足。

其次,关于"市场对收入的分配在道德上是专断"的观点。戴维·米勒认为,一般情况下,任何市场的收入分配都不会是单纯的市场化方式,或多或少都要受到社会制度背景的制约,如普遍适用的财产法、税收法、合同法等。社会主义市场经济的市场运作分配同样如此,也会受到一定的经济制度和政治制度的制约。因而市场化收入运作方式这种概念实际是不单一的,而是市场和制度的结合体。他提出,如果按照市场单一的运作方式来评判收入分配方式,也不能够界定为道德的专断行为。因为市场收入分配方式具有两个特点:一是市场收入与自愿选择和自愿行动相联系,个人收入必然与个人选择性行为方式及后果相一致。"在市场环境中,企业成员关于工作时间长短,辛苦程度,生产什么,怎样生产,采用什么新技术等问题所做的决定"[①],都会与企业工人的报酬有直接的联系。二是市场收入与"个人天赋及技能"有关。在市场经济条件下,市场运作必然会与个人先天的天赋和后天的技能教育相联系,不同的天赋能够使人在同等条件下提供不同的劳动数量与质量,而不同的教育技能同样能够使人的劳动耗费具有不同的标准,那么在社会劳动转化的过程中,这类具有天赋和技能的人理应获得不同的劳动收入。当然,对于市场分配中会出现的"运气"因素,他同样持肯定的态度,允许保留这种"运气"的分配机会,但不允许这种分配成为主流的或长久的,而应由国家相关机构加以规范,尽可能减少这种"运气"的成分。

最后,关于"市场助长了生产者和消费者"的自私自利动机的观点。戴维·米勒提出,社会主义市场经济并不是社会主义唯一的经济机制,计划经

---

① [英] 索尔·埃斯特林:《市场社会主义》,邓正来、徐泽荣、景跃进等译,经济日报出版社1993年版,第48页。

济的相关机制仍然要存在，对于经济目的而言市场机制是不可或缺的，但"市场还应该从民主的政治制度、从为市场制定的各种大参数的计划机构、从公共资助的社会服务机构以及从可直接表达对他人的利他主义关切的自愿机构等方面得到补充"①。因此，市场经济并不会威胁到人类人际关系的和谐团结，市场的功能大多被局限在经济发展的促进方面。他认为，无论在何种社会制度下，人们的经济活动和其他活动都是相互联系的，也是多样化的，不是铁板一块的统一，单一的计划经济绝不够实现人类一切活动的管控，而市场经济机制恰恰能为人类的相关活动提供多样化的实际选择，从而为人类社会的发展提供经济方面的帮助，因而市场对人际关系冲击的观点并不能成立。

总之，戴维·米勒根据早期社会主义与马克思科学社会主义对社会主义经济建构的历史渊源，分析了市场经济对自由、民主、福利等优先条件，并直接反驳了那种对市场经济存有疑虑的多种观点，提出了社会主义必然需要市场经济的基本结论，虽然有些观点具有通俗性、直接性、表面性等特点，但其对马克思社会主义与市场经济结合的理论是一个重要的补充，从理论上消除了社会主义排斥市场经济的理论倾向。

2. 戴维·温特（David Winte）② 关于市场失灵现象和计划机制的思考。戴维·温特认为，市场机制和计划机制都属于交易机制的范畴，计划机制是一种非市场交易的可能形式。那种把市场与资本主义联系，把计划与社会主义联系的观念是错误的。"资本主义和社会主义都运用市场的非市场的交易方式"③，也就是说在资本主义也有计划，社会主义也应该有市场。实际上现实中的两种制度并没有彻底消除两种机制的综合运用。并且社会主义国家应该把市场作为一种主导的机制进行经济调节，从资源配置和信息传递的视角与社会主义制度结合起来，从而实现经济机制的良性运转。但无论是在社会

---

① ［英］索尔·埃斯特林：《市场社会主义》，邓正来、徐泽荣、景跃进等译，经济日报出版社1993年版，第50页。
② 布里斯通大学经济系高级讲师，伦敦经济学院兼职高级研究员，英国市场社会主义理论家。
③ ［英］索尔·埃斯特林：《市场社会主义》，邓正来、徐泽荣、景跃进等译，经济日报出版社1993年版，第107页。

主义制度还是在资本主义制度条件下,"市场失灵"现象是不可避免的。因此,政府的干预和计划干涉等措施必然要作为社会主义经济发展的机制。

(1) 关于市场失灵现象的批判。戴维·温特指出,市场是一种交换机制,是经济活动的主要手段,具有良好的激励机制、信息机制和竞争机制等,自然可以和社会主义制度相结合,更好地配置社会主义社会的资源,从而促进社会主义社会的效率和效益,也能更加有效地实现社会主义的公平与公正。但由于市场机制自身的先天性问题,在社会主义制度下,市场机制同样会出现市场失灵现象,从而引发市场机制社会问题。主要表现在垄断性市场、外溢性效果、投资不确定性、价格不稳定性、收入分配的不平衡性等问题。在市场经济条件下,有一些特殊性的产品,如事关国家长远发展的铁路、供水等项目,往往会出现竞争受限制的情况,在只关注市场交易的成本利润的体系中,也会存在只顾经济利益而忽视经济外部性问题的现状。更为特殊的是,在资本投资市场,由于资本投资市场的不确定性,往往会带来投资混乱问题和无政府状态,从而影响到广大人民的生活;由于价格调节机制的波动性,从而会引发经济发展不稳定性等。在市场失灵出现的情况下,就需要政府出面进行干涉,通过行政指令性计划或经济性手段等来调整经济发展的状态,从而消除市场失灵现象。

(2) 关于计划机制的运用。戴维·温特认为,从通常意义上讲,"计划是指所有有目的的经济活动",强调的是个人或组织系统地安排活动,而经济计划是指"按照全面计划在整个经济领域中配置资源",强调的是总体领域中的资源配置情况,属于经济领域的具有"公共关注"的问题。[①] 尽管个人或组织的活动涉及经济活动,但因为是个人或组织内部自愿的既定的活动安排,所以属于非市场关系,如国家提供的免费教育或健康之类的服务,个人安排的家庭与家庭之间的交易活动等;只有那种直接的全面的资源配置的计划才属于市场规则经济和计划。但是社会主义者通常混淆了非市场规则与市场规则的区别,从而也就模糊了中央集权政策和经济资源配置的关系。

按照戴维·温特的观点,经济计划应该分为指示性计划和指令性计划两

---

① [英] 索尔·埃斯特林:《市场社会主义》,邓正来、徐泽荣、景跃进等译,经济日报出版社1993年版,第109页。

种类型，他反对中央集权的指令性计划而主张采用市场经济条件下的指示性计划类型。关于指令性计划，他提出，计划制定者首先要拥有足够详细的信息资源，才能制定出切实可行的计划，从而为计划执行者提供科学的计划指导，也更能够使计划执行者赞同该计划并自觉按照这类计划执行，从而保障资源配置按照计划运行。但现实的状况往往是，由于未来的诸多不确定性因素，计划制定者也难以拥有有效的资源信息，计划制定者对目前及未来的经济条件并不熟悉，结果证明"大多数计划的一些因素是不现实的"，因而就导致了计划执行者对计划的认可度降低，甚至不能很好地执行计划的安排，从而影响了经济发展的总体安排，这也是传统社会主义计划经济的重要弊端，是苏联模式的社会主义在实践中经过验证而得出的结论。

为此，他根据法国的计划经验主张社会主义必须运用指示性计划。他指出，所谓指示性计划，是指"对资源配置主要机制——市场的重要补充，但绝不是替代物"，其不同于苏联时期的计划结构，是"关于计划构设和阐释的咨询、讨论过程，这个过程是分权性质的、民主取向的"①。从计划制定层面，它是各种信息的汇聚和不同利益群体的协调，当然也包括国家的补贴、税收制度层面的政策指导，计划制定者只是一个中间场所，不是直接决定者角色，为各方提供信息交换和机制协调，尽可能减少因计划不当而出现的外溢性效果等问题。从计划的执行者层面看，指示性"计划并不包含实施的程序"，计划的实施由"各个经营者去落实，让它们在计划框架内彼此签订独立的合同；每个合同都有强制力，就像其他自愿签订的合同一样。这样的程序具有较大的强制力"②。其中，国家扮演较为重要的角色，以确保计划制定者制定的计划切实可行，为计划科学性提供宏观保证，当然国家可以通过各种宏观手段进行协调和干涉。而在计划的具体执行方面则交由地方各级企业组织与行政组织，允许其独立地安排计划执行，从而"提供一种分权的、富有民主潜力的计划"，它既能"改进市场的作用，而又没有威胁要取代它作

---

① ［英］索尔·埃斯特林：《市场社会主义》，邓正来、徐泽荣、景跃进等译，经济日报出版社1993年版，第122页。
② ［英］索尔·埃斯特林：《市场社会主义》，邓正来、徐泽荣、景跃进等译，经济日报出版社1993年版，第122页。

为主导的资源配置机制"。①

总之,戴维·温特结合苏联指令性计划的实践弊端和法国指示性计划的经验,在揭露市场失灵现象批判的基础上,提出了社会主义条件下计划类型的转换和市场机制运行的统一,丰富发展了马克思关于市场失灵问题的批判,为在社会主义市场经济条件下的计划类型提供了理论基础。

3. 希勒·蒂克庭(H. Ticktin)② 关于"社会主义"无市场的论证。希勒·蒂克庭重点围绕社会主义的传统、马克思的市场观、市场的负面效应等问题,论证了市场与社会主义的不能共融性,但实际上,他混淆了社会主义的基本概念,混淆了马克思所指的共产主义两个基本阶段的联系与区别,因而这里他所指的"社会主义"实际是马克思所指的共产主义。因而他的这种论证丰富了马克思关于共产主义社会无市场的理论逻辑,发展了马克思市场批判思想。

(1) 从社会主义历史渊源的视角,希勒·蒂克庭对社会主义与市场关系的误判。他认为,无政府主义者蒲鲁东就提出了"一种社会概念",并称之为"市场社会主义的首次详细的说明",并把马克思"嘲笑了蒲鲁东试图在保留市场的同时消除雇佣劳动和资本的想法"作为社会主义反对市场的基本论据。③ 很显然,这种观点是立不住脚的。众所周知,马克思所批判的社会主义是空想的社会主义、改良的社会主义、庸俗的社会主义等多样化的社会主义思潮,蒲鲁东式的社会主义无非是改良主义的一种变异,因而和其后科学社会主义的概念是不同的。这里他第一次混淆了社会主义的概念。接下来,他又从托洛茨基和普列奥勃拉任斯基关于"计划与市场敌对观"开始,描述了斯大林和布哈林关于"市场与计划"问题的看法,得出了"社会主义不存在市场"的基本结论,并把布哈林称为"市场社会主义创始人地位",并引证苏联社会主义解体的矛盾否认了这种社会主义与市场并存的基本倾

---

① [英]索尔·埃斯特林:《市场社会主义》,邓正来、徐泽荣、景跃进等译,经济日报出版社1993年版,第125页。

② 英国格拉斯哥大学教授,社会主义运动研究中心主任。主要著作有《苏联危机的起源:分裂的政治经济》《南非种族歧视的政治学》《列·托洛茨基的思想》等。

③ [美]伯特尔·奥尔曼:《市场社会主义——社会主义者之间的争论》,段忠桥译,新华出版社2000年版,第62页。

向。另外,他又详细地对市场社会主义思想进行梳理,总结了20世纪30年代兰格模式关于社会主义经济大讨论的经验,从而挖掘出"市场社会主义"起源于东欧国家试图把市场引入社会主义的改革过程。据此,他得出了一个基本结论,"在社会主义的历史上就存在两条清楚的思想路线。一条是马克思主义的反对市场的路线,另一条是与市场妥协的路线。然而,某些马克思主义者有时也接受市场"。系统回顾总结了社会主义与市场关系的来龙去脉,但他却把东欧社会主义的解体作为社会主义不能与市场共存的引证,这种观点很显然不正确,没有把握住社会主义与市场关系的本质,也没有发现社会主义与市场实践的矛盾。

(2)从社会主义实践的视角,希勒尔·蒂克庭对社会主义与市场的关系误判。结合斯大林社会主义发展的实际,他得出一个结论,"官僚主义是由市场类型的管理准则的强加而形成的"①。据此,他坚决反对社会主义与市场经济的相容性。他认为,市场的本质不在于"买卖"行为的发生,而在于价值规律能否起作用或价值是否得以实现为依据;很显然这种观点对市场经济的评判存在误解。而对于社会主义,他否认计划经济作为经济协调发展形式的客观定位,而单纯地把计划视为一种社会关系,从而夸大了计划在社会主义制度中的属性地位,进而否认市场经济对社会主义的相容性,把计划经济视为社会主义的本质。同时,他也认为,马克思是坚决反对市场的,虽然承认马克思关于市场经济起源的基本评判,但却忽视马克思关于资本主义市场经济批判的历史阶段,忽视了马克思所指的社会主义市场保留的可能性。他的这种观点是基于马克思关于"劳动在社会主义将成为人类第一需要而不是人类的负担。劳动力的出卖已经被消除,劳动必然成为创造性的活动"等理论判断。很显然,这时候他已经把马克思所指的共产主义理解为社会主义了,也就表明了他所指的社会主义无市场实际等于共产主义社会无市场的观点。因此,从这个意义来看,他对社会主义与市场关系不相融合的观点是一种误解,也是对社会主义存在市场而共产主义无市场观点的一种反向证明,与马克思的市场批判思想并不矛盾,不过是对这种思想产生了误解而已。

---

① [美]伯特尔·奥尔曼:《市场社会主义——社会主义者之间的争论》,段忠桥译,新华出版社2000年版,第65页。

(3) 从理论实践结合的视角，希勒尔·蒂克庭对社会主义与市场融合关系部分认可。和大多数马克思主义理论家一样，他并不反对从资本主义向社会主义过渡期必然需要市场的观点。他提出，"在过渡时期，市场会从以前的时期继续存在，尽管大多数传统的马克思主义者认为它将逐渐消亡"①，表明了他肯定马克思关于过渡时期市场批判理论的认同。另一方面，他也承认过渡时期的市场经济与社会主义具有矛盾性，这种市场经济会导致集体经济成分与私有经济成分的矛盾，会导致世界市场的混乱，会引发国有企业腐败，从而会带来对社会主义经济的影响等观点，这种看法也是符合客观实际的，从另一个角度强化了马克思关于过渡时期市场经济运用理论的内容。其次，对市场本身弊端的批判。在分析市场和效率的过程中，他指出了市场自身的一些问题，实际也就是市场失灵现象。他认为，"在发达的经济中，市场必然会带来资本家和工人、雇佣者和受雇佣者之间的冲突"；"在充分就业的条件下，金钱的刺激会减弱，特别是在工作本身是非创造性的甚至是有害心理和身体健康的时候"；也会存在"便宜的商品是质量差的商品。更贵的商品或者会有意想不到的缺陷，或者具有内在的陈旧性"等问题。揭露了资本主义条件下市场经济的种种问题，丰富了马克思关于资本主义市场批判的基本内容。希勒尔·蒂克庭通过对社会主义与市场关系问题的历史梳理，发现了社会主义与市场博弈的主导逻辑，进而肯定了过渡时期市场存在的必要性，揭露了资本主义市场条件下必然出现的诸多问题，批判了斯大林社会主义存在的问题与矛盾。尽管其在对社会主义的解读与市场看法方面具有一定的模糊性和偏颇性，但却从多角度论证了社会主义与市场关系的内涵，丰富了马克思关于资本主义市场批判和社会主义市场建构的实践内容。

总之，英美等发达资本主义国家的马克思主义理论家与左翼作家结合马克思经典著作的分析，结合当代资本主义发展的实际现状，肯定了马克思社会主义观及社会主义需要市场经济的基本观点，多角度、多层次论证了支撑社会主义需要市场的理由与优势，从而继承发展了马克思的市场批判理论。

---

① [美] 伯特尔·奥尔曼：《市场社会主义——社会主义者之间的争论》，段忠桥译，新华出版社2000年版，第73页。

二、"亲市场"模式建构的主要类型

在英美马克思主义理论家争论的探索中，结合资本主义社会市场经济的现实，总结社会主义的经验教训，把马克思市场批判思想的实践理论大大向前推进了一步，涌现了诸多关于"亲市场"的实践设计模式。总的说来，大概包括三种基本类型，一类是以戴维·施威卡特（David Schweickat）[①]为代表的经济民主与市场经济相结合的模式；二是以约翰·罗默（John Roemer）为代表的银行为中心的市场经济模式；三是以戴维·米勒为代表的工人合作社与市场经济结合的模式。

（一）经济民主与市场经济相结合的模式

经济民主与市场经济相结合的模式主要是由美国著名的马克思主义理论家戴维·施威卡特提出的，该模式立足于对资本主义以及对苏联集权社会主义的批判，在南斯拉夫工人自治的社会主义经验的基础上，结合发达资本主义国家的市场经济运转情况，重点吸收了日本银行为中心的市场经济和西班牙蒙德拉贡的工人合作型企业管理实证模式经验，凸显了经济民主与市场经济相结合的属性，理论界一般称之为经济民主型市场社会主义。实际上，按照他自己的说法和观点，他的本意并非是往市场社会主义方向发展，而是对东欧传统社会主义改革的延续，属于马克思科学社会主义的创新与发展，只不过在其实践设计之中出现了一些不切实际的想法，从而使这种模式陷入了一定程度的空想，但为马克思市场批判思想在资本主义的实践提供了可选择的模式。

1. 经济民主与市场经济相结合的模式衍生的理论背景。20世纪90年代，以苏联、东欧为代表的传统社会主义模式解体，标志着社会主义运动发展进入了低谷，东欧国家对于市场社会主义模式的探索也被迫停滞不前。而以美国为首的发达资本主义国家也同样面临经济停滞，社会问题丛生，广大民众

[①] 美国芝加哥罗耀拉大学哲学系教授，左翼马克思主义理论家，市场社会主义的重要代表人物。主要著作有《是资本主义还是工人控制？一个道德和经济的评价》《反对资本主义》等，在马克思主义、市场社会主义、其他社会主义流派等方面发表诸多文章。

对资本主义的前途充满忧虑。在此背景下,对传统社会主义与资本主义社会的理论反思,就构成了未来社会发展理论的社会背景。

关于对苏联模式社会主义的批判,戴维·施威卡特着力于对中央计划的批判。他认为,中央计划的社会主义经济主要存在"信息的问题,激励机制的问题,集权化倾向的问题和企业创新的问题"①等四个方面。

(1) 中央计划首先要遇到"信息问题",也就是计划制定者根据什么来制定计划的信息,如生产什么,如何生产,如何销售,如何分配等问题。在一个经济活动相对简单化或相对集中化的地方(如苏联、东欧、中国)等,计划者能够制订出一整套的计划保证经济的运行,但一旦经济发展的规模化、分散化、专业化等复杂程度比较高的时候,计划制定者就难以制定合理的计划。计划制定者不能拥有足够的信息,因而也不能对计划的具体细节作出详细的探索。如民众的消费需求是什么、需要多少、需要什么类型的商品、需要商品的价值标准、消费标准、消费方式等问题,计划根本不可能做到,这些问题也只有进行消费的民众才能了解,而反映这种消费需求的最好的方式也就是"用他们的钱来选择"。而对于生产什么、如何生产的问题肯定只有企业才知道,包括购买原料的价格、购买原料的质量、生产流程管理、生产产品质量监控、产品流通等问题,计划制定者很难确定这些不确定的因素,也只有企业自身才拥有可以了解这些细节的功能。但是对于完整的社会系统来讲,这些因素总是相互联系、相互制约的,任何一个环节发生问题,都会影响整个经济过程的运转,从而影响经济发展。

(2) 关于激励机制问题。他认为,中央计划经济缺乏激励机制,从而导致了企业、工人、管理人员、政府等之间的低效率和不负责任,政府的预算约束软化严重,缺乏硬预算约束机制。对于企业来说,产品的种类和定额是由政府计划决定的,企业就没必要也没动力去关心消费者需求什么,需求什么样的产品等,企业的经营目标就是完成政府规定的计划定额,从而保证企业生产的过程,而不关心生产之外的其他任何问题。生产产品的原料是由政府计划提供,产品的消费是由政府决定分配,企业无需关心产品质量和产品

---

① [美] 伯特尔·奥尔曼:《市场社会主义——社会主义者之间的争论》,段忠桥译,新华出版社 2000 年版,第 9 页。

是否符合社会需求问题，也没有积极性来提高生产技术，更不会担心企业利润与企业亏损问题，从而企业就成了中央计划的具体执行者，失去了企业作为独立自主的经济实体的基本功能。对于劳动者来说，由于缺乏应有的激励机制，劳动者缺乏生产劳动积极性，因为劳动报酬的分配是由政府统一规定的，劳动者也不用关心企业的经营效率，因为企业经营效率是由国家统一管理的，和劳动者本人的劳动没有必然的联系；劳动者也无需考虑劳动技术的提高，因为所有的劳动都会按照统一的标准来评价，其具体直接的反映是计划产品的产出，而不会去转化为社会必要劳动。

（3）关于集权化倾向问题。他认为，与中央计划相联系的政治问题是集权化倾向产生的主要问题。中央计划制定者掌握大权，往往容易产生腐败或贿赂等问题。如前所述，中央计划对企业生产具有至关重要的地位，能够决定企业的生死存亡。因而企业生产者往往会通过各种途径影响计划制定，企业可以不去关心企业产品的质量，但必须关心企业产品计划的制定，会想尽办法进行"低报生产能力"以获得较少的计划量，也会通过金钱或其他手段贿赂的形式希望计划制定者提供较为低量的计划，从而为企业生产成功提供根本保障。在计划落实环节，计划制定者也往往倾向于把生产集中于数量较少的大生产单位，因为这样的计划比较容易落实与管理，但集中化的大型单位往往存在效率不高问题，但为了计划能更好地贯彻执行，计划制定者还是具有这种集中化的倾向。计划者也会尽可能地回避民主的手段来保证计划执行，经常通过在消费者与生产者之间设置障碍的办法，减少广大民众对于计划制定的参与，因为一旦这种计划遇到民众的反对和争论，就要花费相当大的精力和相当多的时间来处理这些事情，也会给其他计划与计划的整体系统带来很大的影响。因此，计划管理者也往往具有集中化的倾向，从而产生集权化问题。

（4）关于企业创新问题。他认为，中央计划条件下的企业缺乏创新精神。如前所述，企业的生产经营等相关问题主要来自于中央计划，自然就"没有什么新产品或新的生产技术能力在这些经济中发现"，这些原因主要由于"结构上的原因"而造成的。① 从计划制定者来看，其目的是为了保障计划的制定，没有动力也没有能力去把握所有的信息，进而制定不断变化的计划，既减少了自己工作的劳动量，又保障了计划的连贯性和稳定性，从而为计划的执行带来保障，减少了因计划不当而产生的风险。从企业角度来看，因为缺少竞争机制，企业无需关心消费者的需求和竞争对手的情况，就没必要去关心新技术的改进和新产品的开发，不存在占领市场的需求。对于企业管理者和劳动者而言同样如此，他们不会花费更多的精力去思考企业技术革新问题，因为没有激励机制，这样既省心又省力，也减少了个人创新的风险。对于广大消费者来讲，因为计划制定者与他们之间的距离太远，并且存在严重的阻碍性因素，消费者的新需求及新的想法并不能传递给管理者和计划制定者，这种渠道是闭塞的。

2. 经济民主与市场经济相结合模式的借鉴资源。戴维·施威卡特指出，经济民主这种模式不是一种完全的经济理论或政治理论，而是理论与实践相结合的"一种辩证的结合"，在"过去二十多年来，围绕工厂模式上的经验证据"，总结"众多大规模试验的历史记录""苏联和东欧中央计划的失败"中的经验教训②，结合南斯拉夫、日本、西班牙等国家经历的改革经验而提出的一种替代性模式。

(1) 南斯拉夫经验的借鉴。如前所述，南斯拉夫社会主义的核心特征就是工人自治与市场经济相结合，通过工人自治和社会自治的基本手段，运用市场经济的基本机制，实现了社会主义与市场经济的完美结合。戴维·施威卡特的经济民主模式的核心内容是来源于南斯拉夫的工人自我管理为特征的自治社会主义市场经济。他认为，工人自我管理与市场经济相结合的内核促进了南斯拉夫经济的大发展，创造了南斯拉夫经济增长的奇迹，大大提高了南斯拉夫居民的生活水平，使南斯拉夫进入了中等收入发达国家的行列。这种"社会主义自我管理体制，取得了产出与消费上的高经济增长率，平均生活水平在过去35年间已变得超过人的认同范围了"，从而使南斯拉夫成为了

---

① [美] 伯特尔·奥尔曼：《市场社会主义——社会主义者之间的争论》，段忠桥译，新华出版社2000年版，第11页。

② [美] 戴维·施威卡特：《反对资本主义》，李智、陈志刚译，中国人民大学出版社2002年版，第65页。

"最自由的共产主义国家,也比低中等收入的非共产主义国家要自由"。① 由此可知,他对南斯拉夫的社会主义工人自我管理特征作出的评价如此之高,而这种特征也构成了经济民主与市场经济相结合模式的本质特征。"像南斯拉夫一样(如果说在实践上不如,在理论上则如此),'经济民主'是一种工人管理的市场社会主义",但这种模式又比"南斯拉夫和西方民主更具民主性"②,其经济领域和政治领域都是民主的,从而凸显了这种模式内核的优越性特征。

(2) 日本经济发展经验的借鉴。众所周知,日本经济在第二次世界大战以后发展非常迅速,成了世界经济成功发展的典范。1946 年到 1976 年间,日本经济增长了 55 倍,经济总量占据世界的比重大大增加。据此,戴维·施威卡特对日本经济进行了翔实的分析,他认为,日本经济有三大基本特征,一是大规模的国家干预,尤其是在投资决策方面;二是"双重经济机制",一半是竞争性的企业大集团,一半是成千上万的小公司;三是"终生就业保障为特色的工厂员工关系、同资历紧密挂钩的薪水、同公司收入相关联的充足分红、股份以及颇具规模的工人决策参与行为"等。③ 很明显,在日本企业经营管理模式中有一个与自由资本主义企业不同的特征,那就是国家宏观调控,尤其是对投资的控制,实际上通过投资的控制加强了对企业的管理调控,同时日本的公司也注重工人参与决策的管理,终身制模式加强了工人对企业管理的责任感和动力感。

(3) 西班牙"蒙德拉贡"合作社经验借鉴。他的另外一个考察对象是西班牙的一个名叫"蒙德拉贡"的集团公司经营模式。1943 年,这个"蒙德拉贡"集团公司起源于一个为没有机会上大学的工人阶级男孩而提供机会的"红色神甫——阿里茨门蒂(Arismend)",这个名叫"蒙德拉贡"的学校旨在"发展技术教育、社会和精神教育",以改变"被不平等的权利关系阻碍

---

① [美] 戴维·施威卡特:《反对资本主义》,李智、陈志刚译,中国人民大学出版社 2002 年版,第 67 页。
② [美] 戴维·施威卡特:《反对资本主义》,李智、陈志刚译,中国人民大学出版社 2002 年版,第 71 页。
③ [美] 戴维·施威卡特:《反对资本主义》,李智、陈志刚译,中国人民大学出版社 2002 年版,第 65 页。

大多数人潜力实现"的现实。① 后来,"蒙德拉贡"的毕业生陆续开设了合作社性质的工厂,取得了巨大的成功。20 世纪 80 年代,"蒙德拉贡"集团"拥有 180 多个合作社,将近 20000 名工人,涉及生活用品、农业合作社、建筑合作社、教育合作社以及一个消费者合作社、一个妇女合作社、一个社会保障合作社和一个研究开发合作社"等。② 很显然,"蒙德拉贡"集团的合作社是非常成功的。戴维·施威卡特认为,"蒙德拉贡"集团最突出的特性就是它的"民主性",合作社的工人拥有对企业的自主管理权,拥有一人一票的经营管理权利,拥有成熟的管理机构、管理委员会、监督委员会等。

总之,正是在总结吸收这三种管理体制的经验教训后,戴维·施威卡特提出了经济民主与市场经济相结合的社会主义模式,这种模式同"南斯拉夫社会主义、日本资本主义、'蒙德拉贡'合作社享有共同的特征,但它不是这三者中任何一种的模仿"③。

3. 经济民主与市场经济相结合模式的基本特征。戴维·施威卡特提出,经济民主与市场经济相结合的模式有三大基本特征,即在"不以生产资料私人所有为特征"的基础上,"每一个生产性企业是由其工人民主管理的","日常经济是一种市场经济:原材料和消费品是以供求力量所决定的价格进行买卖的","新的投资是由社会所调控:投资基金由税收所生成,依照民主的、合乎市场的计划进行分配"。④ 具体说来如下:

(1) 工人自我管理型企业管理模式。他提出,在工人自我管理型企业里,企业业务管理完全属于工人。工人具有控制权和管理权,工人对企业生产业务全权负责,包括生产什么、生产多少、如何生产、如何分配等相关的经济活动。企业事务决定的程序是民主的。所有的事情都通过一人一票的形式,把事情摆在桌面上,公开讨论决定。企业的管理人员也是由工人通过投

---

① [美] 戴维·施威卡特:《反对资本主义》,李智、陈志刚译,中国人民大学出版社 2002 年版,第 69 页。
② [美] 戴维·施威卡特:《反对资本主义》,李智、陈志刚译,中国人民大学出版社 2002 年版,第 69 页。
③ [美] 戴维·施威卡特:《反对资本主义》,李智、陈志刚译,中国人民大学出版社 2002 年版,第 71 页。
④ [美] 戴维·施威卡特:《反对资本主义》,李智、陈志刚译,中国人民大学出版社 2002 年版,第 71—72 页。

票选举出来，不是国家任命，也不是由地方或社区选举。企业生产资料是社会所有制。工人可以自我管理公司业务，但不拥有生产资料所有权，如果公司破产或重组，工人有自主找工作的自由，但其拥有的公司的股票不能随意交换，必须在等价的前提下进行交换，从而保证社会所有资产的增值保值，企业的剩余基金不能随意处置，必须返还企业作为投资基金来使用等。

（2）市场主导的企业运营模式。戴维·施威卡特明确提出，经济民主必须与市场经济相结合，是这种社会主义的重要特征，至少在消费品和资本配置方面实现市场经济。他认为，在这种模式下，企业拥有独立的生产经营权，对生产、交换、分配等可以根据市场行情进行自主决定，而无需政府进行过多的干涉。企业必须通过市场"从其他公司购买原材料和机器设备，又把它的产品卖给其他企业或消费者。价格大致说来是不实行调控的，一切通过供求关系裁决"①；实现了自主经营、自负盈亏。企业生产要以利润为导向，但这种利润不同于自由市场条件下的利润，而是通过企业由工人自主地决定利润的分配方式，工人有权从企业获得利润的分成。在遇到市场失灵的情况下，政府有权通过宏观调控的方式进行适当调控，从而避免市场缺陷带来的负面影响。

（3）企业投资的社会调控。关于企业的投资，戴维·施威卡特主要借鉴了日本和西班牙"蒙德拉贡"集团的具体做法，也就是实行"投资的社会调控"。② 这种社会投资的调控是针对经济民主的市场经济条件下基金属性开展的。在经济民主的条件下，企业投资基金主要来自于征收的财产税，财产税的征收应该由中央政府发起，因此，投资基金不是过去依靠私人提供利益而吸引的基金，这样的投资基金就无需因个人储蓄而支付利息，也无需因个人借贷而向个人索取利息。关于这些来自于税收的投资基金该如何分配到投资领域问题，他提出，新的投资基金的分配主要通过银行网络实现发放。他批判了日本式和社会主义自由放任式的分配方式，既反对日本那种国家严格管控的投资方式，又反对社会主义模拟自由市场的管理模式，而是采取折中的

---

① ［美］戴维·施威卡特：《反对资本主义》，李智、陈志刚译，中国人民大学出版社2002年版，第73页。
② ［美］戴维·施威卡特：《反对资本主义》，李智、陈志刚译，中国人民大学出版社2002年版，第73页。

方式，采取国家管理，银行管控资金的一种相对宽松的模式。国家把统一征收的财产税集中起来交给银行，银行再根据具体的企业经营状况进行投资分配。其中，主要包括国家立法机关决定国家范围内的项目需要的公共支出，鼓励某些特殊项目的运营基金；剩余的基金按照人口比例再分配到各州省等，各地区立法机关做出同样的公共支出和鼓励性项目资金；剩余的再分配到社区，社区同样按照当地的公共支出和鼓励性项目做出资金分配。这样按照民主的程序，实现了国家、地区、社区等三级层面的基金分配。这时，戴维·施威卡特建议设立一个类似"蒙德拉贡"式的合作社银行，这个社区银行由"二级合作社进行运营"，"社区银行的管理委员会应该接纳社区计划机构的代表、合作社劳动力代表和与银行业务有关系的公司代表"。[①] 社区把基金转到这些自己的银行，银行再把这些基金分配给企业，如果这些基金没有按照规定使用，就要返还给社区上缴国家，从而为这些资金寻找新的投资机会，从而保障基金投资的有效利用。

总之，经济民主与市场经济模式坚守了马克思科学社会主义的价值目标，在总结社会主义改革兴衰成败经验教训的基础上，同时吸收了发达资本主义国家经济发展的优势特点，进而设计出既保持社会主义价值目标，又保持经济发展效率的一种理想社会，为资本主义替代物提供了一种可选择的发展思路，从实践领域丰富发展了马克思市场批判思想的模式建构。

（二）以银行为中心的市场经济模式

以银行为中心的市场经济模式是美国著名的分析马克思主义者约翰·罗默基于平等的社会主义逻辑，运用证券或股票作为其标志性实现手段，通过市场经济条件下银行为中心的运转机制，实现企业经营管理的效率和工人收入分配的平等，从而建构出一种社会主义与市场经济融合的实践性模式，丰富发展了马克思市场批判理论在发达资本主义国家实现社会主义的路径。在其影响下，著名的市场社会主义理论家巴德汉（Bardhan）也采用了这种银行为中心的社会主义模式。罗默的模式一般被理论界称为证券社会主义模式，而巴德汉的模式常被称为银行为中心的市场社会主义。由于本书研究的

---

① ［美］戴维·施威卡特：《反对资本主义》，李智、陈志刚译，中国人民大学出版社2002年版，第76页。

中心是市场经济机制的运用，故本书把他们统称为银行为中心的市场经济模式。

1. 对传统社会主义的批判。与其他社会主义理论家一样，罗默关于银行为中心的市场经济模式的设计，也是建立在对苏联模式批判的理论基础上，对社会主义未来发展的总结与创新。他对苏联模式的批判主要聚焦在经济领域。具体说来如下：

他认为，苏联型经济失败的主要原因有三个：一是"大部分产品由行政机关配置，在这种情况下生产者没有相互竞争的压力"；二是"政治部门直接控制企业"；三是"无竞争非民主的政治"等。[①] 但同时他认为，苏联型经济失败的最核心的原因是没有处理好"委托—代理问题"。他指出，苏联型经济存在三种委托—代理关系，即"管理者与工厂和集体农庄的工人之间的关系、政府计划者与企业经理之间的关系类型，以及公众与计划者之间的类型"[②] 等。但由于传统社会主义并没有很好地处理这三种类型的关系，直接导致了经济效率低下的弊端。他指出，"经理—工人的代理问题"因为缺少雇佣和解雇关系而变得缺少动力和激励机制，经理—计划者之间因为缺少市场而变成了讨价还价的关系，大众—计划者因为公众缺少权力而使计划者成为独裁者等，从而三者之间都缺乏一定的激励机制、约束机制、监督机制等，就出现了劳动积极性不高、生产效率低下、管理混乱等问题，严重影响了社会主义的生产力发展。基于这种弊端的评价，罗默认为，要想破解传统社会主义的委托—代理问题，有必要借鉴资本主义市场经济运行的基本模式，在经理—工人之间导入经济利润的刺激，以鼓励劳动者的积极性。在计划者—经理之间导入股东—经理代理问题，增加股东的监督能力，以激发经理的管理积极性；在公众—计划者之间应该导入公众—股东代理机制，从而满足公共利益等。

2. 银行为中心市场经济模式的特征。以银行为中心的市场经济模式的典型特征就是通过银行这个载体发挥市场经济的优势，同时又保障生产资料的

[①] ［美］约翰·罗默：《社会主义的未来》，轩传树、朱美荣、张寒译，重庆出版社1997年版，第37页。

[②] ［美］约翰·罗默：《社会主义的未来》，轩传树、朱美荣、张寒译，重庆出版社1997年版，第38页。

公共所有制基础，从而维系财产占有的平等和财富分配的公平。

（1）机会平等是银行为中心市场经济模式的目标。这是罗默设计银行为中心市场经济的前提和基础，其后的模式设计基本都围绕这一理论需要目标展开。罗默的社会主义观是基于机会平等这一内核的，他非常强调社会主义需要各种机会的平等。他认为，社会主义需要"自我实现和福利机会平等；政治影响机会平等；社会地位机会平等"① 等三个方面。需要说明的是，罗默在这里关注的是机会平等，而不是平等的现象，对于自我实现、福利平等、政治平等、社会平等提出了导向性的属性界定。他认为，同时实现这几种类型的机会平等是不现实的，社会主义者应该选择不同的"偏好序"，至于是否把哪种机会平等作为优先类型，要根据不同的个人的偏好而定，现实的争论往往是放在"政治机会平等"或"自我实现和福利机会平等"方面，可以看出，罗默是非常关注"自我实现和福利机会平等"的，他更倾向于把这种机会平等作为第一选择。当然，他也没有否认传统西方社会主义者关于政治机会平等第一的观点和苏联自我实现和福利机会平等的观点，没有否认马克思关于社会机会平等、政治机会平等、自我实现和福利机会平等的观点。但他明确主张，社会主义应该"最大限度地提高自我实现的机会水平，把这种能够达到的水平作为全体人民的平等水平"，也应该"最大限度地提高政治影响的机会平等程度"和最大限度地实现社会机会水平的平等。②

（2）多元公共所有制是银行为中心市场经济模式的基础。罗默认同马克思关于"资本主义的不公正在于剥削，而剥削的根源在于生产资料私有制"，同时私有制"也造成了资本主义无吸引力"等问题的基本判断，肯定马克思"废除双重罪恶的生产资料所有制"的理论，但他并不赞成"列宁和布尔什维克关于生产资料国家所有制"作为"世界被公认的公有制"的具体做法。③ 这是罗默关于社会主义生产资料所有制看法的基本评判。即他同意社

---

① ［美］约翰·罗默：《社会主义的未来》，轩传树、朱美荣、张寒译，重庆出版社1997年版，第9页。
② ［美］约翰·罗默：《社会主义的未来》，轩传树、朱美荣、张寒译，重庆出版社1997年版，第11页。
③ ［美］约翰·罗默：《社会主义的未来》，轩传树、朱美荣、张寒译，重庆出版社1997年版，第17页。

会主义需要公有制为基础,但公有制并不能仅仅理解为国家所有制,银行为中心的市场经济模式正是立足于这种所有制基础来建构的。罗默指出,公有制应该解释为"人民控制那种财产的处置权以及那种财产的产品",人民能够通过民主决策实现"对财产的控制",从而赋予公有制"多样化形式"。①凡是能够促进社会主义目标的财产形式都应该归属于公共所有制。这些形式可以包括工人管理的企业所有制、公有制企业、合作企业、非营利企业、有限责任公司、劳动管理企业、社会—共和财产、社会—民主财产等都可以作为这种模式运作的所有制基础。

基于这种公共所有制的多元化形式,罗默设计除了一种以股票形式为内核实现平等的财产所有制形式,这也是理论界把这种社会主义称为证券市场社会主义的原因。他设想,政府以国有企业的形式作为公有制的基本形式,然后政府通过股票的形式把国有企业财产分给每个21岁以上的成年人,同时允许这些人在其有生之年按照意愿进行股票交易,从而获得这些股票产生的红利,但不能把股票换为现金,在他们死亡时必须把这些股票上交给国家,重新变为公共财产等。通过这种形式,既保持了财产的公共所有制,又实现了公民对财产的平等的占有,从而保证了平等社会主义的物质基础。

(3) 银行为中心的市场经济运作机制。在银行为中心的市场经济模式中,其必须允许"对市场的广泛运用",同时又都借鉴了资本主义市场经济条件下充分发挥银行的主导机制,建构起银行、企业互相监督的经营模式。

一是弗勒贝(Flebbe)的工人管理企业中,银行为企业提供贷款基金,银行本身也属于工人自我管理企业,公民可以在银行储蓄,但不能购买企业股票,这种模式实现了工人与银行一起共同监督企业的模式,当然也包括公民对银行的监督。二是巴德汉的利润最大化企业,他提出要仿照日本的集团公司的形式把企业归属于集团内部,而集团公司的企业都要与一家主要银行相联系,银行负责为其联系的企业提供资金并监督企业的生产经营,形成了银行与企业之间的监督,而集团内部的各企业之间互相持有股份并获得利润,从而把这些利润分给企业职工,形成了企业与企业之间的互相监督,这

---

① [美] 约翰·罗默:《社会主义的未来》,轩传树、朱美荣、张寒译,重庆出版社1997年版,第18页。

样银行企业工人之间互相监督的机制就建立起来了。三是罗默的平等的社会主义模式。这种模式里面，企业的资金也是由公共银行提供的，银行同样负责企业的监督管理，保证企业利润最大化，进而把企业形成的利润分给个人股东。如前所述，由于成年人都拥有一份平等的原始企业股票，他们可以凭借这个股票来实现平等地分享企业利润，因为股票不能和货币交易，避免了股票为少数人拥有的现状，因为股票在公民死亡后要交给国家，也避免了代际不公平的现象等。银行一旦发现某个企业股票价格下降，就会密切关注该企业的经营管理，从而通过股票与市场的关系实现了银行对企业的监管。四是布洛克（Brock）的"没有阶级权力的资本主义"中，设想通过改变企业与银行管理结构的办法，主要通过立法的手段，发挥公共银行的功能来提高金融部门的竞争，从而建构银行与企业互相监督的模式。

关于如何确保银行为中心的经营效率问题。罗默与巴德汉认为，从银行自身定位来看，必须确立银行独立经营的企业定位，其一定要完全摆脱国家的政治控制，通过"一系列的法律的和经济的措施来保证，银行在国家与企业管理之间构成一种经济责任健全的机构"[①]，确保银行与市场经济条件下其他企业一样资助经营、自负盈亏，从而保障银行自身的经营效率，激励约束银行肩负起监督企业经营管理的责任。从银行自身来看，他们建议，国家可以通过宪法的规定，准许银行在相当大的程度上独立于国家的控制；鼓励银行经理人员关心声誉与经济发展的联系机制；在银行薪金结构中增加激励成分；大力加强国际资本介入；银行股份与养老基金公司、保险公司及其他机构持有，增加外部的监督性等措施，从而保障银行自身的经营效率。从银行与企业的关系来看，他们提出，要建立主银行与企业监督的机制。那就是通过股票息票的基本形式，主银行通过股票监督企业，企业股票为主银行和国民提供"企业经营状况的晴雨表"，从而为银行和国民提供了选择企业的基本依据，如果企业股票下跌，主银行就要对企业的经营管理情况加强调查，既要保障企业利润最大化，又能够保障自己的资本回报率，也能提升自己银行的信誉度，从而扩大其支持企业的范围等。

---

① ［美］约翰·罗默：《社会主义的未来》，轩传树、朱美荣、张寒译，重庆出版社1997年版，第75页。

(4) 国家对市场经济的干预。罗默认为，为了确保社会主义市场经济的有效运行，必须加强政府对市场经济的宏观调控。他指出，在社会主义市场经济条件下，国家对经济的干预主要表现在"实施社会福利工程"与"刺激企业在特殊部门或地区投资以及国家直接投资这两种方式参与投资计划"。①他认为，国家介入投资计划的主要原因有三个，一是投资的积极的外在因素。也就是说投资者很难完全实现其对投资效益的占有，这样投资者的投资积极性就会缺失。如有关研究发展及教育投资等事项，所产生的社会效益属于投资者与社会共同占有，企业就不愿意参与这种类型的投资。二是公益事业建设。如公路、桥梁、机场等大型公益事业建设，周期长、投资大、利润回收慢等因素，个人投资者既缺少投资的能力，又缺少投资的主观积极性，只有国家出面才能保障这种投资效率和可能性。三是对市场的补偿。由于市场经济具有很多不确定因素和未来因素，灵活性比较大，风险也会很大，有时候也会出现市场失灵情况等问题，需要国家出面通过一定的计划、预期保障、投资补贴、政策支持和保障等干预。

总之，银行为中心的市场经济模式主要是以罗默为代表的左翼马克思主义理论家，结合资本主义市场经济发展的现实和社会主义的弊端，以平等为基础、以银行为核心而设计的一种公平效率机制，其优点是保留了资本主义市场经济经营的效率和社会主义的价值理念，其缺点是改良的属性比较大。但不管怎样，其对于马克思市场批判理论在资本主义条件下的发展起到了重大的促进作用，为资本主义变革和社会主义革命提供了一种新型的理论思路。

（三）工人合作社与市场经济结合的模式

工人合作社与市场经济结合的模式主要由英国的戴维·米勒和索尔·埃斯特林（Saul Estrin）等理论家提出，其提出基本原因是立足于英国、意大利、法国、美国等工人合作社大量发展的现实，而这些合作社属性又通常被认为是社会主义的属性；进而结合南斯拉夫工人自我管理社会主义工人合作社的实践探索，设计了一种符合英国实践的社会主义模式。

---

① ［美］约翰·罗默：《社会主义的未来》，轩传树、朱美荣、张寒译，重庆出版社1997年版，第86页。

1. 工人合作社与市场经济结合模式的理论渊源。索尔·埃斯特林认为，工人合作社最早起源于早期的社会主义思潮中，与欧文、傅立叶、圣西门等的设计思想相关，于"19世纪30年代和40年代在巴黎由布切兹第一次正式提出"①，主要实行工人自我管理和生产资料的集体所有制形式。其后，马克思发展了空想社会主义这种思想，把生产资料公有制作为工人合作社的所有制基础，其后在以南斯拉夫为代表的社会主义国家开始了实践，也在资本主义国家得到了大发展，从理论和实践层面大大丰富了工人合作社理论资源。因此，可以这样说，工人合作社与市场经济结合模式的理论渊源主要来源以英国为主的发达资本主义国家的实践经验，南斯拉夫社会主义国家的实践经验教训，结合马克思工人合作社基本原理等设计的一种新型的工人合作社与市场经济相结合的模式设计。

20世纪80年代，"社会主义当局通过地方合作社发展机构（CDAS），已深深地卷入到合作社的组建之中，并将此作为它们较为广泛的经济战略的一部分"，是被视为"一种有潜在的成功可能组织形式"，实现"社会主义的理想"与"商业活力"相统一的目标。②此时的英国，合作社的数量已经达到1000多个，参与人数一万多人，行业涉及书店、餐馆、装修、电影等服务行业，为解决社会需求和满足工人就业提供了良好的发展基础，对那些在资本主义社会中处于不利地位的底层阶级人员具有很大的吸引力，与"运动性的社会主义经济政策"具有内在的一致性。但也存在规模较小、组织性不强、比较分散等特点，再加上意识形态原因的限制，其发展的前景需要关注。这种社会背景直接为工人合作社与市场经济相结合的模式提供了社会基础。另外，除了英国之外，包括意大利、法国、西班牙、美国等在内的欧美资本主义国家也普遍出现了合作社的高潮，尤其是意大利出现了西方世界最大的合作社，涉及的行业也较为广泛，得到了政府当局的大力支持。如前所述，在西班牙的蒙德拉贡这个合作社，无疑也为这种模式提供了强有力的支持。同时，他们又借鉴吸收了南斯拉夫工人自治的经验教训，从社会主义实践中吸

---

① ［英］索尔·埃斯特林：《市场社会主义》，邓正来、徐泽荣、景跃进等译，经济日报出版社1993年版，第175页。

② ［英］索尔·埃斯特林：《市场社会主义》，邓正来、徐泽荣、景跃进等译，经济日报出版社1993年版，第172页。

取了成熟的经验。

2. 工人合作社与市场经济结合模式的优点。索尔·埃斯特林提出，工人合作社与市场经济相结合的模式具有减少工人所受的剥削、扩大工人的民主决策、消除工人的负面情绪、实现工人的分配平等等优点。

（1）关于减少工人所受的剥削方面。他认为，工人合作社与市场经济结合的模式中，工人首先拥有了企业的经营管理权，生产资料属于工人合作社集体所有，消除了私人控制生产资料的基础，从而生产产品的分配及利润分配也是在合作社工人内部进行分配，而与合作社无关的人员则没有权利参与合作社的收入分配问题，实际就是在合作社小范围内实现了社会主义属性的分配。既保障了市场对合作社企业的调节管理，又保障了工人合作社集体的平等的权力，从而在合作社内部消除了剥削现象。工人平等地占有生产资料和劳动成果，平等地拥有财产的使用权、分配权、占有权等，充分体现了社会主义的性质。

（2）关于扩大工人的民主决策方面，他认为，工人合作社一个很大的优势就是把政治民主扩大到工作场所，也就是实现了经济民主。对于企业生产什么，如何生产，如何销售，如何分配等直接的问题，都要由合作社根据市场行情，由工人合作社成员自主决定，民主参与，从而保障了工人的政治权利。

（3）关于消除工人负面情绪问题。传统的资本主义企业都是在资本家监督管理下劳动，工人的劳动剩余价值是被资本家拥有的，而工人仅能获取自己的劳动力价值的工资标准。因而往往出现诸多不满情绪，对生产工序、人员安排、消费安排、监工安排等相关问题会有抵制和极端性行为，严重的还会出现罢工等行为。而在合作社企业里，工人的劳动决策是自己决定的，劳动利润是自己分配的，劳动程序是自己安排的等，也就是实现了工人劳动和工人自我价值实现的统一，很显然，不仅会提高劳动效率，更会减少工人对工作的消极态度和负面情绪影响。

（4）关于工人分配更为平等问题。一方面由于资本主义根本分配方式，特别有利于资本拥有者的倾向，往往会存在严重的收入差距，同时也会更加有利于那种拥有特殊技能或特殊才能的管理人员的分配模式，对于那些竞争力弱、技能一般的人员分配会造成影响。而在工人合作社模式中，工人有权利协商分配的方式，对于那些资本拥有较多者或特殊技能者会提供尽可能高的分配水平，但也会给那些弱势地位的工人提供一定的补贴性收入分配，具有了一些平均主义的属性。同时也会根据占有生产资料的情况，投入资金的限制，工人的贡献等情况，给予一定程度的倾斜，具体会按照工人委员会的讨论共同决定，而不会出现单纯依靠某个方面而进行的分配等，从而实现更加平等的分配。

3. 工人合作社与市场经济结合模式的困境。由于合作社企业的天然属性及其融资管理方面的局限性，工人合作社与市场经济相结合的模式也会出现融资困难、规模较小、就业问题等困境。

（1）关于合作社经营管理的问题。不管是在理论中或是在实践进程中均存在不同程度的问题，尤其是在发达资本主义国家，由于合作社规模较小、竞争能力不足等现象，更加引起了理论界对于合作社问题的争论。但索尔·埃斯特林却认为，合作社问题的不足并不是由于合作社组织自身作为经济体的问题，而是由于合作社的组织方式存在严重的弊端而导致的。主要体现在合作社企业资金的来源问题和利润分配问题，另外也会涉及合作社企业发展的相关问题等。他提出，从合作社的组织形式来看，当前合作社的组织形式大致可以分为以下三种类型：一是所有权完全为合作社集体拥有的形式。这种所有制形式不要求工人在加入合作社时提供一定数量的资本，允许工人平等地享有合作社成员应该具有的权力和利润分配权力，但工人对资产并没有个人权利而归属于集体权益，当合作社成员离开合作社时并不能获得原属于他们的那部分积累。二是所有权为个人所拥有的形式。合作社成员通过一定的原始资金加入合作社并作为其股本的加入，除此之外并不允许其他股本资本加入，合作社发展所需要资本通过银行贷款或利润进行再投资而定，合作社成员可以依靠其股本获得企业发展的利润，并平等地参与企业决策，合作社成员拥有个人的资本所有权，其资金积累既可以为集体所有，也可以为个人所有。如果合作社停止生意，其净资产就可以按照股票的社会借贷，存在于合作社外部，无需工人缴纳任何股本，属于社会所有制属性，但工人可以平等地拥有生产的权力和利润享有的权利。但前提是这些工人必须属于合作社内部的成员，对于那些因资本投入却没加入合作社的劳动力来说，能否拥有资本和企业生产权利以及是否可以雇佣那些合作社之外劳动力等问题仍然有待思考。鉴于合作社这种资金属性和平等享有企业利润的目标属性，索尔·埃斯特林认为，合作社企业就必然存在限制就业和投资两个领域的基本问题。

（2）关于就业限制问题。他认为，由于合作社企业的生存目的更多地关注合作社成员的收入，而对于企业来说，增加成员的收入就意味着投入更多的成本，势必要求公司尽可能雇佣较少的合作社成员，这也就带来合作社企业往往规模较小，不愿意扩大企业再生产等发展问题。合作社这种对劳动力就业限制的基本属性，会影响合作社企业对市场的反应力和敏感度，在生产规模相对稳定的状态下，企业很难通过生产规模的周期调整来调节适应市场的能力等。因而，在市场经济条件下，合作社企业并不是一种最佳的生产形式，其适应市场经济的能力相对弱化。这相应地会引发企业生产的低效率、保守、反应迟钝等弊端，从而限制了合作社企业的发展。甚至为了保护合作社成员的利益而在企业亏损的情况下坚守企业生产的趋势，从而带来企业转化的难度，也造成资金积累的僵化，为整个社会企业的流动带来威胁，不利于整个社会企业的生产经营和流转情况等。

（3）关于投资领域的问题。他认为，主要表现是投资不足问题。主要是由于合作社企业的资金来源方式和合作社工人的个人利益所导致的。如前所述，通行的合作社的资金主要来源于合作社工人所募集或者外部资金的借贷形式。对于那些来自于工人合作社成员自有资金的情况来说，合作社工人更加倾向于那些投资见效快、投资少、周转灵活的行业，而对于那些长期投资或规模较大投资的行业来说，工人不愿意承担更多的风险，也不愿意享有那种长期的不稳定的收益，而限制自有资金的投资，从而引发合作社企业投资资金不足，从而影响企业的长远发展。而对于那种依靠外部贷款而投资的合作社企业，一方面由于合作社工人担心因资金外来比重过大而引起合作社控制权转移，自身获益较少等担心，另一方面那些负责提供资金的企业或银行也会担心自己资金收益的无保障性，从而不愿意把资金借贷给那些合作社企业，这同样会引发企业资金投资不足问题。

（4）关于劳动力不足问题。他认为，合作社企业特殊的属性常常会出现劳动力不足问题。因为合作社企业往往会关注合作社内部劳动力的就业和生活保障问题，合作社企业不会轻易削减其劳动力的数量。即便在经济不景气的情况下，它们也会试图通过降低工资的办法来保留劳动力的数量，并希望在经济发展恢复时加以补偿。而合作社工人也会因为这种特殊的企业属性，心甘情愿地为企业付出从而保障企业的稳定性，也给自己保留了一份稳定的工作。因此，在市场经济普遍发生危机的情况下，合作社企业仍然会保持较好的发展势头和稳定的就业生产。但是一旦经济回暖，合作社企业不能兑现其对工人的相关承诺，也会出现工人劳动力偏低的就业现状，会引发合作社工人外流进入资本主义属性的公司任职的现象。而合作社就会出现劳动力减少的现实，如果希望从合作社外部增加劳动力同样比较困难，这样就会出现合作社企业的衰败等问题。

4. 工人合作社与市场经济结合模式的特征。基于传统合作社的种种问题与不足，他提出了合作社的理想形式。他认为，合作社的最大优势仍然是工人的民主决策与管理。为此，他明确了三点主张：

（1）保障合作社成员与非成员的平等权利，以扩大合作社劳动力补充问题。他认为，目前合作社仍然沿袭了资本主义企业公司的问题，因为员工就业歧视问题而引发了合作社资金不足。因而必须通过企业条例章程的修改，允许合作社扩大雇工的比例，并允许雇工与合作社成员拥有平等的权力，同时也鼓励那些希望成为合作社成员的雇工转变为合作社员工，从而不断扩大合作社的劳动力获取范围，解决了合作社因劳动力问题而限制的规模化问题。

（2）关于生产资料集体所有制问题，他主张运用社会所有制形式，以保障合作社的民主决策和民主管理。他提出，这种生存在资本主义包围之中的集体所有制，限制了合作社企业的发展，而应该按照社会主义的要求扩大集体所有制的范围，实行真正的社会所有制，把集体所有形式扩展到社会的方方面面。这种扩大的社会所有制不仅保留了合作社的优势特色，否定了私有制的意义，提倡工人合作管理的民主决策，进而从根本上奠定了合作社企业的基础。

（3）关于解决投资不足问题，他主张建立管理社会资金的公司。在工人自我管理的公司中，他主张"金融资本所有权应当与控制权相分离"①，也就是说，在企业经营管理方面，应该运用工人自我管理的优势属性，通过劳动者大会或通过选举的雇员代表来管理工人委员会，决策将由工人集体作出，劳动者具有企业家的职能，通过这种工人自主管理与民主的决策，实现合作社企业经营效率的提升。另一方面，对于企业生产的投资基金则需要借助外部的力量，而不是依靠工人的自我投资，需要专门的借贷机构来实现企业资金的运用，从而保障企业投资资金的来源。而对于外来资金风险管理和分担问题，他主张建立一种类似银行的投资管理机构，专门为资金的投资、监督、发展等提供服务，并且为新的资金寻找安全的出路，从而保障这些机构愿意为合作社企业提供资金。

总之，在关于马克思市场批判理论探索完善的基础上，发达资本主义国家的马克思主义理论家及左翼理论家探索了诸多实践模式，虽然难以摆脱阶级局限性及其乌托邦的设想，但其既体现了社会主义公有制的价值属性，又反映了资本主义市场经济的优势属性，在一定程度上完善了马克思市场批判理论，为资本主义国家及社会主义国家提供了实践模式借鉴。

三、"亲市场"模式设计的基本评价

作为人类文明史上探索社会主义与市场经济结合的现代成果，亲市场模式无疑是当代资本主义国家实现向社会主义转变的重要成果，同时也必然给现实中的社会主义制度探索市场经济发展道路提供实践启示。因此，亲市场实践模式的探索既具有客观的积极意义，同时也具有其自身的局限性。

（一）坚持发展了马克思市场批判理论，具有重要的时代价值

亲市场社会主义模式设计的初衷就是延续科学社会主义的发展道路，尤其是在社会主义价值目标方面的传承，同时也借鉴了西方资本主义发展经济的市场化手段，在实现机制方面突破了传统社会主义的理解，从而延续发展了马克思市场批判关于社会主义发展路径的理想设计。当代市场社会主义坚

---

① ［英］索尔·埃斯特林:《市场社会主义》，邓正来、徐泽荣、景跃进等译，经济日报出版社1993年版，第193页。

持运用市场经济主导的基本手段实现社会主义的价值目标，实现了社会主义的价值目标与主体性市场机制的兼容。其包含两重重要内涵：

1. 从理论上发展了马克思市场批判思想。如前所述，英美的马克思主义理论家首先非常关注马克思关于市场批判的原创思想，并结合资本主义国家发展的现实梳理了马克思市场批判理论的价值和实践条件，从而创新性地发展了马克思市场批判理论。其研究中心主要围绕社会主义与市场的关系，马克思市场观内涵，共产主义社会市场情况把握等，同时结合资本主义现实分析了如何实践社会主义目标，如何消除市场经济的弊端，如何消除压迫剥削，拜物教现象等问题，从而为社会主义模式实践设计提供了理论基础。如关于马克思的市场观，一致认为马克思关于未来社会是无市场的，但这种无市场需要通过过渡时期的亲市场与社会主义时期的去市场等相关理论，从而实现共产主义的无市场等，坚守了马克思市场批判的逻辑趋向。关于社会主义与市场经济的关系，他们非常肯定社会主义必须运用市场经济的基本观点，并把这种思想进一步发展，提出了市场经济应该成为社会主义主导经济制度的设想等。

2. 从实践目标上坚守了社会主义。如前所述，所有西方市场社会主义者都是立足于资本主义社会发展不公平的现实基础上，为突破这种社会发展困惑而选取的社会主义价值目标，这种社会主义就是马克思所指的科学社会主义，而不是资本主义或改良型的社会主义。这种价值目标性是不可置疑的，只不过这种社会主义已经与历史上其他社会主义类型不同，主要在于社会主义发展的实践机制不同而已。他们坚守了社会主义的核心机制，如生产资料的公共所有制、按劳分配的基本经济制度、公平正义的基本政治导向、消除剥削和压迫的价值目标、共产主义为目标的发展趋向等，这些实践措施的建构决定了这种制度必然是社会主义，而不是其他类型的社会制度。但同时我们也必须清醒地认识，他们所设计的这种社会主义是立足于资本主义现实的，是希望当代资本主义借此而发展的一种全新的制度模式。经济民主市场社会主义者斯威卡特就明确认为，"市场"不能等同于"资本主义"，市场社会主义也是远远优于"资本主义"的一种"理想的社会主义形式"等观点①；而罗默则坚持市场社会主义必须坚持公共所有制的所有制形式与公平公正的价值理念。因此，当代市场社会主义必须兼顾社会主义的价值目标，尽管当代社会主义者在模式设计方面具有不同的形态，但都凸显了社会主义的核心价值理念。如罗默的证券社会主义为了凸显平等的理念，设置了实现机会平等与初始平等的价值模式，杨克的实用社会主义则设计了国有资产管理局的公共所有制形态等。

3. 从实践经济制度上选择了市场经济。与传统市场社会主义不同的是，当代市场社会主义把市场机制作为发展社会主义的主导定位。如前所述，传统社会主义在计划经济主导的体制遭遇困境之后，逐渐揭开了"近市场"的实践序幕，逐步把市场经济的运用纳入社会主义发展的经济体制之中，但由于传统社会主义思想的制约和国际条件的变换，这种探索社会主义与市场经济结合的实践并没有达到应有的价值目标，而在种种压力之下逐渐走向衰落。但社会主义这种实践却为其后的发展提供了实践资源，并对资本主义社会的发展产生了深刻的影响。因此，在苏东剧变之后的资本主义发展时代，其在资本主义国家的发展必然发生演变，也就是实现社会主义价值理念和效率发展相统一的道路，客观上构成了资本主义发展的必由之路。为此，选择资本主义的市场经济实践模式必然成了唯一的逻辑选择。但我们也要明确，这种市场经济必然属于资本主义属性的市场经济，其难以摆脱市场经济固有的弊端和资本主义国家经济体制的劣根性。如市场社会主义坚持经理人员通过市场机制对企业经营管理实现利润最大化，罗默设想通过"证券"实现初始平等、股利分红、机会均等、控制两极分化、企业利润最大化等目标；巴德汉设想通过"主银行、分银行、企业"等互动的经营管理模式，实现利润最大化；斯威卡特明确提出经济民主市场社会主义的日常经济必须是"市场经济"等。

4. 从微观操作上建构了企业自主经营模式。当代市场社会主义在处理企业与市场的关系时，明确了企业是独立市场主体，自主经营、自负盈亏，在

---

① ［美］伯特尔·奥尔曼：《市场社会主义——社会主义者之间的争论》，段忠桥译，新华出版社2000年版，第7页。

有限国家宏观调控管理下拥有无限市场的自主权利,包括投资权、管理权、经营权、收益分配等重大的决策事项,完全由企业职工根据市场行情和国家的指导性建议进行决定,拥有很大的自主权。英国米勒的工人自治型市场社会主义设想企业的投资完全依靠共有投资机构或私人银行;企业的重大决策通过合作社全体工人的同意。施威卡特认为,企业资本的投资由一定的机关在广泛征求广大人民意见的基础上通过社会监督实现,劳动者拥有企业日常决策的多种事务,包括投资、生产、管理、利润分红等方面,完全按照一人一票制的原则通过。韦斯科普夫认为,超过十人以上的所有企业都应该民主地管理企业事务,决定企业的重大事项和具体事项,同时工人也可以通过持有企业股票的方式监督企业等。

（二）移植嫁接了资本主义经济模式,具有一定的局限性

马克思市场批判理论虽然预示了社会主义未来发展的种种设想,并没有直接预测社会主义国家到底该如何利用市场经济机制,传统社会主义国家历经多年探索虽然取得了一定的突破,但并没有真正实现市场发展社会主义的实践。而亲市场的当代市场社会主义模式却创造性地借鉴甚至直接移植了资本主义的市场经济机制,并在微观领域探索中设计了诸多实践模式,丰富完善了马克思关于市场批判的实践模式,同时不可避免地产生了一定的局限性。

1. 具有新自由主义市场经济的倾向。在处理政府与市场的关系时,当代市场社会主义基本是借鉴西方资本主义国家的自由竞争的新自由主义经济模式,即完全肯定了市场的基本作用,虽然也承认政府对于市场经济的宏观调控作用,但政府的调控仅仅局限于有限的领域。罗默明确提出,证券市场社会主义同样离不开国家的宏观管理,国家功能主要体现在"社会福利工程"和介入"投资计划"等范围,国家可以直接投资或者刺激企业,在特殊领域,国家可以利用法律或价格、利率等市场机制手段实现对企业的控制等。施威卡特则设想通过国家对企业征税、银行资金发放、立法等手段实施宏观调控等,实现政府对新投资的控制、对企业的引导以及对经济发展的规范等,确保市场社会主义的社会主义方向。这种经济模式与其说是社会主义经济模式,倒不如说是新自由主义经济的变异。毕竟有些左翼理论家出生在资本主义国家,新自由主义的经济模式观念根深蒂固,虽然坚持社会主义的目

标，但在实践选择时会不由自主地融入新自由主义的元素。

2. 具有一定的乌托邦或改良性质的属性。如前所述，由于亲市场的社会主义模式主要借鉴了资本主义的市场经济模式，但由于其自我的局限性，这种实践模式具有了一定的乌托邦属性。一是这种社会主义是建立在虚空的基础之上的设想。西方市场社会主义理论家大多希望直接在资本主义的现实社会基础上，建立一个公平公正的没有压迫的社会主义社会，试图通过市场经济的制度完善实现社会主义，试图希望建立起公有制和平均分配的实践机制，很显然这种设想在市场条件下是不可能的。二是这种社会主义缺乏实践的条件。西方市场社会主义理论家没有发现工人阶级的力量，也没有发现无产阶级政党的重要性，更不希冀暴力革命式的实现生产资料的变更和生产基础的设计等，因而这种社会主义的实现路径也是不可能的。三是这种市场经济制度的局限性。这种借鉴资本主义新自由主义的经济体制，带有资本主义制度的属性，市场经济的弊端得到了极端的发展，在新社会制度中必然难以消除，因而通过这种市场经济实现的制度只能是改良主义的实现路径等。

总之，伴随着传统社会主义制度在苏东的解体和没落，马克思市场批判理论的传承在英美等发达资本主义国家得到了大的发展与突破，无论是从理论层面还是从实践层面都形成了众多的模式设计。尽管其具有一定的乌托邦属性，但总的说来还是具有重大贡献的，在国外延续了马克思市场批判理论的逻辑脉络。

第六章　马克思市场批判理论实践的中国探索

中国实践马克思市场批判理论的逻辑路径与国外社会主义有异曲同工之处，但又大大超越了国外社会主义的既有成果。在经历 40 年的改革开放之后，我们实践摸索了计划经济主导的体制、计划与市场二元并存机制、市场起基础性作用机制、市场起决定作用机制等，不断丰富完善社会主义市场经济制度，全面迎来了新时代中国特色社会主义发展阶段，实践创新了马克思市场批判理论。本章重点揭示中国探索社会主义市场经济的改革逻辑，论述市场经济发展的阶段性特征，揭示实践创新马克思市场批判理论的方略。

一、限制市场的计划经济形态

1978 年之前，我们探索社会主义的实践过程中，如何对待马克思市场批判理论、如何开拓实践计划经济、如何处理市场经济与社会主义的关系等问题，一直困扰着中国社会主义的发展。以毛泽东为代表的党中央，集中全党全民的智慧开始了探索性实践，经历了社会主义过渡时期、社会主义改造时期、社会主义早期探索时期等阶段，模仿苏联东欧传统社会主义模式采取了计划经济的实践模式，形成了限制市场、排斥商品货币等的计划经济主导形态，渗透到社会结构的方方面面。具体说来：

（一）绝对的生产资料公有制基础

按照马克思的总体设想，消灭私有制，建立公有制是未来社会制度的设想，但这种私有制的消灭和公有制的建立是需要一定社会条件和社会基础的，而不是盲目地消灭私有制，要对马克思的新型个人所有制、社会所有制等理论全面消化，结合社会主义具体发展阶段来展开。而不能在尚未达到共产主义阶段的条件下盲目消灭私有制，也不能把国家所有制误解为社会所有制等。中华人民共和国成立之后，按照马克思主义理论的基本要求和苏联建设社会主义的实践，生产资料公有制纳入未来社会制度建构的范畴，虽然我们也是很谨慎、分步骤地逐渐实现的，在一定意义上符合中国社会主义建设的实际。既维系了中国经济文化落后的社会基础现实，又快速建构了社会主义制度的公有制基础，奠定了中国生产力发展的基础。但由于我们缺乏对马克思主义市场批判的深层次把握，在生产资料占有制方面采取了过度的集中。但是伴随大规模的社会主义建设开始以后，这种公有制及快速消灭私有制的路径弊端逐渐呈现，高度集中的社会发展模式开始影响社会主义的发展，势必要求社会主义改革探索的进步。

1949年，中华人民共和国成立后，为了确保中国顺利发展和未来社会主义建设的目标，我们建构了公有制为主体，多种经济成分并存的所有制形式。尤其是对小农经济和民族工商业的保护，土地改革运动与发展民主工商业共同推进，保障了中国的稳定。同时通过没收官僚资本家的资本和帝国主义在中国的大型企业，建构了生产资料国有制的基础，同时把大地主的土地分给了没土地的农民，为以后农业合作化奠定了基础，对于民主工商业的发展保护为以后社会主义革命奠定了基础。

1953年，我们开始探索社会主义改造，通过"一化三改造"的基本思路，完善壮大国有企业的公有制基础，通过对农业合作化运动，把小农经济和土地私有制逐步收归国有，建立了强大的农业集体所有制经济，同时在手工业领域也掀起了合作化的高潮，实现了手工业的集体化；通过赎买政策把民族工商业逐步转变为国有等，建立起全面公有的所有制形式。国家通过公有制的基础全面开展社会主义建设，在工业现代化、农业集体化、国家基础设施、国家大型项目建设、国家重点领域建设等方面取得了突出的成就，凸显了公有制的巨大优势，奠定了社会主义发展的基础。但由于过早地全面消灭多种经济成分，这种公有制的劣势也逐步显现，如国有企业的生产效率低下，生产计划信息缺失而衍生的产品短缺，集体组织劳动带来的积极性不高，平均主义分配带来的消极影响等问题，逐渐影响到社会主义优势的发挥。这些问题必然要求进一步对社会主义经济问题进行反思，要为马克思市场批判理论问题的实践开辟新的境界。

总之，生产资料公有制的基础为社会主义革命奠定了物质基础，保障了社会主义早期建设的顺利发展，集中优势力量发展大事等的优势发挥了重要的作用，也初步体现了生产资料公有制的巨大优势，但过早消除生产资料多种成分的做法也存在一些问题，为此后社会主义发展问题埋下了伏笔。

（二）计划经济主导的生产分配模式

在生产资料所有制全面公有体制建立之后，以国家行政指令性计划为主体的经济体制自然衍生，生产、销售、分配、消费等一切环节均要通过国家的计划指标为指导，开启了计划经济为主导的经济体制建设模式。

1. 从生产经营体制来看。我们沿袭了高度集中的计划经营管理体制，并且以政府的行政指令性计划为主要特色。在企业生产管理方面。企业生产什么，生产多少，如何生产，如何消费，如何分配，价格制定，再生产规模扩大等所有的业务范围，都要根据政府的行政指令计划来确定，政府对产品的种类和数量都有明确具体的量化指标规定。企业没有自主经营权，而是完全根据国家政府的需要和指标来完成生产。当然，企业的类型基本都是国家所有的大型企业或集体所有的企业，企业的灵活性、自主性不够，完全成了政府产品的生产机器，而没有成为自主的经营主体。在农业生产方面。普遍采用人民公社制度，人民公社下面分为大队或村社。土地属于集体所有，劳动采用集体化劳动。根据队社的安排和上级的指令实行集体化的劳动、种植的类型、种植的规模、种植的面积等都要根据国家和队社的需求为主，劳动者并没有自主安排生产活动的自主性。在服务行业方面。根据国家的需求，通过计划性的安排，在一定的范围、一定的规模、一定的渠道等展开，而并没有给予服务型行业发展机会和空间。在生产资料流通领域，虽然还保留了货币形式，但不存在市场和交换，消费生产资料的购买与流通依靠国家的配额和指标来决定。

因此，这种以计划性为主导的生产类型虽然能够满足国家发展的宏观需求，但国家对于生产领域的信息，消费领域的需求信息，服务领域的需求导向并不能充分了解，而对于直接生产的相关条件和环节也并不能够完全把握。既不能有效促进企业生产积极性和生产效率的提升，又不能满足广大人民和社会发展的实际需求，形成生产、消费、分配等诸多领域的结构型矛盾，从而影响社会发展的相关问题。

2. 从收入分配体制来看。在收入分配方面，我们按照马克思的按劳分配原则和我国的具体实际，按照公有制主体建构的形态和政府主导的计划形态，在分配领域必然也会凸显出这种计划性的色彩，我们采纳了按劳分配的基本模式理念。但对于如何实行按劳分配的实践把握不到位，把按劳分配的理念理解为按照劳动时间和劳动类型等进行分配的实践操作程序。再加上工人阶级领导地位的凸显和人民刚刚解放的热情，追求公平公正分配的价值理念变得尤为重要。

在计划主导的体制下，我国居民收入分配就出现了平均主义的倾向，不能体现出工人、农民、知识分子等不同群体和不同工作类型之间的收入差距，更不能体现因工作技术含量和工作技术水平差异化的收入分配等，逐渐演变为完全按照劳动时间的标准进行分配。在农村生产分配领域，主要根据生产的数量和种类，根据农民集体上工的时间进行分配，忽视了不同人之间的劳动力差别和劳动付出的实效性，最终按人头或相对较小差距的工分制而获得劳动产品。在企业之间则凸显了按照劳动时间和工龄长短来确定工人工资的收入分配格局。而对于知识分子、干部、工作人员等则基本按照劳动时间和工龄安排进行分配，对于贡献性收入和级别性工资的区分并不是很大等。这种按劳分配的收入格局逐渐演变为平均主义的分配模式，再加上计划性安排所导致的产品有限性，人民的劳动积极性受到了压抑，从而不仅影响了生产水平的提升，也严重影响了消费领域的分配需求，最终影响到广大人民的生活水平和社会主义社会的发展。

（三）凸显计划属性的社会体制

在公有制主导地位和行政计划主导的社会实践中，必然会影响到社会发展的各个方面，社会主义制度的政治形态、文化形态、社会机制形态等必然也会打上计划属性的烙印，从而与经济体制形成互动稳定的社会结构。

由于政府行政指令性计划主导生产、分配、消费等一切领域，必然促使政府在政治上形成至高无上的权威，政府政治行为已经突破了传统政治属性，而逐渐从政治领域延伸到各个领域，从而凸显了政治化鲜明主导的社会结构。如前所述，在生产领域，无论是国有企业生产或是农业生产，政府指令性计划拥有绝对的统一权，一切问题基本是政府说了算，企业生产主体和农业生产主体缺乏自主性和灵活性，加剧了政治的影响力。在分配领域，政府计划性分配模式转变为平均主义模式之后，政治性元素的影响也直接控制了人们的分配领域，不仅从经济手段层面取得了控制机会，也从政治心理方面对整个社会形成了一种影响力。很显然，这种政治影响生产消费乃至经济领域的实践严重阻碍了经济的发展，大一统的国有企业经济效益落后，与干多干少一个样的分配模式是分不开的；广大农村的集体主义经济更加凸显了这个问题，压抑了农民个人的积极性，同时为工业的进一步发展造成了阻碍，最终形成政治挂帅，忽视经济发展的活动，严重影响社会主义发展的实践进程。

文化发展必然立足于一定的物质基础和社会发展条件，在计划主导的全面公有制基础上，国家计划的属性同样也延伸到文化发展的领域，文化受到了传统计划属性的影响，进而出现了文化单一的格局。这不仅体现在教育教学领域，包括学科设置、学校发展定位、学生培养模式、学生就业等计划性的安排，凸显了国家对文化问题的管理计划性。同时也体现在文化形态的发展方面，逐渐凸显了文化的革命性、文化的人民性、文化的主导性等特色，但在发展形式方面却又为计划属性所限制，革命文化和红色文化的发展较为明显，而在文化的多样性方面则存在很多发展的空间。尽管我们曾经提出"百家争鸣、百花齐放"的发展方针，但文化形态不可能脱离经济形态而独立存在，文化形态是经济形态的重要组成部分，同时也是促进和确保经济发展的原动力。在计划经济占绝对主导的状态下，同时又遭遇政治生态问题的双重困惑，我国早期的文化体制发展也展现出了计划经济的独有形态，缺少灵活性，形式也缺少创新性，来源于人民生活的文化艺术形式受到了限制，阻碍了文化事业的繁荣和人民文化生活水平的提高。

总之，计划经济主导的实践模式是中国在毫无经验和理论可寻的背景下探索马克思市场批判理论的基础性成果，其比较符合中国社会主义发展的初期现实，为中国社会主义的未来发展奠定了历史性基础。但我们也必须正视这种探索与马克思市场批判理论的矛盾之处，其对未来中国社会主义建设产生了不良影响，但我们也并不能因此而否定其实践探索的重要价值。

二、有计划的商品经济形态

1978—1992年,党的十一届三中全会揭开了探索市场经济发展的历史序幕,通过改革开放的基本手段,逐渐形成了计划与市场二元并存的实践特征。主要是以邓小平为代表的党中央,以人民为主体探索的实践,开辟了农村和城市改革领域,建构起计划与市场二元并存的实践模式,属于计划经济与市场经济双轨制阶段,其中,计划经济仍然起到主导作用,市场经济仅仅是补充形式。

(一) 有计划的商品经济形态的实践背景

计划与市场并存的实践模式主要衍生于我国社会主义发展的现实基础。一是"文化大革命"结束之后我国社会主义在政治、经济、文化等各方面都陷入了停滞甚至倒退的状态;二是国外资本主义的新技术革命时期,资本主义市场经济发展仍然具有充分的活力;三是国外社会主义探索市场经济引入社会主义的实践,积累了丰富的经验并取得了巨大的实践成效。

1. 社会主义计划经济发展陷入了困境。如前所述,适应中华人民共和国成立初期落后贫穷物质生产力基础,在模仿苏联模式的探索中确立了计划经济主导的实践模式。但正如西方社会主义发展的实践逻辑一样,在经历了计划经济初期的繁荣之后,单靠改变生产关系而促进生产力发展的前提已经消耗殆尽,高度集中的集体经济模式已经难以适应我国社会主义发展的现实情况,尤其是在计划经济主导背景下形成的社会模式,使人们对社会主义的发展认知陷入了僵化状态,片面追求"一大二公三纯"的生产资料所有制模式,片面夸大阶级斗争的危险和社会主义意识形态方面的主导功能,进而极端化理解了社会主义的政治经济文化等基本形态,对于生产力发展,市场经济活动等物质生产的关注度逐渐降低,最终导致了破坏社会主义发展的"文化大革命"。很显然,这样的社会发展现实给我们探索社会主义提出了严峻的挑战,社会主义何去何从,该选择何种发展方式等问题摆在了党和人民的面前,市场经济发展模式的选择必然被纳入我国社会主义发展探索的历史视野,这是社会主义国内发展的逻辑必然。

2. 资本主义的市场经济取得突破性发展。具体说来,一是资本主义世界的技术革命大大促进了资本主义社会的发展,市场经济发展的势头非常良好,社会结构趋于稳定,与马克思早年所面临的资本主义社会状态大大不同。马克思时代的自由市场经济确实具有诸多的矛盾困惑,经过 19 世纪的工人革命运动,尤其是苏联、东欧社会主义实践的影响,迫使资本主义国家反思其经济发展的问题,逐渐开始采取了很多有利于社会化发展的措施,改变过去经济自由化的弊端,尤其是在经济危机连续打击下,资本主义逐渐加强了政府对市场经济的宏观调控作用,自由竞争的市场经济为政府宏观调控的凯恩斯经济模式所取代,在克服经济危机方面发生了重大的作用,促使资本主义市场经济获得了进一步的发展。同时,对于日益对立的阶级矛盾,资本主义逐渐通过改善工人工作条件,调高工人工资收入,完善工人活动设施,提高社会福利等方面取得了很大的成就,阶级矛盾得到了暂时的缓解,劳动力的工作积极性进一步提高,劳动生产率得到快速提升,也进一步促进了资本主义市场经济的发展。另外,20 世纪 40 年代到 70 年代,西方资本主义世界进入了新技术革命时期,逐渐兴起了以电子计算机、原子能、航天技术等为特征的新技术革命,70 年代又出现了微电子技术、生物工程技术、新型材料技术等为代表的技术革命。新技术革命催生了资本主义世界经济发展的新变化,大大改变了过去单纯依靠劳动力为主的社会发展时代,人力资源得到解放,劳动力获得了进一步的自由,相反生产力发展却取得了飞速的发展,快速发展的社会生产力又给社会提供了更多的财富等,这些改变为资本主义市场经济的发展和阶级矛盾的缓和提供了便利的条件,在资本主义世界出现了繁荣昌盛的局面,这些现实必须引起我们对资本主义社会的反思和对市场经济发展的思考,为我国引入市场经济提供借鉴的范例。

3. 社会主义探索市场经济已经成为趋势。如本书前几章所论述,苏联、东欧等社会主义国家在 20 世纪 50 年代普遍遇到了发展的困境。如生产力发展普遍落后于资本主义国家,绝对的公有制形式很难适应经济运行的基本机制,平均主义的分配倾向并不能满足人民需要,政治集权化问题也困扰着社会主义体制改革的步伐等。在这种实践背景下,以南斯拉夫、匈牙利等为主体的社会主义国家率先揭开了探索社会主义与市场经济并存的发展历程,在这种探索的过程中逐渐出现了社会主义与市场共存的经济实践模式,为社会主义发展市场经济提供了经验教训。进而带动了东欧其他社会主义国家探索社会主义市场经济的热潮，在波兰、民主德国、阿尔巴尼亚、罗马尼亚、保加利亚等迅速掀起了市场经济发展的潮流，并逐渐与社会主义的发展结合起来。尽管这种探索并没有实现市场经济的主导作用，也没有拯救社会主义解体的历史命运，但东欧国家探索社会主义市场经济的实践确实大大促进了社会主义的发展。尤其是最早探索市场经济模式的南斯拉夫，其经济发展速度和发展水平都快速赶超了发达资本主义国家的发展现状；匈牙利也快速突破了其发展的历史瓶颈，出现了繁荣昌盛的历史阶段等。在理论模式与实践模式的探索设计方面也摸索出了诸多成功的经验，大大丰富发展了马克思市场批判的实践内涵。这些探索客观上为我国市场经济与社会主义共存提供了范例和参考。

（二）有计划的商品经济形态的实践路径

我国探索计划与市场共存的实践模式是在中央统一的部署规划下，依靠人民自主探索为主体的基本思路，结合国外市场经济建设的先进经验和中国的具体实际，围绕农村改革和城市改革为主要领域而逐步推进的，在所有制基础、按劳分配制度、市场资源开辟、市场制度建设等方面逐步推进，最终确立了市场经济在我国社会主义发展中的地位。

1. 市场经济探索航向的开启。1978 年，党的十一届三中全会召开，以邓小平为领导的党中央高瞻远瞩，痛定思痛，明确了把工作重心转移到经济建设的导向，为我国的改革开放与经济发展提供了指导性建议和决定。全会对事关国计民生的重大政治问题进行了讨论，其中最核心的因素就是有关经济发展的相关问题，立足于经济发展为中心，政治工作及其他工作稳定为基调的发展态势。

（1）关于企业发展与市场经济问题。党的十一届三中全会明确提出，我国工作中心必须转移到社会主义现代化建设经济轨道上的条件已经成熟，必须突破过去以群众运动为主的阶级斗争活动，并充分肯定了毛泽东在《论十大关系》中所指明的经济方针以及实践中取得的重大成就，批判了林彪、"四人帮"的干扰而出现的相关问题，提出了必须尽快恢复经济建设为中心的基本思路。同时，全会也从实际出发，为经济建设提出一些指导性建议。针对我国经济管理体制的权力过于集中，企业和个人缺乏自主权；忽视经济规律和价值规律的作用，党政不分、以党代政、以政代企等现象严重，混淆了企业政府个人的关系，忽视了市场经济的基本功能等现象，明确提出要处理好企业发展与市场经济关系的问题，政府要逐步下放权力，让企业和个人获得更多的自主权，充分调动企业的积极性，要克服平均主义的弊病，采取考核、奖惩、升降等制度，激发劳动者的积极性等，同时要逐步精简政府机构，处理好政府与企业的关系，打破过去一切依靠政府说了算的格局，企业应该具有独立自主的生产经营权利，初步探索市场经济发展的必要性。

（2）关于农业发展与市场经济问题。党的十一届三中全会深入讨论了农业问题，同意将《中共中央关于加快农业发展若干问题的决定（草案）》和《农村人民公社工作条例（试行草案）》发到各省、市、自治区讨论和试行。明确提出，必须集中精力发展农业，加快恢复农业生产步伐，这是当前的重要任务，把农业作为现代化建设和国民经济发展的重中之重。必须坚决地、完整地执行农林牧副渔并举和"以粮为纲，全面发展，因地制宜、适当集中"的发展方针。必须克服平均主义，按照劳动数量和质量计算劳动报酬；必须保护农村的市场经济因素，把社员自留地、家庭副业和集市贸易等要素作为社会主义经济的必要补充部分，坚决实行"三级所有、队为基础"的制度稳定不变等，激发广大农民参与经济发展的积极性。并从粮食收购问题、农产品价格补贴问题、多样化经营问题、农业生产资料销售问题、城乡统一问题等方面设计了诸多措施，为农村市场经济的发展奠定了基础。

2. 计划经济为主、市场经济为辅原则的确立。1982年党的第十二次代表大会，结合十一届三中全会以来我国市场经济发展的实践，肯定了市场经济探索的重要价值，必须把发展市场经济作为未来经济发展的导向性纲领，明确提出了"计划经济为主，市场经济为辅"的基本原则。

（1）计划经济为主、市场经济为辅原则提出的前提。计划经济为主、市场经济为辅原则的提出是根据我国社会主义发展的实际情况决定的，一是传统的计划经济已经开始影响我国经济的发展；二是市场经济在实践中取得的效果非常突出，在我国的实践探索中也逐渐产生了一定的影响。

首先，这种提法是符合中国社会主义发展阶段的具体实际的，正是我国社会主义发展的实践为这种转变提供了实践基础。党的十一届三中全会之后，在关于改革开放和经济发展的总路线提出之后，改革开放的探索率先在我国广大农村蓬勃兴起，家庭联产承包责任制的改革萌芽逐渐出现并已经获得了很大的突破，大大激活了农村的生产力，带来了农业生产的大发展，农村粮食生产有了更多的盈余。粮食生产的盈余催生了市场交换的需要，农产品和工业产品以及农林牧副渔等产品之间的交换就成了历史必然，农产品的简单加工存在了可能。乡镇企业的出现也就具有了可能。因此，农村市场交换的可能和市场主体的衍生已经具备了实践的条件，市场经济的萌芽已经出现。

其次，这种提法也是中国社会主义发展的问题所推动的，是在破解矛盾的过程中产生的。主要基于两个方面的问题，一是农产品的剩余与农产品的交换矛盾。广大农民的农产品盈余大量出现，必然要求农产品的转化或交换。但在传统计划经济体制下，交换市场或转化市场基本没有，这种现状大大限制了农业的发展和农民劳动的积极性，如果要进一步激发农村改革的热情，市场经济机制必然成了突破的关键环节，这也需要国家政策对市场交换与乡镇企业的大力支持。二是农村发展对城市发展的冲击。农村改革带来的农村的大发展，给城市改革提供了可参考的范例，这种动力激发了对城市存在的经济结构不合理的探索，市场经济趋向的改革在城市之中也有了一定的突破。

（2）计划经济为主，市场经济为辅原则的特征。所谓计划经济为主，就是在社会主义公有制基础上，保持国家计划经济的调节的主导作用，同时允许部分的生产流通进行市场调节，市场调节只是辅助性的作用。

首先，处理好生产资料公有制和多种所有制形式的关系。党的十二大报告明确指出，生产资料公有制是我国的基本经济制度，绝对不允许任何破坏问题。一方面，在我国社会主义现有条件下，必须保障国营经济在经济体制中的核心和主导地位，为劳动集体所有制乃至整个社会主义经济方向提供保障，是我国经济发展的主体与基础。另一方面，鉴于我国生产力发展水平较低、不平衡等现状，有需要多种经济形式长期并存，来不断促进生产力的发展和人民生活水平的提高。如农村改革产生的劳动人民集体所有制的合作经济；城镇青年和其他居民集资经营的合作经济，城镇手工业、工业、建筑业、运输业、商业和服务业等广泛存在的联合经济，劳动者的个体经济等都要作为国营经济的有益的必要的补充。在这些领域，必须加强市场的调节作用，按照经济利益和物质利益相结合的原则，在国营经济和多种经济形式推行经济责任制，促进多种经济成分共同发展。

其次，处理好指令性计划与指导性计划的关系。计划经济为主主要体现为指令性计划与指导性计划相结合，计划调节与市场调节相结合。党的十二大明确指出，为了确保国营经济与多种经济成分共同发展的要求，必须采取指令性计划和指导性计划两种计划形式，突破了过去单一的行政指令性计划形式。所谓指令性计划就是通过行政命令属性的计划，具有一定的强制性，要求各单位必须遵守的计划，如对于国营经济中关系国计民生的生产资料和消费资料的生产和分配，尤其是对于关系经济全局的骨干企业，必须实行指令性计划。所谓指导性计划，就是国家制定的具有指导属性的计划，具体的各执行单位可以结合具体情况进行安排，同时由于我国还存在多样化的经济成分，都要借助经济杠杆来保证其任务实现的指导性计划。但无论是何种计划，都要力求符合客观实际，经常研究市场供需状况的变化，自觉利用价值规律，运用价格、税收、信贷等经济杠杆引导企业实现国家计划的要求，要充分发挥市场调节的基本功能。

3. 公有制基础上的有计划的商品经济形态确立。1984年党的十二届三中全会通过了《中共中央关于经济体制改革的决定》，总结我国社会主义建设的经验，肯定了农村改革在商品化、专业化、现代化等方面取得的巨大成就，提出了农产品发展对于城乡渠道沟通和开拓市场的需要，不断满足广大农民日益增长的对工业品、科学技术和文化教育的需要，明确了把经济体制改革重点转移到城市的改革方面来。肯定了城市在经济体制改革方面的一些成就。明确了我国经济属性是社会主义商品经济，明晰了社会主义商品经济条件下改革的重点，从宏观层面建构了社会主义商品经济的雏形。

（1）有计划的社会主义商品经济内涵。《中共中央关于经济体制改革的决定》明确指出，必须实现计划的统一性与灵活性相统一，计划经济与商品经济相统一的基本机制。既要反对传统社会主义时期大一统的高度集中计划体制，又要兼顾我国幅员辽阔、资源丰富、信息复杂等具体的实际，实行统一性和灵活性的统一，克服把计划经济与商品经济对立的观点。社会主义必须实行商品经济，必须依赖价值规律，发展商品经济，建构起有计划的商品经济机制。即总体上说，我国实行的是计划经济，或者说有计划的商品经济，不能等同于那种完全由市场调节的经济；完全由市场调节的商品局限于部分农副产品、日用小商品、服务修理行业的劳动活动等，其起到了辅助的必要的作用；但这种计划经济不意味着指令性计划为主，而是指令性计划与计划性指导统一的计划经济体制，指导性计划必须通过经济杠杆来实现，指令性计划也必须完成，但也必须通过价值规律的指导完成。

（2）企业必须成为有计划的商品经济的主体。《中共中央关于经济体制改革的决定》明确指出，增强企业活力是经济体制改革的中心环节，必须从处理好国家与企业的关系，处理好职工与企业的关系两个方面入手，把企业作为有计划商品经济建设的主体要素。

一方面，要彻底突破过去把国有企业等同于国家直接经营的观念。国家要减少行政指令性计划，运用法律的、行政的、经济的手段对企业进行管理和指导，允许企业根据生产的实际情况自主地决定经营方式、产供销活动、拥有支配自留资金、企业工资奖励、人员聘用等，从而成为自主经营、自负盈亏的社会主义商品生产者和经营者，突破了传统的国家直接经营企业的传统观念。另一方面，关于企业与职工的关系。为了解决传统国有企业效率低下，职工生产积极性偏低的状况，必须充分发挥企业职工的生产积极性。《中共中央关于经济体制改革的决定》认为，企业活力的源泉在于劳动者的积极性、智慧和创造力，而真正激发劳动者活力属性必须既保障劳动者的主人翁地位，又要保障劳动者的物质利益。在社会主义集体统一领导下，充分发挥劳动者作为主人翁对企业经营的关注，人人关注企业经营，人人关注企业利益，把劳动者的劳动成果与个人的名誉与物质利益结合起来，在计划机制、价格机制、国家管理机制、劳动者分配制度等方面加以完善，激活企业活力迸发的机制，保证国有企业的经营自主性和效率的提升。

（3）有计划商品经济的机制。为了更好地适应有计划的商品经济，除了完善企业经营机制之外，必然要求完善的商品经济机制，主要包括价格机制和税收机制的建立，收入分配机制的完善，政府与企业职能理顺，商品经济干部队伍建设等。在价格体系方面，我国传统的计划经济价格体系，并不能够准确反映供求关系和价值体现，并不能够反映企业的经营效果，也没法适应市场经济的要求。如广泛存在的同类商品的质量差价没有拉开，不同商品的价格比没有体现，商品价格购销倒挂，价格的双轨制等矛盾问题严重。如果不改革这种合理的价格体系，在很大程度上会影响我国生产的发展。只有改变这种不合理的价格体制,才能适应商品经济发展的要求。同时也要进一步完善金融体制、财政体制、税收制度等,学会运用经济的手段来管理经济,而不能单纯依靠过去的行政手段进行管理经济。在收入分配制度方面。鉴于农村改革对劳动者积极性的激发,进而促进劳动者生产效率提升的事实,承包制同样也可以应用于城市企业改革之中,厂长经理负责制必然成为企业的选择,企业党组织要支持厂长经理工作,维护党对企业的领导。在收入分配方面就要求突破过去的平均主义的现状,进而真正贯彻按劳分配的原则。把企业职工的收入分配与企业经营效益结合起来,企业可以通过工资奖金等多种形式,充分体现脑力劳动、体力劳动、简单劳动、复杂劳动、熟练劳动、非熟练劳动、繁重劳动、非繁重劳动等的收入差别,尤其是要改变当前比较严重的脑体倒挂现象等,真正贯彻按劳分配。关于政府与企业的关系。主要实行政企职责分开,突破过去单一的政府行政指令性计划形式。政府主要聚焦在经济社会发展长远性战略、计划、方针、政策等;制定资源开发、技术开发、智力开发等的方案;协调地区部门企业的发展计划与经济关系,部署重点工程建设和信息汇总,制定相关法规,运用经济手段调节经济发展等,实现各级政府不再直接管理企业的目标。

4. 有计划的商品经济形态的深化完善。党的十三次代表大会明确了社会主义初级阶段必须完善社会主义有计划的商品经济的体制框架,从内涵界定、企业改革、经济横向联合、市场体系培育、所有制结构、分配原则等方面完善了社会主义商品经济结构,计划与市场共存的实践模式成熟。

(1) 进一步明晰了有计划的商品经济的内涵。党的十三大首先肯定了《中共中央关于经济体制改革的决定》提出的社会主义经济是公有制基础上的有计划的商品经济,是对马克思主义的重大发展,是我国经济体制改革的基本理论依据。同时强调指出,社会主义有计划商品经济的体制,应该是计划与市场内在统一的体制,并补充说明了如下几层含义:一是社会主义商品经济与资本主义商品经济本质区别在于所有制基础。很显然,社会主义商品经济是建立在生产资料公有制基础之上的,而资本主义商品经济则是建立在生产资料私有制基础之上的。因此社会主义可以利用市场调节,社会主义也不能离开市场调节和市场要素,但这绝不等于搞资本主义。二是社会主义计划必须依赖于商品交换和价值规律,必须抛弃过去的行政指令性计划,通过间接的手段管理企业。三是计划和市场的作用是覆盖全社会的，通过"国家调节市场，市场引导企业"机制，实现计划调节与市场调节的共同作用，国家通过经济手段、法律手段、行政手段等调节市场供求关系，从而引导企业正确经营。

（2）确立社会主义商品经济基本框架。党的十三大结合我国改革的基本任务，围绕市场主体企业的改革环节，从计划、投资、财政、金融、外贸等方面，建构了理性的商品经济结构。

其一，关于全民所有制企业改革，重点关注所有权和经营权分离原则。在社会主义商品经济条件下，企业必须拥有独立的经营权、自主权，才能真正建立适应市场经济发展的经营主体。为此，必须重点关注企业的所有权与经营权相分离的原则。所谓所有权主要是指国家对企业资产拥有问题，国有企业必然属于国家所有，任何个人或集体必须保证企业的财产权归属于国家；而企业则可以在经营管理方面直接参与，国家则不一定通过直接经营的方式来管理企业，企业生产什么、生产多少、如何生产等可以自主的确定，从而满足市场的基本需求。通过所有权和经营权分离的基本原则，实现了国家的间接管理和企业独立自主的经营目标，理顺了企业所有者、经营者、生产者的关系，企业真正成了自主经营、自负盈亏的市场主体。国家主要通过法律的手段和契约的形式确定国家与企业关系、企业所有者与经营者关系、企业经营者与劳动者之间的关系等，鼓励承包、租赁、股份制等多样化的经营形式，通过厂长经理责任制促进企业管理，通过企业横向联合，促进企业之间人才、资金、技术、资源等组合运用，进一步激发了企业的活力，为适应市场经济的现代企业制度建设开启了探索通道。

其二，建立和培育社会主义市场体系。市场体系是保障市场经济运行的前提，只有建立了各类市场，才有可能开展各类交换，从而保障市场流通的通畅，也保障了市场的形成。因此，社会主义商品经济同样需要市场体系建设，党的十三大明确了这项任务并提出了指南性要求。党的十三大指出，必须完善各类市场主体，从市场类型来看，社会主义商品经济不仅包括消费品和生产资料市场，而且应该涵盖资金市场、劳务市场、技术市场、信息市场、房地产市场等生产要素市场。社会主义必须首先健全市场体系，才能为商品经济发展提供前提。从市场属性来看，社会主义市场必须是竞争的市场、开放的市场、国家化的市场等。只有建立互通有无、完善高效、沟通国内外等市场体系，才能为社会主义商品经济发展提供必要的环境。

其三，正确处理国家计划调节与市场调节的关系。在社会主义商品经济条件下，必须正视市场调节与计划调节的关系问题，也就是处理好计划与市场的关系问题。党的十三大明确了社会主义商品经济条件下国家计划与市场调节的关系，肯定了国家计划调节与市场调节结合的基本导向，指明了国家、企业、市场之间的关系，即在社会主义商品经济中，国家调节与市场调节都是必不可少的手段，国家调节是社会主义商品经济属性的保障，也是社会主义性质的保障，但国家计划调节应该突破过去传统的行政指令性计划，应该转向指导性计划，通过财政、金融、税收等经济杠杆，运用宏观政策调控的基本方法实现国家计划对企业生产的引导，给予企业更多的经营自主权。在国家宏观调控政策的指导下，企业可以根据市场行情自主地进行经营生产，国家不去干涉企业微观经营活动，但企业必须在国家法律法规及相关经济宏观政策的规范下开展活动。

其四，摆正了公有制主体和多种所有制经济的地位，党的十三大以来逐步明确了公有制的主体地位和多种所有制经济的补充地位，即在社会主义初级阶段条件下，全民所有制和集体所有制经济作为公有制的主要形式必然要占据主体地位，并且要进一步扩大公有制经济的基础，大力发展全民所有制和集体所有制联合的公有制形式，发展各地区、各部门、各企业互相参股的公有制企业等，巩固公有制所有制经济的主体地位。同时，私营经济在促进生产、扩大就业、满足人民多方面需求等方面具有一定的优势，必然成为公有制经济必要的和有益的补充形式。应该大力鼓励发展城乡合作经济、个体经济、私营经济、中外合资企业、合作经营企业、外商独资企业等，使其真正成为公有制经济的必要的有益的补充。

其五，确立了按劳分配为主体的多种分配方式和分配政策。基于社会主义初级阶段存在的公有制为主体和多种所有制为必要的有益的补充的客观现实，党的十三大提出了按劳分配为主体，多种分配方式为补充的政策导向。对于全民所有制和集体所有制为主体的企业，必须充分发挥按劳分配的主体地位，同时也要探索股份分红、资金利息、风险补偿等补充性分配方式；而对于个体所有制及其他非公有制企业，则相应地存在个体劳动所得、企业主的非劳动收入、企业经营风险补偿、按资分配等多种分配方式。

总之，中国乡村的极端贫穷与落后状态造就了其作为改革开放起始点的实践，其核心就是农民自发探索的家庭联产承包责任制，激发了中国农村微观市场主体培育的先决条件和前提条件，乡镇企业这个微观市场主体和农村微观流动的市场机制就此应运而生了，打开了中国市场经济的第一个突破口。在农村微观主体建构的背景下，促进了城市的改革机制，引发了城市国有企业改革，政府放权让利的基本思潮，城市微观市场主体培育，在"计划经济为主，市场经济为辅"的主导思路下，探索"有计划的商品经济"模式，政府与市场二元并存的主要模式基本形成。

三、市场起基础性作用的市场经济形态

1992年，党的十四大明确提出使市场在国家宏观调控下对资源配置起基础性作用的论断，明确了建立完善社会主义市场经济的目标理论，并随着党的十五大、十六大、十七大，社会主义市场经济体制逐步完善。所谓市场起基础性作用的市场经济形态，是指在我国社会主义市场经济发展初期，在市场机制、市场体系、市场规则等尚未充分发展的实践背景下，市场尚且不能独立地对资源配置起作用，必须依赖于国家对市场的宏观调控，促使市场按照社会主义的公平目标和市场竞争的目标科学运转，进而采取了"国家调节市场，市场调节资源配置"基本方式，由"政府需要预先调控市场，并时时调控市场"，进而实现"国家调控市场来实现宏观经济和政府目标"。①

（一）市场起基础性作用的市场经济形态的初步探索

1. 市场起基础性作用的市场经济形态的实践背景。市场起基础性作用的实践是我国经济发展的实践经验和教训的总结，是社会主义经济发展的历史必然和时代选择。如前所述，在传统社会主义的发展实践中，计划经济一直被当作社会主义的特征，而市场经济则一直被看作资本主义制度的本质特征，正确处理计划与市场的关系构成了社会主义发展的关键。但由于我国传统社会主义忽视了马克思关于未来社会市场经济实践的设想，片面选择了排

---

① 洪银兴：《关键是厘清市场与政府作用的边界》，载《红旗文稿》，2013年第4期。

斥市场的计划经济模式，最终导致了社会主义发展问题与困境。党的十一届三中全会以来，我们逐渐摆脱了传统的计划经济观念，开始探索市场经济实践的路径，经历了"计划经济为主，市场调节为辅""有计划的商品经济""计划调节与市场调节相结合"等实践，为市场起基础性作用的实践提供了经验和前提。1992年，邓小平南方谈话则彻底突破了计划与市场的关系解读，明确指出了社会主义也有市场，资本主义也有计划，计划经济不等于社会主义，市场经济不等于资本主义等科学论断，突破了把计划经济与市场经济等同于制度属性的基本判断，为社会主义市场经济概念体系的提出和确立提供了指南，对计划与市场关系的认识有了质的飞跃。社会主义市场经济目标应运而生，市场起基础性作用实践模式的探索开始。

2. 市场起基础性作用的市场经济形态的属性特征。党的十四大提出的社会主义市场经济的目标为市场起基础性作用的纲领性文件，规范了社会主义条件下市场经济的基本属性，其既具有市场客体的一般属性，也包含市场制度的社会主义属性。

（1）突出市场对资源配置的基础性作用。市场起基础性作用实践必须首先依赖于市场配置资源的基础性属性。也就是通过市场体系规范经济发展的基本领域，不仅在生产领域和消费领域建构完备的市场体系，而且要在资本市场、劳动力市场等领域大力发展，打通国内市场与国际市场的联系，从基础性范围规范经济发展的渠道和领域；通过市场信息和市场机制规范经济发展的过程，包括生产、交换、流通、消费等，一切都要依靠市场体制这个基本的调节有机体，企业必须根据市场价格信息机制及其他相关金融机制等实现对生产、交换、消费的基本过程，形成使企业依赖市场的基本格局；通过市场法规和市场规则规范市场行为，以保障市场流通的规范性和有效性等。因而，从这个意义上讲，市场在资源配置领域功能的发挥必然会起到核心关键作用，但由于市场经济目标建立完善时期，市场体系、市场规则、市场信息机制等尚不够完善，不能完全让市场对资源进行配置，尚且需要国家宏观调控市场的基本导向，从而确保不受市场经济弊端的限制，市场在资源配置方面只能起到基础性作用。

（2）凸显计划对市场局限性的优化属性。在市场起基础性作用的机制中，如何减少或避免市场自身拥有滞后性、失灵性、拜物教属性等天然问题，如何体现社会主义的公平性、人民性、自由性等属性，又必然保障市场机制与社会主义制度的结合属性，从而实现社会主义市场经济的独特性。在所有制结构方面，必须坚持公有制经济的主体地位，同时保证个体经济、私营经济、外资经济等的补充功能，也可以实行多种经济成分的联合经营等形式，国有企业、民营企业、外资企业等平等进入市场，通过市场公平竞争。相应地，在分配制度方面，也要充分体现按劳分配为主体，其他分配方式补充的基本格局，既要体现劳动收入的差距，又要防止两极分化，最终实现共同富裕的基本目标。在调控方式上，市场不能完全起决定性作用，不允许完全自由化的市场经济，要通过国家的宏观调控方式，更好地发挥计划与市场的好处。既要改变过去传统计划的非理性和非科学性，国家宏观调控转移到经济发展的总体规划、长期利益、社会效益、重大布局结构等的关注点上，又要改变传统的行政指令性手段，通过经济杠杆和宏观政策调控手段，促进经济发展的整体科学运行。

3. 市场起基础性作用的市场经济形态的路径规划。党的十四大明确了市场起基础性作用实践的初始规划，重点围绕市场主体、市场体系、市场调控因素等展开，为市场起基础性作用的实践提出了明确的规划，也是我国市场经济发展的指南。

（1）关于市场主体建设，重点关注国有企业改革。国有企业是社会主义经济发展的主体，也是社会主义经济发展的基础性保障。因此，任何时候都不能绕过国有企业问题。在市场起到基础性作用的实践中，国有企业改革仍然是经济发展的重心，把国有企业尤其是国有大中型企业推向市场，增强国有企业的活力，把国有企业与民营企业等各类市场主体放入同一个平台中进行公平竞争，提高国有企业的生产效率和盈利水平，从而提高国有企业的整体素质，这是维持社会主义制度的核心关键，只有国有企业的经营水平得到了提高，既能够为国家提供更多的利润收入，又能够提高广大国企员工的生活水平，从而保障社会主义制度的基础，进而发挥社会主义制度的优越性。主要做法是理顺产权关系，实现经营权和所有权的分开。国有企业的所有权属于国家，而国有企业的经营权则属于企业主体，企业可以按照市场信息的基本需要，自主地进行生产、经营等活动，也就是实现企业在市场运行中的主体地位，而政府不去过多干涉企业具体的生产经营事务，从而使企业实现自主经营、自负盈亏、自我发展、自我约束的市场主体，并对国有资产的所有属性进行保证。为此，承包经营责任制、股份制等多种形式均可以引入国有企业改革，鼓励有条件的企业兼并联合，组建企业集团，允许小型企业出租、出售等形式，转让给个人承包或经营等。

（2）关于市场体系培育，重点关注市场类型、市场法规、市场机制建设。市场经济越深入发展，市场体系建设的作用就越重要。在市场起到基础性作用的实践中，市场体系、市场法规、市场要素等方面的建设必然成为重中之重，以确保社会主义市场经济稳定有序发展。党的十四大明确指出，建构全国统一的开放的市场体系，大力发展商品市场，尤其是加快生产资料市场的发展，同时积极培育金融市场，包括证券、股票等有价证券等各种类型，进而在技术市场、劳务市场、信息市场、房地产市场等取得发展，形成完备的市场类型体系，这是市场起到基础性作用实践的前提和基础。在此基础上，要加强市场制度和市场法规建设，维护各类市场主体竞争发展的制度依据，打破传统的条块分割、封锁垄断的局面，真正形成公平竞争的市场格局。同时要进一步加强市场微观机制建设，重点建设市场形成价格的价格机制，使产品真正符合市场的需求，在供求关系的合理运行中确立合理的价格机制，继而保障市场经营的科学运转。

（3）政府与市场的关系规范问题。党的十四大明确指出，要从市场职能和市场保障等方面加以规范，从而保障市场经济的科学运行。一是要准确定位市场职能和政府职能的关系。在社会主义市场经济条件下，要逐步实行政企分开，处理好企业与市场的关系，处理好市场与政府的关系。政府主要通过经济杠杆或法规政策等规范企业的行动，从统筹规划、政策引导、组织协调、服务监督等方面，通过计划、投资、金融、财政、税收等手段实现对企业的引导和管控，凡属于国家法律规定的企业的职能，各级政府都不能干涉，允许企业保留自主权。同时政府要做好有关市场改革的配套政策与服务，重点在收入分配领域和社会保障领域进行改革，通过工资制度改革、税收制度改革、住房制度改革、养老制度改革、医疗制度改革等，不断建设与市场经济相适应的配套制度改革，既能够保障市场经济制度的科学运行，又能够保障广大人民生活水平的提升，实现市场经济发展的基本目标。

（二）市场起基础性作用的市场经济形态的全方位建构

本阶段重点指从1997年到党的十五大召开以来，我们在市场起基础性作用实践路径的全面展开阶段，在基本经济制度、国有企业改革、政府与市场关系等方面全面建设。

1. 明晰公有制为主体，多种所有制共同发展的结构。党的十五大明确指出，公有制为主体、多种所有制经济共同发展，是我国社会主义初级阶段的一项基本经济制度，这是由社会主义性质和初级阶段国情决定的。这种所有制结构既能保障社会主义的制度属性，又能保障社会主义经济的发展，都是紧紧围绕社会主义制度服务来形成的。这就要求我们不断拓宽对公有制、多种所有制以及主体地位、共同发展等关系的权威理解，从而更好地发挥这种制度的优势。

（1）关于公有制经济的组成部分。经过社会主义多年的实践探索，公有制为主体，多种所有制共存的经济制度已经形成。在市场起到基础性作用的实践中，这种所有制又表现出多种多样的形态，突破了传统的全民所有制、集体所有制等形态，出现了多种混合经营的所有制形态，这就必然要求我们对公有制经济的基本内涵加以准确界定，从而保障市场经济条件下企业生产发展。因此，党的十五大报告明确提出，"公有制经济不仅包括国有经济和集体经济，还包括混合所有制经济中的国有成分和集体成分"。这就从本质上拓宽了公有制经济的范围，把混合所有制经济的成分纳入公有制经济的概念内涵，既扩展了公有制经济发展领域，又保障了公有制经济的基础性地位。以国有企业为主体的国有经济，一直在我国社会主义发展中占据主导地位，构成了公有制经济的主体地位；而作为集体所有制经济在我国尤其是广大农村地区占有经济发展的重要部分，在城市，集体所有制企业在劳动力吸收、增加利润收入等方面发挥着重要的作用，因而自然是公有制经济的重要组成部分。而在混合所有制经济中的国有成分和集体成分，虽然从经济主体上不能占据绝对的主导地位，但同样对经济发展起到一定的促进作用，从属性上看这些成分自然属于公有制经济，如果从整体性角度来看，这些成分同样发挥着重要的作用，因而并不能因其在其他经济体制之内而忽视其公有制经济的属性。

（2）关于公有制的主体地位。从传统意义上讲，公有制的主体地位往往从数量上或形态上发展那种纯而又纯的公有制。如果在计划经济条件下，单纯依靠政府的计划指令和规模要求，数量形态占比较大的企业确实能够起到主导作用，公有制的主导作用自然能通过这种形式反映出来。在市场起到基础性作用的条件下，伴随生产资料所有制形式的多样化和公有制内涵界定的新突破，单纯从数量或形态来界定公有制的主体作用就显得比较困难。因此，这就需要我们从多视角、多领域、多层次来开展公有制主体地位的描述。党的十五大明确指出，公有制的主体地位不仅仅体现在公有制经济的数量上，重点体现在公有制经济的质量上和控制力方面，也就是保障"公有资产在社会总资产中占优势；国有经济控制国民经济命脉，对经济发展起主导作用"。但公有制的这种主导力是从全国总体状态来衡量的，而不是针对某个地域、某个行业等，在这些领域可以存在公有制经济不占主导地位的情况。同时，国有经济要体现在战略布局方面，对于事关国家经济命脉的重要行业和关键领域，国有经济必须占据支配地位，而在其他领域，国有资产则要凸显整体质量的提升，既能保障国有企业的主导力、控制力和优势地位，也能整体提升国有经济的质量和水平，更好地促进国有经济的发展。这种判断就突出了公有制经济发展的范围和方向，在国家重要的基础性领域或经济命脉的关键性行业，自然需要公有制经济的主体地位，而不是绝对地位，扩大了其他经济成分的发展空间，也为混合所有制经济发展提供了方向性指导。同时，在某些地区与领域，也为多种所有制经济的发展提供了直接的依据和空间，进一步明确了公有制为主，多种所有制共同发展的方向。

（3）关于公有制经济的实现形式。在传统的公有制经济中，大多采用的是国家直接经营企业的具体方式，企业的生产资料所有权属于国家，国家拥有全部的所有权，而企业则是根据国家的要求开展生产，企业缺少自主权，在生产经营、消费分配等领域都是依靠国家的指标展开。伴随着市场经济的逐渐深入发展，联合经营、股份制经营、租赁经营、承包经营等多样化的形式已经出现，也显现出这种多样化经营的优势，既有利于提高企业生产经营效率，又有利于国有资产的增值保值，从而有利于社会主义企业的经营发展。因此，党的十五大明确提出了经营权与所有权分离的具体形式，把股份制作为现代企业的一种资本组织形式，突破了股份制是私有经济的一种观点，社会主义企业同样可以利用股份制手段来促进企业经营效率的提高，大胆使用有利于社会化生产规律的经营方式。只要控股权掌握在国家或集体手里，这些股份制就属于公有制经济。因而，应该鼓励我国社会广泛存在的劳动者的劳动联合与资本联合等形式。

（4）关于非公有制经济。党的十一届三中全会以来，我们逐渐突破了那种纯而又纯的公有制经济形式，非公有制经济不断得到了发展完善。在农村，以乡镇企业为主要表现形式的私有经济逐渐形成，尤其是在改革开放的最前沿，民营经济发展的形态遍地开花，日益形成了一定的规模。同时，在沿海地区，个体经济、三资企业等突飞猛进，在税收增加、就业保障、人民消费品增加等领域均具有重大的突破，这就要求我们必须重新定位非公有制经济的地位，从而保障非公有制经济的进一步完善发展。因此，党的十五大明确提出，非公有制经济是我国社会主义市场经济的重要组成部分，突破了过去的补充的地位，进一步提升了非公有制经济的定位。因此，国家大力鼓励个体经济、私营经济等，国家要进一步引导规范非公有制经济的发展，依法保护各类企业主体的合法权益和平等竞争，并对它们进行监督管理。促进非公有制经济与公有制经济共同发展。

2. 提出建立现代企业制度目标。企业是市场经济机制运行的微观主体，为了保证社会主义市场经济制度的完善与发展，确定市场起基础性作用的实践机制，适应市场经济的企业制度建设仍然是重中之重。为此，在过去放权让利、经营权和所有权分离等改革的基础上，党的十五大明确提出了大力推进国企改革，建立现代企业制度的目标。

（1）按照"产权明晰、权责明确、政企分开、管理科学"的总要求，对国有大中型企业实行公司制改革。国有企业改革是市场经济建设发展的重中之重，其核心是处理好所有权和经营权的关系问题，也就是处理好国家与企业的关系问题。党的十一届三中全会以来，国有企业改革不断深入推进，但所有权和经营权的关系问题并没有彻底得到规范和解决，因而也就不能彻底规范国家与企业的关系问题。随着市场起到基础性作用的实践完善，必须进一步明确企业与国家的关系。党的十五大进一步明确了这一点，其中，根据企业投资资金的标准划分所有权和经营权的责、权、利问题。国家按投入企业资金的额度享有所有权的收益，同时要承担企业债务的有限责任；而企业则自主地开展生产经营活动，自主经营、自负盈亏，独立地根据市场规则，政府不直接干预企业的生产经营活动，但企业也要遵守国家相关法律和政策约束，不能违背所有者的权益，并有义务实现国有资产的增值保值。同时，允许企业拓宽融资渠道，可以采用多种方式融资，不断扩大充实企业资金和投资主体的范围，实现企业资金投资的多元化，加快国有大中型企业的发展。

（2）加快企业经营机制改革，增强企业活力。党的十五大明确提出，要"把国有企业改革同改组、改造、加强管理结合起来"总方向展开。从企业的经营形态来看，按照"抓大放小"的原则对国有企业实行战略性改组，鼓励建设跨行业、跨地区、跨所有制、跨国经营等的大企业集团，而对于那些经营落后、规模较小、效率低下等的小型企业，则鼓励通过改组、联合、兼并、租赁、承包经营、股份合作制、出售等多种形式实现改造，加快搞活小型国有企业的步伐。从企业内部管理来说，要不断推动技术进步，要鼓励企业和社会资金不断投入技术改造的领域，在新产品开发、新技术拓展等方面下功夫，提高企业的高新技术支持；同时也要加强企业的领导班子、管理制度、监督制度等建设，确保党对企业的领导核心作用，又要保证工人阶级对企业的主体功能，实现企业管理加强。

（3）按照"鼓励兼并、规范破产、减员增效、再就业工程"原则，建立企业的竞争机制。为了提高国有企业的活力和生产效率的提高，必须破除传统的干多干少一个样的经营机制，要逐步建立适应市场经济发展的竞争机制，允许企业通过多种形式进行改组、改革、技术创新等，必然要建立一种职工下岗的保障机制和再就业工程。既要保障企业改革的顺利开展，又要保障社会发展的稳定和谐。

（4）做好配套改革建设。深化国有企业改革，实行经营权和所有权的彻底分离，通过改革改组改造等多样化的形式，必然会出现很多问题。如如何保障所有权的利益，如何保障下岗职工的权益，如何规范企业在岗职工的利益，如何改变与企业经营活动无关的消耗问题等，这就必然要求国家开展相应的配套改革措施。为此，党的十五大明确提出，通过建立"国有资产管理、监督和营运机制，保证国有资产的增值保值，防止国有资产流失"；通过社会保障体系，改革国企职工的养老保障制度、医疗保险制度、失业保险制度、社会救济制度、住房公积金制度等，建立最基本的社会保障体系，顺利实现国有企业改革建立现代企业的目标。

3. 改革收入分配结构与分配方式。在建立现代企业制度的过程中，企业改组改造的实践中，必然会出现因资金投入的差别、劳动效率的差别、经营主体的差别等需要不同的收入分配方式，才能适应现代企业制度建立的要求。为此，党的十五大明确提出了"坚持按劳分配为主体、多种分配方式并存的制度"，进一步优化分配结构和分配方式的目标原则。

（1）要按照"效率优先，兼顾公平"的原则，实现按劳分配与按生产要素分配的结合。也就是说，按照企业经营生产保障的效率实现按劳分配，实行多劳多得、按劳取酬，以通过分配保障企业经营效率的提高，促进经济的发展。但同时又要坚持社会主义公平公正的总要求，对那些有特殊原因或特殊条件的群体实行特殊关照，以保持社会稳定。允许鼓励通过合法经营和诚实劳动而出现的收入分配的差距，坚决打击违规违法收入和不合理的收入；允许按照资金投入、技术投入等按生产要素参与分配。

（2）按照削弱"两极分化"的原则，规范收入分配，使收入分配趋于合理化。通过税收制度，如个人所得税、开征遗产税等新税种，调节过高的收入；对于那些通过垄断或特殊条件而获得不合理收入的行为，坚决予以纠正；对于逃税漏税、侵吞国有资产、非法牟利等手段获得收入，坚决依法取缔等，从而实现收入分配的合法化、合理化、均衡化等。

4. 健全市场体系与国家宏观调控体系。市场体系和国家宏观调控体系是市场起基础性作用的关键之所在。党的十五大要求，适应国有企业改革和现代企业制度的建立，科学的市场体系建设和国家宏观调控也需要进一步完善。其重点在于，大力发展资金市场、劳动力市场、技术市场等市场体系建设，实现各类市场主体的合理化，为市场运行提供稳定的体系结构。同时，要健全市场运行的内部机制，包括生产要素市场价格机制、流通体制等，加强市场规则建设与管理机制建设，尽快形成统一开放、竞争有序的市场体系，进一步发挥市场对资源配置的基础性作用。当然，国家的宏观调控任务尚且不能忽视，对于经济总量平衡，重大经济结构调整等宏观任务的实现仍然要依靠国家的宏观调控；国家要进一步深化金融、财政、货币等领域的调控机制，综合运用法律手段和经济手段来实现对市场的调节，以确保市场经济的稳定运行。国家要优先通过经济结构的调整，加强巩固农业的基础性地位，以市场为导向，以科技为根本，促进农业经济结构的优化，确保农业结构的稳定和农村经济的快速发展，完善家庭联产承包责任制，加强农村集体经济的发展。加强基础工业的发展，把新技术、新产品、新产业同市场结合起来，发展技术密集型产业与劳动密集型产业结合起来，促进工业的发展。鼓励引导第三产业发展，促进地区经济协调发展，处理好东部地区、中部地区、西部地区等发展的关系，实现产业结构的合理化发展。同时国家要大力发展科教兴国和可持续发展战略，确定合理的发展规划，大力发展外向型经济，利用外资，促进经济发展等。

（三）市场起基础性作用的市场经济形态的全面优化

本阶段主要是指2002年党的十六大以来，直至党的十七大，基于市场起基础性作用实践的完善与发展，进一步在国家发展方略方面取得突破，其主要特点是在十五大所提方略的基础上进一步完善，在坚持基本经济制度、国有企业改革、市场体系建设、政府与市场关系等基本框架的基础上，丰富发展了这些导向性的措施，使市场发挥基础性作用的实践走向完善。

1. 继续坚持和完善公有制为主体，多种所有制共同发展的基本经济制度。公有制为主体，多种所有制共同发展是我国的基本经济制度，是我国市场经济发展完善和长期探索的结果，必须长期坚持并不断完善发展。因此，党的十六大明确提出，"必须毫不动摇地巩固和发展公有制经济"，"必须毫不动摇地鼓励、支持和引导非公有制经济发展"，"坚持公有制为主体，促进非公有制经济发展，统一于社会主义现代化建设的进程中，不能把这两者对立起来"等，更好地坚持发展基本经济制度。党的十七大则明确提出"毫不动摇地巩固和发展公有制经济，毫不动摇地鼓励、支持、引导非公有制经济发展，坚持平等保护物权，形成各种所有制经济平等竞争、相互促进新格局"的发展目标，体现了坚持和完善基本经济制度的决心。

2. 继续加强国有企业改革与现代企业制度建设。在十五大建立现代企业制度改革的目标基础上，不断完善国有企业的制度设计，在目标一致的基础上实现了改革的突破。党的十六大明确提出"继续调整国有经济的布局和结构，改革国有资产管理体制"的总任务，进一步明晰所有权和经营权的责权利问题，提出了"建立中央政府和地方政府分别代表国家履行出资人职责，享有所有者权益，权利、义务和责任相统一，管资产和管人、管事相结合的国有资产管理体制";进一步明晰中央政府和地方政府的投资范围,"关系国民经济命脉和国家安全的大型国有企业、基础设施和重要自然资源等,由中央政府代表国家履行出资人职责。其他国有资产由地方政府代表国家履行出资人职责,中央政府和省、市(地)两级地方政府设立国有资产管理机构"。对于企业主体来说,重点探索公有制的多种有效实现形式,推进国有企业的体制、技术、管理创新,明确指出"积极推行股份制,发展混合所有制经济"的改革目标,进一步激发多种所有制企业的活力,发挥个体、私营经济的功能。十七大则提出,"深化国有企业公司制股份制改革,健全现代企业制度,优化国有经济布局和结构,增强国有经济活力、控制力、影响力",从消除垄断、加大竞争、国有资本经营预算制度建设、国有资产管理体制建设等方面,完善国企改革;进一步发展多种形式的集体所有制经济形式,促进多种所有制经济的发展等。

3. 继续加强完善市场体系建设。党的十六大明确提出了"健全现代市场体系"的目标,更大程度地发挥市场资源配置的基础性作用,尤其是在产权市场、土地市场、劳动力市场、技术市场等方面的完善,建立现代流通方式,整顿规范市场经济秩序,健全社会信用体系等;同时要不断完善政府的宏观调控作用,政府要在经济调节、市场监管、社会管理、公共服务等方面下功夫,减少行政审批的环节,进一步完善国家的货币政策、财政政策、税收金融政策、预算管理制度、利率管理制度,防范金融风险等环节。而这些领域则在十七大得到了进一步完善,"以现代产权制度为基础,发展混合所有制经济。加快形成统一开放竞争有序的现代市场体系,发展各类生产要素市场,完善反映市场供求关系、资源稀缺程度、环境损害成本的生产要素和资源价格形成机制,规范发展行业协会和市场中介组织,健全社会信用体系"等任务。十七大则重点在财税、金融、公共服务均等化等方面加大了完善力度。尤其是在中央和地方政府的公共服务建设、金融市场和金融体制改革、资本市场优化、监管、风险防范、投资体制、人民币汇率机制等领域取得了突破性进展,同时国家的宏观调控水平也有了进一步的提高。

4. 进一步加强分配制度改革和社会保障体系建设。党的十六大明确提出了"坚持效率优先、兼顾公平,既要提倡奉献精神,又要落实分配政策,既要反对平均主义,又要防止收入悬殊"的总原则。按照"初次分配注重效率""再分配注重公平"的实践操作导向，充分发挥市场调节收入的机制，鼓励一部分人先富起来，同时加强政府对收入分配的调节职能，规范不合理的收入分配，减少收入差距，不断扩大中等收入的水平，提高低收入者的收入水平，最终实现共同富裕。不断完善社会保障体系，完善城镇职工的养老保险制度、医疗保险制度、失业保险制度、最低生活保障制度等，大力发展城乡社会福利事业和社会救济事业，探索农村的养老、医疗、最低生活保障制度等。党的十七大以来，收入分配制度改革重点趋向公平方面，明确提出了"初次分配和再分配都要处理好效率和公平的关系，再分配更加注重公平"的导向。重点提高居民收入在分配中的比重，劳动报酬在初次分配中的比重逐渐加大，着力提高低收入者的收入，逐步提高最低工资标准和扶贫标准等，建立工资正常增长机制和支付保障机制等。

四、市场起决定性作用的市场经济形态

市场起决定性作用的论断是在党的十八届三中全会提出来的，但这种理论的形成乃是我国市场经济发展的历史必然，是伴随着市场经济体制的不断完善而实现的必然结果。

（一）市场起决定性作用的市场经济形态的实践背景

党的十八大以来，我国社会主义市场经济体系日趋完善，市场类型不断丰富，市场法规和规范不断完善，市场机制不断健全，作为市场微观主体的企业类型不断增多，国有企业改革已经取得了重大的突破，现代企业制度已经建立起来；个体经济、私营经济、外资经济等发展迅速，已经构成了社会主义市场经济的重要组成部分。这种现状能够表明两种趋向，一是市场体系已经日益完备，市场在资源配置中起决定作用的条件已经具备；二是政府与政府关系的处理亟需规范化，否则就会影响市场经济的发展，市场成为决定性作用的客观要求已经形成。因此，如何正确处理政府与市场的关系已经成为第一要务。要处理好政府与市场的关系，就"必须更加尊重市场规律，更好发挥政府作用"。这也是市场起决定性作用实践探索提出的前奏。为此，党的十八大以来，中央政府明确提出，必须更加尊重市场规律，更好地发挥政府作用。毫不动摇地坚持和完善社会主义市场经济基本制度，鼓励公有制

经济和多种所有制经济共同发展,加强国有企业改革力度,增强国有企业的活力和控制力;同时政府更加关注公共服务以及各种经济政策的制定,尤其是在金融领域下大力气等。这些市场与政府关系的理顺措施和改革发展措施为市场起决定作用的实践奠定了前期的基础。

党的十八届三中全会明确提出,经济体制改革是全面深化改革的重点,核心问题是处理好政府和市场的关系,使市场在资源配置中起决定性作用并更好地发挥政府作用。市场起决定性作用的实践目标正式提出,为社会主义市场经济发展指明了方向,同时也为处理好政府与市场关系提供了指南。一方面,要紧紧围绕使市场在资源配置中起决定性作用的要求,深化经济体制改革,在基本经济制度完善、现代市场体制建设、宏观调控体系建设、经济发展方式转变等方面进行探索,推动社会主义市场经济更加有效率、更加公平、更加可持续等良性发展,实现市场与政府双向运行科学的良好局面。另一方面,不断完善政府的职能。在市场经济起决定性作用的实践中,政府职能的准确定位和正确发挥就成了非常重要的作用。既要克服过去政府发挥主导作用的指令性模式,又要发挥政府在其他领域的决定性作用。

(二) 市场起决定性作用的市场经济形态内涵

1. 市场起决定性作用的范围限于资源配置领域。伴随市场经济不断完善与发展,我国社会主义市场经济制度日益完善,生产资料市场、劳动力市场、消费品市场、资金技术市场等各种类型的市场基本完备,市场体系和市场法规也日益完善,能够准确规范各类市场主体在市场环境中公平竞争,国有企业、外资企业、民营企业、个体经济等微观市场主体也日益成熟,能够独立地在成熟的市场中运行等。这样市场成为决定性作用的条件已经成熟,但市场的决定性功能并不等同于在一切领域,而仅仅发生在市场配置资源的基本领域,也就是通过市场信息和市场机制把资源配置到那些生产效率高,社会效益好,更加有益于社会发展的行业与领域之中,从而通过市场的决定性调节作用,引导企业良性运行发展,从而建构起市场起到决定性作用的配置环境。当然,这种情况主要是针对过去政府调节市场,市场调节企业的基础性作用而言的。也就是在市场比较成熟的条件下,应该关注市场独立地进行资源配置,而不应该运用政府对资源配置的行政指令性调节,政府逐渐淡出直接经营企业的范围,而给市场更多自由的发展调节空间。但是对于资源配置领域的其他范围和事项，市场则不能起到决定性作用，如政治、文化、社会等其他领域，就不能任由市场起决定性作用，也就是不完全等同于市场化。政府应该把更多的精力放在服务方面，放在经济发展的宏观决策制定、运用，金融政策宏观手段包括政治、经济、文化等各类大政方针政策制定上，从而确保政府在资源配置之外各领域的决定性作用。

2. 市场起决定作用离不开政府的宏观调控。政府与市场的关系是任何经济制度都不能够回避的问题，在市场起到决定性的作用实践条件下，政府的宏观调控作用仍然是市场经济发展的重要保障。但这种宏观调控既不等同于计划经济条件下的政府直接性指令性管理，也不等同于市场经济发展早期政府直接调节干预市场经济的做法。政府的这种宏观调控作用主要包含两层内涵。一方面，这种政府宏观调控不等同于政府对市场的宏观调控，是指在市场体系完备到能够决定性分配资源的条件下，政府已经退出市场的直接管控，从市场之外的更加宏观的领域出发，通过法治的手段、服务的手段、宏观政策的手段等对市场起到调节作用，但政府并不直接干涉市场的资源配置主导功能。另一方面，政府要对市场失灵的地方进行宏观调节。市场失灵现象是经济发展不可避免的问题，在特殊情况下，政府可以通过对市场经济的直接影响甚至运用行政性指令手段在市场失灵的情况下进行干预，从而促使市场走向正确的发展轨道，克服市场自身存在的滞后性、无序性等问题，从而激活市场调控资源的领域，更好地发挥市场起决定性作用的实践。

3. 在市场起决定性作用的实践中，企业作为市场主体自主地发挥功能。企业是经济发展中的客观主体，企业的定位也是各类经济体制活动的重要标志。在传统的计划经济体制中，企业仅仅是作为政府的附属物而被动地从事生产经营活动。在市场经济发展的过程中，企业逐渐摆脱政府的指令性计划，而逐步依靠市场，根据市场行情进行生产经营活动。在市场发挥决定性作用的实践条件下，企业必须成为独立的市场化主体，自主地根据市场行情进行生产经营活动，政府与市场、企业与市场、社会与市场等之间的职能界定明晰，功能互补，从而营造出一种和谐稳定、积极高效的发展状态。企业生产什么，是根据市场的需求来决定的；企业如何生产，是根据企业自身的技术条件和具体情况开展的，根据市场行情来自主决定生产规模、生产效率等；企业生产为了谁，是根据消费者需求来决定，是为了满足社会居民的基本需求而定。只有让企业真正成为独立经营的实体,才能够真正发挥企业的生产积极性,也才能够真正促使企业生产效率的提高,从而更好地满足社会发展的需求,提高社会民众的生活水平,达到企业生产与人们需要的内在统一。

(三) 市场起决定性作用的市场经济形态规划

1. 从基本经济制度方面看。坚持完善社会主义市场经济基本制度建设,要把公有制为主体,多种所有制共同发展的经济制度作为中国特色社会主义的重要支柱与社会主义市场经济的根基。如果这个基本经济制度动摇了,就会危及中国特色社会主义制度的基础,就会危及社会主义市场经济的基础。因而,必须仍然大力发展公有制经济与非公有制经济,把两种不同属性的经济成分作为中国特色社会主义的重要组成部分。同时要大力发展混合所有制经济,不断增强国有经济的活力和主导力,增强非公有制经济的发展动力。党的十九大明确提出了"加快完善社会主义市场经济体制"的任务,重点指明要以"完善产权制度和要素市场化配置为重点",保障"产权有效激励、要素自由流动、价格反应灵活、竞争公平有序、企业优胜劣汰"等。要"完善各类国有资产管理体制,改革国有资本授权经营体制,加快国有经济布局优化、结构调整、战略性重组,促进国有资产保值增值,推动国有资本做大做强,有效防止国有资产流失"[①];同时深化国有企业改革,发展混合所有制经济,打造具有全球竞争力的世界一流企业,肯定了国有企业改革发展的方向。

2. 不断加强现代市场体系建设。在市场起到决定性作用的实践条件下,市场体系建设仍然占据重要的地位。也就是说,虽然市场体系已经达到了发挥市场起决定性作用的条件,并不意味着市场体系已经完善成熟。实际上,市场体系建设方面,我们仍然存在诸多问题。各类市场之间、国内市场与国际市场之间、市场法规方面等尚且存在不稳定因素,市场竞争、市场主体之间仍然存在矛盾风险,时刻威胁着市场经济的发展。因此,围绕使市场起决定性作用的资源配置目标,我们必须不断优化各类市场主体建设,各类企业市场主体公平竞争、自主经营、自负盈亏,消费者具有选择自由、自主消费,商品和要素能够自由流动、公平交换,市场信息科学高效,市场规则透

---

① 《全面建成小康社会,夺取新时代中国特色社会主义伟大胜利》,人民出版社2017年版,第33—34页。

明科学，市场价格机制合理，形成统一开放、竞争有序的科学化市场体系等，更好地发挥市场资源配置作用，为市场起决定性作用实践提供基础保障。在市场主体完善和市场规则健全等方面，要实施"市场准入负面清单制度，清理废除妨碍统一市场和公平竞争的各种规定和做法"；"深化商事制度改革，打破行政性垄断，防止市场垄断，加快要素价格市场化改革，放宽服务业准入限制，完善市场监管体制"。①

3. 建立科学的宏观调控与有效的政府治理。如前所述，发挥市场对资源配置的决定性作用，并不等于市场在其他领域的决定性作用，这样就更加需要科学高效的政府宏观调控职能，更好地发挥政府的职能，为社会主义市场经济作用的发挥提供较好的保障。这就要求，进一步转变政府职能，深化行政体制改革和创新行政管理方式，提高政府的执行力、服务力、公信力，打造优质高效的法治型和服务型政府。既强调政府通过完善立法的手段，明确事权，完善市场经济的法律法规，建立法治经济；规范政府职能，精简机构，明晰职权，减少行政审批等；同时，又进一步改革税制、稳定税负、预算透明、提高效率，建立现代财政制度，通过经济手段实现对市场宏观调节的科学性。党的十九大进一步明确了市场起决定性作用背景下政府宏观调控职能领域，明确指出政府要"创新完善宏观调控，发挥国家发展规划的战略导向作用，健全财政、货币、产业、区域等经济政策协调机制"，"完善促进消费的体制机制，深化投资体制改革，建立现代财政制度，建立全面规范透明、标准科学、约束有力的预算制度，深化税收制度改革，深化金融体制改革，健全货币政策和宏观谨慎政策双支柱调控框架，深化利率和汇率市场化改革，健全金融监管体系，守住不发生系统性金融风险的底线"等具体措施②，为市场起决定作用的实践提供了科学有力的宏观保障支撑。

总之，中国社会主义经历了计划经济主导的曲折探索，开启了市场起基础作用的经济体制道路，最终实践了市场起决定性作用的实践道路，把中国特色社会主义事业推向新时代，实践创新了马克思市场批判理论。

---

① 《全面建成小康社会，夺取新时代中国特色社会主义伟大胜利》，人民出版社2017年版，第34页。

② 《全面建成小康社会，夺取新时代中国特色社会主义伟大胜利》，人民出版社2017年版，第34页。

第七章　马克思市场批判理论实践创新的当代价值

马克思市场批判理论自衍生以来，沿着国内、国外两个领域实践创新发展。在国外，由苏东的反市场实践到东欧的传统市场社会主义近市场实践探索，最终由欧美的当代市场社会主义亲市场所继承发展。在国内，经历了片面排斥市场的计划经济模式，到计划与市场并存的实践探索，再到市场基础型实践突破，最终确立了市场起决定性作用的经济体制。本章重点通过比较的视野，揭示国内外社会主义实践创新马克思市场批判理论的经验教训，为新时代中国特色社会主义实践提供理论指南与实践参考。

一、马克思市场批判理论实践创新的路径特征

纵观马克思市场批判理论衍生与发展的路径，不难看出其凸显的如下特征：始终坚守社会主义与市场经济博弈的主导逻辑，但在实践过程中却在矛盾与彷徨中历经种种磨难与曲折，在本土化的具体实践中展现出不同的模式特征，取得了不同的历史经验与成效。

（一）社会主义与市场经济兼容的异曲同工路径

1. 从马克思市场批判理论衍生的源头看。其主要是围绕实现共产主义目标逻辑而展开，即如何从资本主义过渡到社会主义，再从社会主义实现共产主义的逻辑路径。如前所述，马克思市场批判理论的原初设想就是基于资本主义社会的市场经济条件表现出的种种不公与不满，对工人阶级充满深深的同情而提出的，为了消除这种不公平的社会现实，通过这种理论来实现其理想社会的目标。在探索建构共产主义的过程中，马克思始终运用辩证批判的

思维导向,对市场经济的本质和表现形态及制度属性进行批判,从而发现了市场经济与人类社会的内在联系,即市场经济是促进社会发展的基本手段,是具有中性属性的机制,其起源于原始社会发展的早期,在奴隶社会、封建制社会中继续发展,但尚未取得主导地位,在资本主义大工业推动的背景下,市场经济获得巨大的发展。因而,只要一个社会尚需要市场作为杠杆推动生产力发展的时候,就必须保留这种机制。但由于市场经济在资本主义社会的表现确实糟糕,尤其是这种制度激化了市场本身的矛盾属性。因而,未来的新社会一定要废除市场经济,但这种市场经济的废除必然建立在高度发达的生产力基础之上,也就是未来的理想的共产主义高级阶段。在资本主义向社会主义过渡时期,社会主义全面发展时期,必须保留市场经济的机制,以建构高度发达的社会主义生产力基础。但社会主义制度必须消除市场经济的弊端,赋予市场经济社会主义制度属性,才能更好地服务于社会主义。否则,这种市场经济同样会犯下资本主义社会条件下的错误,进而削弱社会主义制度的优越性,从而阻碍生产力的发展和社会的进步。因而,实现社会主义与市场经济的最优化组合就成了马克思未来社会制度发展的主导逻辑。基于此,马克思有创建性地提出了自己的"去市场理论",预示了社会主义到共产主义市场批判的实践逻辑。

2. 从马克思市场批判理论实践的国外路径来看。其始终坚守了社会主义与市场经济融合的实践逻辑。如前所述,20世纪初期,伴随苏联社会主义的实践开始,东欧国家逐渐也揭开了社会主义建设探索的实践。在中华人民共和国成立之初,苏东这些国家都是把社会主义的目标看为第一位的,以围绕社会主义的目标开展。为了坚守马克思关于未来社会发展目标的设置,都选择了公有制占绝对地位的社会主义模式,更加看重社会主义的公平性。从生产资料所有制基础上选择了公有制的绝对主导地位,消除私有制的经济基础,稳固了社会主义的物质基础,也帮助稳固了这些国家早期社会主义制度,为其后社会主义的发展奠定了基础,充分发挥了社会主义生产关系调整对生产力发展的促进作用。鉴于社会主义生产资料公有制的物质基础,所有社会主义国家普遍选择的计划经济主导,废除市场经济的实践模式,建立了计划经济特色的社会主义模式,这就是后来大家普遍把计划经济作为社会主义本质属性的原因。

20 世纪 50 年代，伴随社会主义的深度发展，以计划经济为主导的社会主义普遍遭遇了平均主义导致的生产力低下，产品供给不足与人民生活需要的矛盾，集权化政治体系导致了权利集中不良现象的集中爆发等。在国际共产主义运动的矛盾中，尤其是苏联对南斯拉夫共产党的干涉和孤立问题，迫使南斯拉夫与苏共的关系破裂，独立自主地开始社会主义的实践探索。此时，几乎所有的东欧社会主义国家都把目光转向市场经济，这既是重新思考马克思经典理论的结果，也是世界各国普遍发展的实践所致，尤其是资本主义国家在消除了自由市场经济而借用国家宏观调控的凯恩斯主义以来，资本主义国家经济获得了前所未有的大发展，为东欧社会主义国家重新审视马克思市场批判理论提供了实践案例的验证。由此，以南斯拉夫、匈牙利为先导的国家率先开始了社会主义改革探索的道路。其核心理念都是选择市场经济与计划经济的兼容。如南斯拉夫的自治的市场经济模式，重点凸显工人自治的内核，借用市场经济的运行机制建构了全新的市场经济体制，也是改革比较彻底，选择市场最为坚决的社会主义国家。匈牙利则选择了社会主义市场经济的模式特色，在计划经济的前提下开始了市场经济的对接。民主德国、保加利亚、波兰等其他国家则在很小的程度上适当引入市场经济的机制，但并未根本动摇社会主义计划经济的根基。不管怎样，这些探索都开启了社会主义与市场经济兼容的探索之门，为社会主义发展注入了新的机制，催动了社会主义发展的新空间。

20 世纪 90 年代以来，尽管苏东的社会主义制度出现了解体，但社会主义与市场经济的融合道路不仅没有停息，反而加大了这种融合的程度，为资本主义国家实现社会主义道路提供了理论借鉴，也是马克思市场批判理论飞跃发展的关键期。欧美等国家的马克思主义理论家与左翼理论家接起了马克思市场批判发展创新的旗帜，实现了马克思市场批判理论的延续性与发展性。

如前所述，苏东社会主义解体后，整个世界对于未来社会发展的认识处于模糊状态。资本主义国家由于长期以来的发展困境，社会不公、社会问题、社会矛盾急剧上升，导致了资本主义国家的有识之士对资本主义制度的发展前途充满忧虑，而那些信奉马克思主义理论的社会主义者同样对苏联模式的社会主义也充满了批判与反思，在其解体后开始着手思考社会主义的未来。因此，市场为主导地位或者依靠资本主义市场经济实现社会主义的想法就应运而生了，也就是试图通过社会主义的价值目标和资本主义发展机制实现有机的结合。围绕社会主义与市场经济能否结合，怎么结合的相关争论，出现了以马克思理论为基础的再讨论，如劳勒、施威卡特等关于马克思市场批判理论的基本争论；以罗默、杨克、巴德汉等关于银行模式的社会主义设计，以施威卡特为代表关于经济民主社会主义的设计，以阿贝尔等为代表的英国社会主义者关于福利社会主义、合作社会主义等的设计。这些理论与实践模式设计，大大发展创新了马克思市场批判理论，并且从实证角度为现有的社会主义乃至资本主义提供了诸多制度设计思考，尤其是对美国、英国等发达资本主义国家的制度优化提供了很多可行的设计，当然对于中国特色社会主义的道路选择也提供了诸多借鉴与启示。

3. 从马克思市场批判理论的中国化范式来看。与国外社会主义实践创新的道路异曲同工，彼此交融，共同构成了社会主义与市场经济兼容再生的完美画卷。如前所述，1978年以前，中国社会主义在实践摸索阶段，同样以社会主义公平为主要目标，夸大了社会主义价值目标的导向，忽视了社会主义经济导向的实践。1949年，中华人民共和国成立以来，通过对官僚资本的没收和国外资本的回收，建立了社会主义公有制的基础，并通过土地改革运动实现了农民对土地的所有权，保留了民族资本主义工商业，建立了各革命阶级联合专政的新民主主义国家。确立了公有制为主体，多种所有制并存的经济制度基础。但这种制度并不是马克思主义所设想的新制度，最终目标仍然是建立社会主义制度。因而通过社会主义改造，实现了国家对农业、手工业、资本主义工商业的彻底改造，实现了农业合作社、工业合作社等集体形式，建立了全面的公有制基础。相应地也确立了国家主导的计划经济特色模式。这种形式在社会主义早期比较符合我国发展的现实，短期内集中国家现有的财力、物力和资源等，为社会主义早期建设发挥了巨大的作用，初步体现了社会主义制度的优越性。但伴随社会主义的深入发展，这种平均主义的生产方式逐渐引发了生产发展的矛盾，人们物质文化生活的需求与社会提供产品极端的矛盾逐渐加深。再加上社会主义建设的发展的失误，尤其是十年"文革"期间出现的问题，极大影响了中国社会主义的发展，从而也使计划经济为主的社会主义走向了终结。

1978年以来，面临计划经济为主的社会主义发展所带来的问题，尤其是中国贫穷落后的社会实践，迫切要求我们改变这种落后的生产方式。市场经济的选择自然就纳入我们的视野，对马克思理论的重新认识与解读也占据了重要的地位。1978年，党的十一届三中全会揭开了经济发展与改革的目标，农村经济改革的探索加快了农村发展的步伐，也带动了农业经济体制的改革诉求。农业改革的示范效应和物质资料的剩余，为工业发展和城市改革提供了范例。1984年，关于经济体制改革的决定揭开了城市改革的序幕，以国有企业改革为内核的市场主体开始出现。进而引发了社会主义商品经济建设的相关理论与实践，计划与市场并存的发展模式初步形成。1992年，党的十四大明确指出了社会主义市场经济体制建设的目标，开始了社会主义与市场经济的融合，国家调节市场、市场调节企业的市场经济起基础性作用模式开始显现。经历了党的十五大、十六大、十七大对社会主义市场经济体制的发展完善，市场体系、市场规则、市场主体等逐渐趋于成熟，公有制为主体、多种所有制共存的发展基础，以按劳分配为主、多种分配方式共存的制度等初步形成，国有企业、民营企业、外资企业、合资企业等市场主体达到成熟，现代企业制度初步形成，市场主体实现质的飞跃。生产资料市场、劳动力市场、资本市场、技术市场、房地产市场等各类市场体系成熟，国际市场国内市场开放统一、透明公正、有序理性等局面实现，市场自助发挥作用的条件已经成熟。党的十八届三中全会明确提出了市场在资源配置中发挥决定作用的实践诉求等。党的十九大提出了中国特色社会主义进入新时代，标志着新时代的市场起决定性作用机制确立，实现了社会主义与市场经济的深度结合，创新了马克思市场批判理论。

(二) 形态各异的本土化路径特色

如前所述，马克思市场批判理论虽然都是沿着社会主义与市场经济兼容的主导逻辑，但在实践探索的过程中，大多又结合本土化实践特点而形成了形态各异的路径特色。

1. 从国外实践特征来看，东欧国家的探索与欧美国家的探索具有明显的区别。从实践基础来看，东欧国家实践创新马克思市场批判理论的实践是立足于东欧国家的社会主义实践而开启的，其拥有一定的实践基础。而欧美等国家的探索则是立足于欧美等资本主义国家的现实基础，设想通过这种市场经济的发展来实现社会主义的目标。也就是说，这种设想仅仅是一种理论假设，具有明显的理论设想性。从与市场经济结合的方式来看，东欧国家的探索是立足于社会主义的计划经济，试图把市场经济引入计划经济的框架之内，实现市场经济与计划经济的融合，从而形成计划经济与市场经济共同发力的二元并存模式，其中真正起主导作用的仍然是传统的计划经济体制，市场经济体制仅仅是一种补充，处于从属地位。而欧美等国家的探索则是以市场经济为主导，尤其是借鉴资本主义发达的市场经济体系，虽然他们也主张公有制及国家计划的宏观调控，但这种计划属性的经济体制仅仅处于附属地位，真正起主导作用的是市场经济的相关机制，充分发挥了市场经济因素的重要功能。从其创新的价值目标来看，东欧国家的创新机制核心是为了效率而导入市场经济机制的，主要是为了克服传统计划经济体制导致的效率低下、生产力落后、产品供给不足等问题，也就是为了追求效率而设置。而欧美等国的创新则重点关注公平，其导入市场经济的目的是克服资本主义条件下衍生的种种社会不公问题。如罗默银行社会主义的目标是追求更大的平等，而经济民主市场经济模式则是为了关注政治平等；福利公平的社会主义则是为了更好地实现按劳分配，从而实现社会主义的公平。从理论创新属性来看。东欧的理论大多具有社会主义的属性，其核心价值是维护传统社会主义的利益，因而在导入市场经济的过程中，并未对传统社会主义的政治文化等因素做出过多的变更，因而也并不能突破传统社会主义的弊端问题，但这种维护社会主义价值目标的属性是必然存在的，从而也确保了社会主义价值目标的真实性。而欧美等国的理论创新既包含马克思主义理论者的探索，也包括左翼理论家甚至是资本主义理论家对这些问题的探索，因而这种市场经济具有资本主义新自由主义经济的属性，甚至在市场经济之外的其他因素也试图借鉴资本主义的文化、政体等因素，从而也决定了这种理论属性的非科学性或变异性，甚至也会存在反马克思的个别性要素，从而窒息了这种理论的生命力。

2. 从国外与国内的实践来看，两种创新实践的特色具有很大的差异性。中国关于马克思市场理论的创新实践大大超越了国外的实践探索与理论设计，其既结合了马克思基本原理的指南，又充分结合了中国社会主义建设现实基础，在曲折发展中实现了马克思市场批判理论的突破性创新。

（1）从理论创新的指导思想来看。中国化的实践探索始终坚持中国化的马克思主义，也就是说，非常关注把马克思主义的基本原理与中国的具体实践相结合。在探索市场经济体制改革的过程中，我们率先根据中国农村的落后现实开始，创造性地探索了家庭联产承包责任制，进而把这种先进的经验引入城市的经济体制改革，并以国有企业改革为突破口，以企业、市场、政府等相互关系为内核开展探索，伴随着家庭联产承包责任制的不断完善、国有企业改革的不断深化、市场主体的不断成熟、市场因素逐渐出现，才谨慎地在商品经济的基础上提出了社会主义市场经济体制的目标，并在原先改革的基础上，继续围绕政府与市场关系、国有企业改革、多种经济主体建构、市场体制建设等开展建设，逐步确立了国家引导市场、市场调节企业的市场起基础性作用的范式，进而推动了市场体制不断健全，现代企业制度逐渐建立，多种所有制经济地位逐步提升等。在这种条件下，政府逐渐退出对市场的直接调控，进而发挥市场对资源配置起决定性作用的范式，从而确立了社会主义与市场经济的关系，实践创新了马克思的市场批判精神内涵。

而国外在创新马克思市场批判理论的实践时，存在着教条主义或变异式理解马克思市场批判的倾向，从而窒息了马克思原创理论的生命力，扭曲了马克思理论的实践属性。东欧国家在实践马克思市场批判的时候，主要是存在教条式的倾向，对马克思市场批判理论了解并不到位，对马克思市场批判理论实践的条件把握不够等，从而没有彻底实践马克思的市场批判理论，造成了改革的不彻底性，从而激化了社会主义与市场经济的矛盾，也为后期社会主义解体留下了隐患。南斯拉夫在改革的过程中，试图从马克思经典理论出发，选择了马克思的国家消亡理论、工人自治理论、社会所有制理论等，并把这些理论与市场经济相结合，建构了自治的市场经济实践模式。但是，马克思的这些理论设想仅仅是针对共产主义高级阶段的基本设想，而不是对那些经济条件相对落后的社会主义的设想。因而，南斯拉夫的工人自治虽然短时期内调动了工人的劳动积极性，生产力水平有了快速的提高，但从长远来看，由于没有国家宏观调控、没有科学机制的社会所有制，其矛盾最终还是爆发出来了，造成了各个共和国的分裂、南共领导力量的弱化等问题，这也是南斯拉夫解体的主要根源之一。而匈牙利则比较保守地理解马克思市场批判理论，并没有真正把市场经济作为社会主义的经济机制，没有真正把握马克思关于市场经济的理解,从而在计划经济的主导下设计了有限的市场属性。在一定程度的经济发展之后,必然会引发计划与市场的矛盾,而双轨制管理的矛盾也会引发社会问题,为其后期的动乱留下隐患。其他东欧的国家则根本没有认识到马克思这种思想,只是在实践所迫的形势下不得已而采取的措施,仅仅在某些领域、某些地域、某些行业等展开零星的、小规模的改革,并没有得到应有的效果,甚至最终又退回到传统社会主义的发展轨道,在进退两难的背景中重蹈覆辙。

20世纪90年代以来,欧美的马克思主义理论家很大程度上拓宽了对马克思市场批判理论的认识,在社会主义与市场的关系、马克思的市场观、马克思的共产主义观等方面取得了重大突破。但也存在教条式的理解,如劳勒关于马克思市场观的认识就混淆了马克思共产主义和社会主义的区别与联系;蒂克庭则夸大了马克思市场经济问题的弊端;施威卡特又过于偏向资本主义市场经济,在很大程度上以当代资本主义的现实为基础,忽视了马克思当年对这些问题的看法等。这些探索虽然对马克思市场批判理论进行了重要的创新与突破,但尚存在一些不足之处,因而招来了其他资本主义国家的坚决批判与反驳,也为马克思市场批判理论带来一定的误解。而左翼理论家的设计则明显带有变异属性,弱化了马克思市场批判的控制力和理论主导力。罗默等在探索社会主义平等机制与市场机制的时候,基本是按照对传统计划经济的彻底否定、结合当代资本主义的市场规则进行的重新设计,虽然声称坚守了马克思的社会主义价值目标,但实际上与马克思市场批判的精神并不一致。当然那些资本主义理论坚守家的设计,实际上违背了马克思主义的市场精神,严格意义上属于非马克思主义的东西,因而本书虽然做了一定的探索,但并没有把这些理论探索和模式设计纳入马克思市场批判理论创新的范围之内。

(2)从创新实践的路径来看。中国创新坚持以市场经济建构为核心,同时兼有综合属性的改革措施。自1978年改革开放的目标提出以来,中国就坚持了以经济改革为中心,政治改革及相关配套改革综合运用的实践模式。从1978年至今,围绕社会主义市场经济体制建构完善的实践过程,社会主义与市场经济融合的模式逐渐完善,其实践不仅仅体现在计划经济体制与市场经济体制的二元融合。同时我们也渐进安排了政治体制改革、文化体制改革、社会体制改革、生态文明建设等，逐渐建构了适应社会主义市场经济的政治体制、文化体制、社会体制、生态体制等，衍生了二元并存、三位一体、四位一体、五位一体等的实践发展模式，真正实现了市场经济与社会主义多元素的融合贯通，真正形成了市场起决定性作用，同时发挥政治、文化、社会管理、生态建设等一体化的功能。

而国外在实践马克思市场批判理论的过程中并没有采用综合一体化的配套改革，并没真正领会马克思市场批判理论的实践内涵。却是采取了渐进式的单一的经济体制改革模式，从而引发了社会主义矛盾诸要素与市场经济的矛盾激化，如前所述，东欧各国基本是采取了这样的改革路径，实现市场经济与社会主义计划经济的联姻兼容，而忽视了社会主义其他要素与市场经济的交融发展，最终影响了这种实践模式的魅力。南斯拉夫在运用市场经济的时候，重点关注经济的发展，而忽视了政治、文化社会诸要素。他们简单地以为通过工人自治就能实现真正的个人联合体社会，实际上关于工人阶级的教育与工人阶级的素质能否达到自治的程度，是否需要国家监督与指导等问题考虑得并不充分，甚至主动提出放弃南共的领导权，尤其是意识形态领域的指导权。对于日益分化的工人阶级的不同利益群体以及多民族分类的隐患问题不加重视，实际上正是这些隐患导致了社会主义发展的诸多矛盾与问题，而不能把社会主义失败的原因归咎于市场经济的引入，实际上恰恰是没有实行彻底的市场经济融合而已。匈牙利也是如此，在推行市场经济的过程中，很多领域仍然保持计划经济的权威，国家的行政指令属性并没有改革，传统的政治体制改革不敢触及，政府与企业的职责不清晰等，对于文化改革和社会结构问题的设计根本没有考虑，没有把这些因素纳入市场经济的助推之中。对于那些改革行动较小的东欧国家来说，这些问题更是难以看到。在欧美国家的理论模式探索与设计中，更是以市场经济改革为核心，不会提及社会主义文化、政治、社会等问题。因为他们只是假想通过资本主义的体制过渡到社会主义体制，设想通过经济机制实现社会主义的平等、公正等，也就自然实现了社会主义。而对于文化体制的建构、政治体制模式的选择等，则希望借助于资本主义的外壳来实现。很显然，这种设想具有严重的虚假性和非理性，同时也具有更强烈的乌托邦属性。

(三) 决策参与的多样化形态

马克思市场批判理论所设计的未来新社会制度是为了广大无产阶级解放而提出的，而这种新社会制度的实践又必须依靠先进的无产阶级政党领导。其中共产党是新社会制度建设的领导力量，广大劳动者都应该是新社会制度的建设力量。在马克思市场批判理论实践的历史现实路径中，这种实践路径展现出决策参与的多样化形态。

1. 坚强有力的共产党领导和全体人民参与的实践形态。这种形态可以从苏东的早期实践以及中国特色社会主义的探索中加以展现。如前所述，苏联、东欧的社会主义国家虽然选择的实践创新道路有所曲折，但都有一个坚强有力的先进政党的领导，但必须承认，也正是这种先进政党的领导才得以维系了传统社会主义的存在。尽管曾经存在经济发展的困难，但广大人民在党的领导下始终如一地开展社会主义建设，这是马克思市场批判理论实践创新的保障。

中华人民共和国成立以来，中国共产党始终处于坚强有力的领导状态，全体人民团结一致共同参与，建立并保持了社会主义制度的发展。

(1) 党给予经济发展的纲领性指导。尤其是 1978 年改革开放以来，社会主义在与市场经济融合探索的过程中、在党的领导下和人民的参与中发展完善。如前所述，自从 1978 年党的十一届三中全会开始，历次党的代表大会都必然为经济发展提供纲领性建议，从而保障中国市场经济的衍生发展与成功。如前所述，党的十一届三中全会指明了经济改革发展市场经济的方向，党的十二大做出了关于社会主义发展商品经济的相关指南；党的十三大围绕有计划的商品经济进行完善框架结构；党的十四大明晰了发展社会主义市场经济的目标，党的十五大、十六大、十七大都对社会主义市场经济建设进行逐步完善，确立了市场起基础性作用的发展方式；党的十八届三中全会科学提出了市场起决定性作用的规划；党的十九大提出了新时代中国特色社会主义发展的一系列精神指南，确保市场决定性作用的背景下，能够围绕新时代中国特色社会主义的主要矛盾及其综合因素的要求，充分发挥市场经济的威力，为新时代中国特色社会主义建设提供基础性保障。

(2) 党始终是中国经济改革和市场经济建设的参与者。党的十一届三中全会以来，以农民自发探索而摸索的家庭联产承包责任制，一直在党的关怀和指导下进行，从而逐步完善并从法律上确定了这种体制的地位。党的十二届四中全会关于经济体制改革的决定，直接对国有企业改革的放权让利、经营承包等初步改革提供可操作的细则，掀开了城市改革发展的宏大序幕。历次代表大会都对社会主义商品经济、社会主义市场经济等相关问题给出了明确的规定，如关于市场经济的体系、市场经济的规则、国有企业改革、多种经济成分规划等均具有详细的规定，并对市场经济外的配套改革进行了科学设置，从而保障了社会主义市场经济的发展，创新了马克思市场批判理论的实践。关于人民参与的力量，中国的实践探索体现得更为充分。如前所述，中国的改革起始于农民的探索，大大解放了广大农村的生产力，促进了我国农业的快速发展，进而推动了城市改革的进展，在企业改革的大潮中，广大人民积极参与，同心同力，共同推动了社会主义市场经济的发展和企业发展，从而充分体现了党的领导和群众参与的集体智慧。

2. 弱化党领导下的群众参与实践。这种行为方式主要体现在东欧各国探索社会主义改革的实践中，普遍出现重视经济改革，忽视党对经济领导的主要倾向，从而引发了市场经济发展中更多的问题。南斯拉夫在市场经济的改革中，重点关注工人自治，通过工人委员会、工人代表、厂长经理等直接参与企业管理，通过基层劳动组织、复合劳动组织等形式进行生产管理，也就是充分发挥工人自我管理的机制。这种模式虽然能够激发工人管理的积极性，但却存在着众多的问题。他们甚至要求取消南共的思想引领和企业管理、企业监督等，进而取消国家的经济职能、文化职能、政治职能等，从而把党的领导与经济发展进行剥离。可想而知，缺乏党和国家宏观调控的市场经济与自由化的市场经济又有什么区别？其最终未能摆脱马克思所批判的市场局限性等问题。匈牙利同样如此，在关注企业改革的过程中，党和政府过于关注计划经济的矛盾和行政权力的制约，根本没有拿出切实可行的政策对市场经济加以引导，尤其是在管理的双轨制出现问题的时候，未能及时采取科学有效的管理方针，致使党对市场经济的引导处于压抑状态，出现了对市场经济管得过死的局面，从而压抑了市场经济对社会主义发展的内动力机制。而民主德国、波兰、保加利亚、罗马尼亚等国家的共产党则在发展市场经济的过程中过于保守，既没有真正理解马克思市场批判理论的内涵，又没有真正发展市场经济的动力，而仅仅在原有的结构框架内进行微调，从企业管理方式、计划的方式方法、管理者自我的主动性等领域进行探索，缺乏制度设计和宏观管理规划，从而未能对市场经济的发展提供可行性指导，缺乏真正的改革精神。

3. 无先进政党参与的理想模型设计。这种行为方式主要体现在欧美等国的现代化实践模式设计中。如前所述，欧美的马克思主义理论家以及左翼理论家对于马克思市场批判理论的实践创新，有的属于真挚的发自内心的探索，有的属于无奈的或客观的选择，有的则属于幻想性的设计探索。但不管属于哪种类型，基本上没有涉及党对市场经济领导问题的设计规划参与。主要原因是他们大多是寄希望于资本主义国家现有的物质基础，或寄希望于自动实现社会主义，这种目标当然是不可能实现的。比如美国的社会主义探索者，他们并没有把这种思想的设计与美国共产党发展实际相联系，当然美国共产党也并没有主动承担发展马克思主义理论的重任。更多情况下，这种理论设计是为当代美国执政党提供思考和反思，通过理论探索给当代美国发展提供借鉴性思考。很显然，这种缺乏先进阶级参与和先进政党领导的市场经济，既不能减少马克思所指市场经济的弊端，更不能克服马克思所揭露的资本主义市场经济的矛盾与问题，从而为这种理论创新打上深深的改良化烙印。

二、马克思市场批判理论实践创新的主要突破点

纵观马克思市场批判理论实践创新的历史逻辑，我们不难发现，其创新的关键环节重点集中在马克思市场批判的实践逻辑、社会主义市场经济结构宏观建构、社会主义市场经济微观模式设计等方面。

（一）关于马克思未来社会的实践逻辑创新

马克思市场批判理论设计创新的第一个关节点应该是对其实践逻辑的实践创新，正是在这种逻辑导向的实践中，社会主义发现了马克思市场批判的逻辑规律和正确导向，从而开创了马克思市场批判理论实践的范式。根据马克思的"去市场"理论设计，关于未来社会的制度选择是共产主义，而共产主义又要分为共产主义的低级阶段与共产主义的高级阶段，同时他又提出资本主义到共产主义的低级阶段必须要有一个过渡期。这样马克思关于未来社

会发展的阶段理论就应该经历资本主义向共产主义的过渡期、共产主义低级阶段、共产主义高级阶段三个基本阶段。基于这种制度阶段的划分标准，关于未来社会实现的基本路径是"亲市场—去市场—无市场"。也就是说，由资本主义到共产主义低级阶段时期应该"亲市场"，通过"亲市场"的基本经济制度发展共产主义低级阶段的生产力，当共产主义低级阶段生产力发展达到一定程度的时候，也就是能够实现"各尽所能，按需分配"的基本条件时，共产主义低级阶段就会通过"废市场"而实现"去市场"的过程，从而步入共产主义高级阶段，也就实现了"无市场"的过程。

如前所述，列宁作为社会主义实践的第一人，也是马克思市场批判理论实践的第一人。列宁比较明确地把马克思共产主义低级阶段定义为社会主义，促使苏联模式的社会主义突破了过去社会主义的内涵，揭开了科学社会主义的建设阶段，并根据苏联社会主义的建设实践提出了发达社会主义与初级形式的社会主义等阶段。同时，列宁认为，不管是从资本主义向共产主义的过渡期，还是从初级形式的社会主义向发达社会主义的前进，都是一个"多级"的连续方式，至于到底经历什么样的情况和什么样的级别，并不是一件容易说清楚的事情，这些情况要结合各国不同的国情来判别，从而确定不同的阶段的基本情况。但由于斯大林忽视了社会主义的阶段的划分与理解，形成了斯大林模式的社会主义。尽管这种模式具有很大的局限性，却推动了东欧国家对社会主义发展阶段的不断深入探索，从而继承发展了马克思市场批判蕴含的社会制度划分思想。中国的社会主义建设同样如此。但正是这种曲折进一步推动对中国社会发展阶段的探索，形成了社会主义初级阶段的准确定位，开辟了中国特色社会主义建设的道路，并在新世纪提出了新时代中国特色社会主义的伟大论断，从而对马克思市场批判的目标指向有了更为清晰的划分和定位。

（二）关于马克思市场实践逻辑的突破

不管是苏联模式的社会主义，或者是中国的社会主义，在探索马克思所论及的市场方面均取得了重大突破，重点体现在市场经济与社会主义的融合方面获得了突破。如前所述，马克思市场批判的市场实现逻辑是"亲市场—去市场—无市场"等，以此实现共产主义高级阶段的设想。社会主义在探索市场经济的实践中，逐渐形成了"反市场—近市场—亲市场—去市场—无市场"的实践逻辑。这种逻辑既包含对马克思市场批判逻辑误解而经历的曲折，又包含了最终对马克思市场批判逻辑的统一性。

在社会主义实践初期，所有社会主义几乎都选择了苏联的社会主义模式，即"反市场"的实践。主要原因是对马克思市场批判理论的误解，混淆马克思关于未来社会阶段划分，忽视了社会主义发展要与各国实际相结合的原则，最终引发了社会主义初期发展的曲折，从而推动社会主义探索逐渐转向"近市场"。东欧国家关于社会主义与市场经济的联姻兼容，中国社会主义关于计划经济与市场经济的二元并存等阶段，均属于社会主义的"近市场"阶段，也就是开始逐步接近马克思市场批判逻辑的阶段。由于东欧国家社会主义与市场经济兼容带来的问题以及苏联模式社会主义的解体，国外社会主义发展的探索转向了欧美国家，这些国家社会主义者对市场经济发展的优势有着较为清醒的认识，并逐渐提出了市场主导的"亲市场"社会主义模式。正是基于此，才真正实现了马克思市场批判所蕴含的社会主义"亲市场"逻辑起点。而中国特色社会主义在计划经济与市场经济双轨制的矛盾中，选择了继续大力发展社会主义市场经济的改革，建构了市场起基础性作用的实践和市场起决定性作用的实践模式，确立了社会主义"亲市场"的典范效应。这段时期的探索实现了马克思所指的"亲市场"属性。但不管是中国特色社会主义，还是欧美等国家社会主义的探索，都坚守社会主义向共产主义发展的指向，也就是当物质文化条件达到一定高度之后，社会主义最终会"废市场"，实现"无市场"的共产主义阶段，完成马克思市场批判的逻辑循环。

（三）关于社会主义市场经济结构属性突破

在实践马克思市场批判的过程中，社会主义探索了与市场经济兼容的结构型模式，既关注了市场因素兼容，又关注了非市场因素兼容，实现了社会主义国家的政治制度、经济制度、文化制度、社会制度等多维层次的结合，建构了社会主义市场经济的多维结构形态。

1. 实现了计划经济与市场经济联姻模式。所谓联姻模式，也就是计划经济与市场经济分别处于二元共存的地位，但其中起主导作用的是社会主义计划经济，而市场经济体制仅仅处于从属地位或补充地位。主要表现在东欧社会主义国家探索的传统社会主义改革模式。中国探索社会主义与市场经济兼容的早期也出现过这种形态设计。其核心是围绕计划经济的主导内核，导入了市场经济要素，在价格、价值、市场体系、市场法规等方面多有突破，但并未实质性建构起市场经济的机制。如前所述，南斯拉夫在建设自治的市场经济模式的时候，更多层面上是按照马克思关于自由人联合体、国家消亡理论、社会所有制理论等，通过工人自治、消除国家职能、所有制改革等问题，建构了以工人自治为内核，社会所有制和按劳分配为基础的经济体制，而对于市场体制建设、市场法规建设、市场机制建设仅限于为计划经济服务的层面。重点是发挥工人通过自治而获得劳动积极性的提高，劳动工资和奖金福利分配则作为补充的刺激性要素；企业管理是通过各级劳动组织的协商、安排、互助等进行共同发展，但并没有完全实现由市场价格为基础的市场体系调控等。而匈牙利作为行政计划与市场调节相结合的典范，则明确了在政府的框架内引入市场经济机制的调节，在企业工资收入分配、奖金补贴等领域，企业经营权力下放、政府与市场分权等方面采取了很多措施，促进了匈牙利的经济发展和市场因素的导入，但国家的行政管控属性并未放松。

2. 建构了市场经济主导的模式。所谓市场经济主导模式，主要是指市场经济已经成为社会主义的主导性模式，计划经济仍然保留，但已经不再起到主导经济作用，并且形成了凸显市场经济主导体系的社会形态。这种形态可以分为国外与国内两种不同的表现形式。

（1）从国外来看，不仅体现在市场资源配置方面起主导作用，甚至在收入分配、民主自由等政治领域等都体现了市场的主导属性，实际上类似于西方自由市场经济主导下的社会形态。这种模式主要表现为欧美国家关于西方发达资本主义国家如何走社会主义道路而提出的模式设计，其核心是利用资本主义的自由市场经济体系。虽然也坚持生产资料的公有制形式，但对于公有制的理解却具有不同的含义。如罗默就对传统的国家所有制进行了坚决的批判，并运用资本主义市场经济机制设计出财产分散化的所有制形式，突破了把公有制等同于国家所有的形态。虽然也坚持社会主义的民主、自由、公平、公正等目标和机制，但他们对这些价值目标的理解和实现保障方式也具有不同的想法。如米勒就把自由和民主理解为工业自由、择业自由、出版自由、选择生活方式的自由等，并认为只有市场机制才能保障这些自由的形态，突破了依靠政治体制、法律制度维护自由的设想；把民主理解为工业民主、企业民主、经济民主等，并指明市场在这方面能够更好地实现民主。在实现民主自由和福利的分配制度方面，他们同样主张依靠市场机制进行调节与分配，而非依靠政府的计划调节手段等，如阿贝尔的福利公平的市场经济机制就主要依靠市场机制实现按劳分配安排，把马克思按劳分配思想通过市场机制的表现形式加以设计完善等。

（2）从国内来看，在计划与市场共存、市场起基础性作用的变迁中，逐步确立的一种市场起决定作用的实践体制。如前所述，这种体制表现为，市场已经在资源配置中起到决定性作用，也就是政府不再干涉资源配置问题，政府与企业职责明晰，企业完全根据市场自主地进行生产销售，自主经营、自负盈亏。但这同时也不代表政府退出社会领域，除了市场对资源的配置决定性作用之外，政府宏观调控仍然起到决定性作用，对国家的政治生活、文化结构、社会治理等领域政府起到决定性作用。但同时也已经形成市场主导的社会形态。在日常经济生活中，市场已经成了主导性要素，各类市场要素日益健全，企业已经成了市场经营的微观主体，市场法规日益健全。而那些看似远离市场的政治生活、文化生活等同样已经收到市场的影响，文化与经济日益一体化，政治生活同样要为经济发展提供保障力和内动力，出现了市场为内核的社会各要素互动的社会形态。

3. 凸显市场经济属性的微观主体建设问题。企业是社会经济体制发展的重要微观主体，不管是计划经济还是市场经济，都绕不开企业微观主体的建设问题，自然会涉及政府与企业的关系、社会与市场的关系等建设问题的思考。在马克思市场批判实践的过程中，企业微观市场主体的建设问题取得了重大的突破。

20世纪50年代，在东欧国家社会主义实践创新的过程中，重点关注企业效率的提升问题，从激发企业自身活力和员工活力双重角度入手。一方面，适当增加企业的经营自主权，在工资分配、价格制定、生产经营等方面给予企业更多的自主权，让企业根据国家计划自主地选择经营生产，从而提高企业经营管理的水平以实现企业经营效率的提升。另一方面，从企业员工积极性入手。主要针对传统企业存在的平均主义大锅饭等现象，通过工资收入分配的调整、福利、奖金、补贴等多种分配方式等，实现企业经营效益与工人个人收入相结合的激励机制，从而提高企业职工的工作积极性，实现企业经营效率的提升，探索了多样化的创新形式。虽然并没有完全达到目标，但在一定程度上突破了传统计划经济条件下的企业生产问题，对市场经济微观主体的打造起到了积极作用，初步探索了政府、企业、市场的关系，从而对马克思市场批判理论开启了创新之门。

20世纪90年代，欧美西方发达资本主义国家探索的实践中，则重点关注利用市场经济的微观机制，实现效率利润的最大化，并追求公平的收入分配问题，从而实现效率与公平的兼顾。一方面，他们非常关注公平问题，以保障社会主义的制度基础。设想通过生产资料公有制，公平公正地享有企业利润，保障起点公平、机会公平、收入公平、过程公平等，从而保障社会的公平与公正，激发企业员工工作的积极性，为企业发展创造更多的社会财富。另一方面，他们非常关注企业经营的利润最大化，设想运用股票、银行、合作社、经济民主、教育、职业经理人等相关市场经济的微观机制，保障企业经营的利润最大化。如罗默设想通过股票相关机制原理保障平等的财富收入，通过银行经营的基本机制和职业经理人管理制度，保障企业生产经营的最大化；而斯威卡特则通过社会投资监管、银行管理企业、经济民主参与等方式，保障这种体制的目标。

1978年以来，中国探索市场经济的实践过程中，也是始终围绕政府与企业、企业与市场、社会与市场等关系展开探索，并取得了重大突破。如前所述，在早期的农村改革中，既促进了农村的大发展，又培育了村社企业、乡镇企业等微观市场主体，进而推动了城市的国有企业改革。重点从政府与企业的关系入手，实现放权让利，开展多种经营方式；进而不断扩大国有企业改革的范围和方式，从激活国有企业活力和员工分配方式入手，大大推进国有企业改革，多种承包经营方式也衍生了企业主体的多元化，出现了国有企业、私营企业等共同竞争的局面，也初步形成了公有制为主体、多种所有制经济为补充的格局。伴随企业改革的不断加强，建立现代企业制度的要求推动了国有企业进行彻底的变革，抓大放小、关停并转、承包租赁出售等企业改革的出现，国有企业逐渐形成了自主经营、自负盈亏的市场竞争主体，而民营企业、外资企业、个体经济等也趋于成熟，承担了更多的社会责任，在利润上缴、就业服务、产品提供等方面发挥了重要的作用，公有制经济为主体、多种所有制为重要组成部分的局面出现，作为市场微观主体的企业已经成型。同时，政企分开的改革步伐也一直在深化，国家逐渐减少行政指令的计划，把宏观调控聚焦在经济杠杆、法律条令、宏观指导等方面，逐渐厘清政府与市场的职能，市场决定性配置资源的方式已经形成等。在此过程中，马克思市场批判理论得到了继承，并在实践操作中取得了突破与创新，这是马克思市场批判理论最直接的、最重要的创新。

三、马克思市场批判理论实践创新的借鉴启示

党的十九大明确提出了新时代中国特色社会主义的科学论断，为我国社会发展指明了方向。但我们也必须清醒地认识到，新时代中国特色社会主义发展同样存在诸多挑战，实现民族伟大复兴和建设社会主义现代化强国的历史重任仍然任务艰巨。其中，如何保障新时代中国特色社会主义经济的再腾飞仍然面临很多不确定因素。而马克思关于市场经济的批判与创新实践经验同样能够为新时代中国特色社会主义经济发展提供理论资源与实践借鉴启示。

（一）夯实新时代中国特色社会主义政治经济学的理论基础

新时代中国特色社会主义经济学体系建构与现代经济体制建设的任务离不开马克思政治经济学的理论基础，尤其是马克思市场批判理论必然要构成中国特色社会主义经济学的理论渊源。马克思政治经济学是人类历史上经济学文明成果的结晶，是立足于社会主义目标使命的特殊的政治经济学，与新时代中国特色社会主义政治经济学具有本质的一致性。马克思关于市场要素的客观认知，关于市场自身局限性的批判，关于资本主义市场经济的制度批判等问题，为客观认识市场经济提供了理论基础，同时也为克服市场经济弊端、优化社会主义市场经济制度提供理论指南。

1. 从市场起源来看，清晰地论证了社会主义与市场经济相结合的例证。马克思在其市场批判理论中首先是对市场机制的认知。如前所述，他提出了市场起源外生说，也就是市场的起源是由于社会生产的发展，剩余产品的出现，才衍生了交换的需要，因而也就形成了早期意义上的市场。这种观点与西方经济学界以亚当·斯密提出的市场内生说不同，他坚决反对市场是由于人们内心交换需求而引发市场的倾向，这是不符合唯物史观逻辑的说法。这

与其他经济学家，如洛克所指的交换是由于"害怕产品坏掉"而形成的观点具有相通之处。马克思对于市场的这种认识逻辑是符合唯物史观基本逻辑的，是在社会客观发展进步的基础上和剩余产品存在的客观前提下，才因人的内心需求而产生了交换倾向，从而引发了市场的出现。由此他认为，市场的形成并不是资本主义唯一的属性，而是从原始社会直到资本主义社会都客观存在的，并且他非常赞同市场对资本主义以及其他社会生产力发展带来的促进作用，从而肯定了市场具有促进生产力发展的主要功能。因此，从这个意义来看，市场可以存在于任何社会制度，只要市场与社会制度相结合能够给社会发展带来进步，市场的核心功能就必然存在。只要交换的动力和需求存在，市场就必然要存在。因此，社会主义社会自然可以保留市场经济。他之所以反对市场经济，是因为资本主义制度把市场经济的负面效应夸大了，并且形成了资本主义社会的独特的矛盾，因而才主张未来社会制度一定要消灭市场。至于什么时间消除市场，通过何种途径消除市场，保留市场的哪些形态等，都需要未来社会制度的实践来检验。因此，马克思关于市场起源问题的观点坚定地论证了社会主义市场经济的合理性，肯定了市场在资源配置中起决定性作用在新时代中国特色社会主义的必要性。在很大程度上坚定了发展市场起决定性作用的决心，抵制了现实社会中存在的对市场经济问题的种种质疑，对那些不承认中国社会主义市场经济的声音也是一种准确的回应。

2. 从市场要素的辩证批判来看，准确描述了市场机制相关运行原理。马克思市场批判思想是整个人类政治经济学发展史上的文明结晶和科学概括，其中有关市场要素的辩证性解读构成了其批判理论的基础，为其批判理论的科学性提供了理论基础。如前所述，马克思在继承批判亚当·斯密等资本主义经济学家思想的因素，对货币、价格、价值、价值规律、分配等相关元素进行了系统的整理与学习，尤其是他在对大卫·李嘉图、约翰·穆勒等政治经济学深入批判的基础上，开始凸显自己的政治经济学模型，并在《资本论》中对这些理论详细展开论述。他在对前人市场要素继承的基础上，进一步分析了资本的周转、流通等相关属性、运行规律、增值秘密等，从而分析了资本主义社会经济运行的基本方式。在此基础上，他揭示了市场经济的变异性和弊端性，从而明晰了批判的内容实质。马克思对这些基本原理的论述，不仅对于社会主义经济学建构，同时对资本主义经济学建构也具有重要的价值。因为这些论述既是对人类经济学一般原理的总结性描述，更是对资本主义市场经济的详细描述，同时对社会主义经济学建构与发展也同样具有重要的价值。在这些方面，马克思对前人的突破主要表现在他的人文关怀属性，也正是这一点才使得马克思能够更加清楚地洞察市场经济的弊端，展开其批判的逻辑。马克思之前的资产阶级政治经济学家基本是围绕经济发展的实体，把经济看成是人的生存之外的客观之物，希望通过对经济学实体的研究，促进经济学的完善，进而提高国家税收，而对于经济学的发展目的、经济学赋税分配、经济学对人的重要价值等关注相对较少，这就注定了他们很难像马克思一样深入分析市场经济的种种问题。而马克思正是从人文关怀的视角，通过工人在市场经济条件下的种种异化现象和工人的现实处境出发，从经济学人文关怀的目的出发，揭露了经济学与人的联系，从而发现了工人阶级在资本主义条件下所具有的属性，剩余价值的秘密也才能得以显现。

在中国特色社会主义政治经济学建构的重要时期，我们不仅把目光关注在新时代中国特色社会主义的经济发展现实，更要回到马克思，重新关注马克思关于市场经济发展的人文属性，必然能从中受益，获得中国特色社会主义政治经济学建构的理论资源。重点可以从三个方面获得突破，一是马克思关于市场经济相关原理的一般论述，是人类经济学史上的集大成者，社会主义必然要运用这些基本原理进行建构，否则就无从讨论经济学理论问题。马克思关于商品货币、劳动价值论、价值规律、剩余价值学说、资本流通等相关原理的论证，具有永恒的价值。二是马克思在对资本主义批判的相关理论中获悉了社会主义市场经济发展的方向，虽然没有展开更加详细的论述，但能够为中国特色社会主义经济学建构提供基础理论导向的规范。三是马克思关注市场经济的人文研究视角，能够为中国特色社会主义政治经济学建构提供发展的重心。必然要关注人民的发展，以人民的智慧、人民的参与、人民的生产与消费等为基础，才能真正建构社会主义经济学的大厦，这是新时代中国特色社会主义经济学发展的基础。

(二) 拓宽新时代中国特色社会主义市场经济发展的实践思路

在辩证认识市场要素的市场功能的基础上，结合资本主义生产方式的研究，马克思较为深入地展开了对市场的批判。这种批判不是盲目的，而是辩证的、客观的，其中既有对市场自身的天然性缺陷展开的批判，更有对资本主义市场经济直接的深刻批判，这种批判的目的不是为了对市场批判，而是为了发掘新社会发展规律而设置的，因而这种批判更具有现实性和科学性，在理论研究的基础上对现实世界的批判，充满了革命的批判精神，也充满了现实的实践操作性，为新时代中国特色社会主义经济发展实践提供指南和反思。

1. 马克思关于市场天然属性的批判，可以直接为新时代中国特色社会主义经济发展提供指南。如前所述，马克思在观察到德国乃至英国工人阶级落后的状况时，曾设想通过政治的途径推动社会的变革，但社会现实的迫害使他认识到这种路径的非科学性。因此，他开始关注西方现存的经济学经典，试图从中发现社会运行的基本矛盾与规律，而市场经济则是马克思观察经济社会运行的最基本突破口。马克思结合市场的起源、市场的原理、市场的属性等获取了基本原理的认识，认识到市场信息引发的滞后性，市场价格机制、竞争机制引发的优胜劣汰、两极分化社会属性，市场拜物教引发的拜金主义、货币隐秘现象，市场失灵引发的经济混乱、经济危机、工人失业等问题。这些问题是市场经济社会普遍不可避免的问题，只要运用市场机制就必然会面对这些问题，但如果能够采取合理的机制对这些问题进行调节，就能够适当减少或消除这些天然的缺陷，这就需要一定的机制对市场进行弥补和完善。新时代中国特色社会主义面临着市场在资源配置中起决定性作用的主导机制，市场经济必然成为我国社会发展的主要体制。市场经济所引发的滞后性、市场失灵、外部性问题、拜物教、金钱至上、两极分化等问题同样也会困扰新时代中国特色社会主义发展，这就需要我们认真借鉴马克思关于市场批判的相关思考，批判继承人类发展市场经济问题的经验，促进新时代中国特色社会主义建设。

2. 马克思关于资本主义市场经济的制度批判。马克思市场批判理论对资本主义市场经济批判层面实现了升华，从对市场机制的客观批判转向了资本主义的制度批判，从而提出了更高层次的无市场发展目标。主要原因在于，一方面，资本主义不仅没有限制完善市场的天然缺陷，反而加剧了市场经济的这种缺陷，导致了资本主义社会矛盾的集中。由于资本主义普遍信仰自由竞争的市场经济，也就是充分发挥市场要素的天然作用，让看不见的手进行自由运行，这种现象自然加剧市场经济的天然矛盾。因而，在资本主义制度下，市场失灵现象普遍存在，市场信息的滞后性更加明显，市场调节的滞后性普遍存在，市场竞争引发的优胜劣汰、两极分化等问题广泛存在等，这是资本主义自由竞争市场带来的严重后果。另一方面，资本主义制度属性在市场经济的发展中出现的变异，这种制度的劣根性得到了充分的发展，从而加剧了制度灭亡的进程。由于资本主义制度的生产资料私有制形式与市场经济大发展，造成了社会化与个人所有制的矛盾加剧，从而社会基本矛盾出现难以克服的矛盾。私有制更加趋于两极分化、社会不公、金钱第一、利润至上等问题，而市场经济为这些倾向提供了操作平台，从而使这些问题更加严重。这样拜金主义、拜物教现象、社会不公现象等自然更加严重。这些现象不但会引发经济领域的发展问题，如资源浪费、金融危机等，而且也会引发社会领域、政治领域等的问题与矛盾，如环境污染、道德滑坡、工人运动加剧等。因而必然要求对这种制度进行推动，从而走向更高的社会领域。

改革开放以来，我们逐渐把市场经济纳入中国特色社会主义的发展视野，由市场起基础性作用发展到市场起决定性作用。毋庸置疑，市场经济带来的经济变化举世瞩目。一方面，市场体系逐渐健全，市场法规逐步完善。生产资料市场、技术市场、资金市场、房地产市场、劳动力市场等各种要素基本完备，有关市场的规则、法律、制度条例等比较健全，国内国际市场一体化，发展市场经济的形态已经成熟。以国有企业为突破的市场微观主体建构日益成熟，公有制经济、民营经济、个体经济、外资经济等共同在市场的平台中运行，国有企业、民营企业、个体企业、外资企业、合资企业等已经形成自主经营、自负盈亏的市场主体，现代企业制度已经形成等。以公有制经济为主体，多种所有制共存；以按劳分配为主，多种分配方式并存的模式已经形成等。政府与市场的关系逐渐理顺，政企职责分明，行政化干涉越来越少，市场配置资源的决定性形态出现，政府的职能逐渐在宏观调控、法律法规规范、市场经济服务等领域运用经济杠杆的现象成为主流，同时在政治改革、文化改革、社会改革、生态文明建设等领域，政府的功能服务逐渐加强。这一切都表明了我国市场经济发展的现代化程度之高，也预示了社会主义市场经济发展的巨大成功。

另一方面，新时代中国特色社会主义市场经济仍然面临很多难以跨越的难题，制约着市场成为决定性作用的发挥。在市场体系建设方面，还存在着市场要素不完善，如劳动力市场、知识产权市场、金融市场等不规范现象；市场法规制度也有待于提升。如普遍存在不公平竞争、恶性竞争、市场欺诈、市场准入条件、市场监管等问题。市场调控难题，如房地产市场、金融市场、劳动力市场、就业市场等都存在诸多问题。国内、国际市场的矛盾，如当前存在的中美贸易之争、产品出口、产品进口等问题。政府宏观调控方面，同样存在一些困境。如行政性管理审批的标准问题，国家对金融市场的监管问题，政府对房地产市场的调控问题，政府与证券金融市场的导向问题，政府在文化改革、社会改革、生态建设等领域都存在继续改善的现实等。国有企业改革不够彻底，现代企业制度不够成熟，技术创新还不够，国有企业与其他类型企业尚存在预算约束的软化问题等，民营企业竞争力不足、规模偏小、资金困难等限制了民营企业的发展，而外资企业也存在劳动力成本上涨、原料来源不足、政策优惠减弱等问题。在市场外领域，同样存在马克思所指的货币拜物教、道德滑坡、拜金主义、环境污染、收入分配不平衡等问题，这些现象足以说明，新时代中国特色社会主义市场发展仍然存在着诸多的矛盾与问题。

综上所述，在新时代中国特色社会主义发展的关键期，在市场决定性配置资源的主题框架内，如何利用市场更好地配置资源，把资源配置到那些社会效益好、经营效率高，且有利于社会主义建设的领域就显得更为重要，尤其是要坚持经济发展有利于人民生活提高的宗旨，进一步完善政府发挥宏观调控的决定性作用，这就需要我们反思借鉴马克思市场批判思想。

（三）增添新时代中国特色社会主义市场经济实践的借鉴资源

在马克思市场批判理论实践创新的过程中，国内外社会主义在政府与市场的关系、企业与市场的关系、社会与市场的关系等领域，探索了社会主义与市场经济兼容的逻辑，社会主义与市场经济兼容的模式设计，社会主义与市场关系改革的突破创新点等，积累了丰富的经验，能够为新时代中国特色社会主义经济实践提供借鉴启示。

1. 社会主义与市场经济相结合的宏观实践导向。马克思市场批判的实践创新的逻辑是"反市场—近市场—亲市场—去市场—无市场"等，这与马克思当初的设想逻辑具有发展曲折性和趋向的一致性，即坚持社会主义制度的主要逻辑导向，同时选取有利于社会主义发展的经济机制，保障社会主义制度优越性的发挥，从而实现社会主义在制度理念与经济基础方面双重超越资本主义，在生产力高度发达和精神财富极大丰富的逻辑前提下，社会主义通过废除市场而实现无市场的共产主义社会。这种创新实践的逻辑导向为新时代中国特色社会主义经济发展实践提供了实践导向。一方面，我们必须不断完善发展新时代中国特色社会主义制度。从社会主义制度依赖的生产资料公有制基础，人民当家做主的政治制度基础，社会主义文化建设的价值精神基础，社会公平有序稳定和谐的发展状态，生态文明美丽的形态建设等角度，不断推动中国特色社会主义制度的自我完善，强化社会主义制度的优越性，确保社会主义价值目标的引领性。在发展市场经济的实践中，不断优化社会主义制度的同化属性，赋予市场经济的社会主义制度属性。保障中国特色社会主义市场经济发展为了人民、发展依靠人民的目标属性，实现经济发展与政治建设、文化建设、社会建设、生态文明建设和谐一体的发展结构，从而强化社会主义制度的物质基础、政治文明、生态文明程度等，最大限度地限制弱化市场经济的天然缺陷，发挥市场经济的优势导向功能。另一方面，不断优化社会主义市场经济体系建设。深化完善生产资料市场、房地产市场、金融市场、劳动力市场、技术市场、资金市场等市场要素，加强国内市场国际市场的接轨关联程度，这是规避市场经济天然缺陷的基础性手段。不断加强市场经济的法规体系建设，保障各类市场主体在市场上的公平竞争、有序运行、理性合作、利润共享等，为市场经济平稳有序运行提供制度性保障。不断深化国有企业改革，完善现代企业制度，促进民营企业、外资企业、合作企业、个体经济等自由健康发展，实现企业主体的自主经营、自负盈亏、自我调节等效果。加强国家的宏观调控和指导，在法规制度建设、经济杠杆运用、政治文化服务、社会制度优化等方面营造有利于市场经济发展的外在氛围，共同规范市场经济机制的优化。这是发挥市场经济优势功能的关键性因素。

2. 社会主义制度与市场经济相结合的中观配套导向。从中观层面来看，马克思市场批判理论实践创新主要集中在把社会主义制度与市场经济的结合方面。如前所述，马克思市场批判理论的高层次批判是聚焦于资本主义制度的批判，是针对资本主义制度的不合理性引发市场经济矛盾加剧的状态而展开的批判。这就预示了如果不断加强市场经济外围的制度建设，就会避免资本主义条件下市场经济衍生的诸多问题，甚至也有可能减少市场经济自身的天然缺陷等问题。马克思市场批判理论实践创新的历史恰恰证明了这一点。

纵观社会主义实践创新马克思市场批判理论的实践，能够从正反两个方面逻辑验证中观配套导向的重要价值。从反向逻辑来看，东欧各国乃至欧美发达资本主义国家，在探索马克思市场批判理论时均坚持了经济机制改革的主导思路，也就是仅仅希望借助于市场经济制度作为社会主义的经济发展机制，以维系社会主义的发展效率或公平。东欧各国大多采取市场经济导入社会主义制度以提高效率的办法，从而促进社会主义与市场经济的结合。欧美等国家则希望借助市场经济的主导作用，追求社会主义价值目标的实现。事实证明，这种只关心经济机制而不关心制度性结合的思路具有很大的局限性，不仅会影响市场经济优势功能的发挥，也会影响社会主义价值目标的实现。从正向逻辑来看，中国特色社会主义始终坚持制度性结合的基本逻辑，也就是说在实现社会主义与市场经济的结合过程中，不仅仅要关注市场经济机制的融合，同时更要关注市场经济变革而引发的种种问题，这就需要不断在其他领域进行制度性变革，从而实现社会主义制度与市场经济的全面融合，才能真正实现社会主义市场经济的功能。事实证明，这种把社会主义与市场经济的制度性兼容是一条可行的道路。

中国特色社会主义进入新时代的历史方位，市场经济的发展与各项配套改革的深入完善预示了新时代经济发展的复杂性和攻坚性。这更加要求我们实现新时代中国特色社会主义制度与市场经济的深度融合。这就要求我们围绕市场决定作用机制的目标，不断优化市场体系建设，加强社会主义市场经济体制建设的核心环节，正确认识新时代的新任务、新使命、新目标，不断加强党的全面领导，为经济发展提供导向性决策，不断健全人民当家做主的民主制度建设，发展社会主义民主政治，为经济发展提供政治保障和方向保障；不断推进文化繁荣兴盛，坚定文化自信，大力发展社会主义的文化，为经济发展提供精神支撑，同时也为经济发展增添文化元素，不断提高民生水平和社会保障水平，为经济发展提供稳定的社会环境，促使经济发展社会多元化等，激发民众参与经济建设的积极性，同时注重军队建设、发展理念创新、融入世界发展等外围因素，从而实现市场经济为内核的良性发展结构。

3. 社会主义关于市场经济相结合的微观机制设计。在马克思市场批判理论的实践过程中，国内外社会主义在市场机制建设、国有企业改革、市场法规建设等领域探索了很多微观经营机制，为新时代中国特色社会主义经济实践提供启示。

虽然东欧国家关于市场经济改革的探索距离今天很遥远，其理论的光芒也因其改革的失败而湮没。但我们必须承认，东欧国家当年的改革同样能为新时代中国特色社会主义经济建设提供一定的微观借鉴。回顾东欧国家微观改革的历程，有几点还是值得我们思考的。一是其以人民为中心的改革发展微观措施。南斯拉夫改革之初就明确提出了"人民为本"的思路，在改革中主要实践了人民理念。如工人自治的激励机制，劳动组织的协调机制，工人的民主参与管理机制，工人的自我管理机制等，有效地激发了工人参与企业生产管理的积极性。匈牙利则坚持从工人的收入分配入手，通过工资改革、福利分配、奖金补贴等多元化的标准，把企业生产和工人劳动结合起来，实现了责权利的统一。二是法制经济的发展思路。南斯拉夫在发展市场经济的过程中，重点关心法治经济的特色，通过制定相关劳动生产的多样化的法律机制，来实现市场经济的监督管理。匈牙利同样利用法律机制对国有企业的承包经营利润分配、资产保值增值等做出了详细的规定，初步探索了社会所有制的新形式。三是政府的行政性指令计划。这方面凸显出两种极端相反的情况，但都能说明国家宏观调控的重要功能。南斯拉夫放弃了国家的经济职能和其他职能，国家对企业的宏观调控职能丧失，从而导致了后来民族问题加剧，进而导致了社会主义的解体。而匈牙利则一直关注国家指令性计划，虽然导入了市场经济，但一直没有放松国家对市场经济的宏观调控，加强国家运用经济杠杆对市场的调节功能，这也是后来匈牙利经济发展的重要原因。

相比东欧国家的实践探索来说，欧美国家关于马克思市场批判理论实践的微观建构则具有更多的借鉴功能，既是由于这种微观设计大多起源于资本主义成熟的市场经验，又是因为这种模式设计比较严谨完善，强化了该设计的科学性。重点体现在如下几个方面：一是国有企业改革的微观设计。关于国有企业改革，欧美国家的理论家大多是立足于传统国有企业的批判，因而这种结论比较科学。他们关于国有企业效率低下的原因分析，提出了国有企业的预算约束硬化问题，针对国有企业激励机制不够，他们提出了通过银行监督企业，企业市场化管理模式；针对国有企业领导力不强问题，他们提出了职业经理人制度，实现了管理与经营的真正分离等。二是工人共享劳动过程的机制设计。为了激发工人参与企业劳动的积极性，他们针对企业员工设计了很多模式。通过职业教育机制，保障员工自我素质的提升；通过经济民主、一人一票、选举制等，鼓励工人参与到企业的直接管理之中，摆正了工人、职业经理人、劳动收入之间的联系，从而保障工人参与经营的积极性，通过工会工作和委员会管理，保障工人的各种权利等。三是维系收入分配公平性的设计。为了保障工人收入分配的平等性，他们设计了很多实施制度，如罗默设计通过股票实现工人初始的平等权，进而依靠股票获取企业的收益分配，实现过程的平等权，股票回收制度和不可买卖制度则限制了不公平再生问题等。米勒等英国的社会主义者则探索了合作社制度保障工人分配平等的模式，把工人的劳动、收入分配在合作社内部实现直接的公平。阿贝尔则探索了福利公平的分配模式，实现了工人的收入分配平等问题。

　　新时代中国特色社会主义进入全新的发展阶段，经济发展取得了重大的突破与飞跃。但必须承认，我们在国有企业改革、员工参与企业管理、收入分配制度改革等领域同样存在较大的难题。马克思市场批判理论实践创新的微观设计能够给我们带来一定的启示。这就要求我们，进一步加强现代企业制度管理建设，完善国有企业资产的保值增值能力建设，调整国有企业的重大布局和战略性改组，推动国有企业面向世界发展。同时，不断完善当前企业员工参与生产经营的积极性，推动企业民主和企业工人管理机构建设机制，除了把企业经营效益与工人的收入分配直接联系起来以外，还要关注企业职工各项权利的完善，包括对企业重大决策的建议权、参与权、监督权、管理权，发挥企业员工的监督机制等，从而实现员工与企业的一体化。当然也可以考虑企业领导激励机制的发挥问题，职业经理人制度推行有利于激发管理者内在的积极性，也可以避免因工资收入问题而带来的动力不足问题。充分发挥现有银行及金融机构与企业的互动合作效应，实现企业贷款与银行放贷的一体化，银行要经常关注企业的生产经营效果，以避免银行贷款的呆账坏账，从而实现银行经营利润的增加。要更加关注企业员工的收入分配的合理化，既要保证企业再生产和国家利税的收入，又要保障广大员工的工资收入的增加。既要体现按劳分配的属性，又要相对减少收入差距，尤其是如何正确处理好企业管理者与普通员工、企业收入与国有利润等之间的关系，进而减少因人为因素影响企业发展的可能性。

总之，马克思市场批判理论是对人类文明批判继承的重要成果，同时又是对未来社会发展经济制度建构的重要理论基础，经由国内外社会主义理论研究与运动的推动与创新，积累了丰富的历史经验与教训，必然能够为新时代中国特色社会主义发展提供理论基础和实践指南。

参考文献

一、中文参考文献

[1] 马克思:《资本论》第1-3卷,人民出版社2004年版。

[2] 马克思:《政治经济学批判大纲(草案)》第4分册,刘潇然译,人民出版社1964年版。

[3]《马克思恩格斯全集》第13卷,人民出版社1995年版。

[4]《马克思恩格斯全集》第1卷,人民出版社1995年版。

[5]《马克思恩格斯全集》第26卷,人民出版社1974年版。

[6]《马克思恩格斯全集》第46卷,人民出版社1979年版。

[7]《马克思恩格斯文集》第1—10卷,人民出版社2009年版。

[8]《马克思恩格斯选集》第1—4卷,人民出版社1995年版。

[9]《列宁全集》第34卷,人民出版社1992年版。

[10]《列宁全集》第42卷,人民出版社1992年版。

[11]《列宁全集》第43卷,人民出版社1992年版。

[12]《列宁选集》第4卷,人民出版社1995年版。

[13]《列宁选集》第3卷,人民出版社1995年版。

[14] 斯大林:《苏联社会主义经济问题》,人民出版社1971年版。

[15]《斯大林全集》第10卷,人民出版社1953年版。

[16]《斯大林全集》第12卷,人民出版社1953年版。

[17]《斯大林全集》第6卷,人民出版社1953年版。

[18]《斯大林全集》第7卷,人民出版社1953年版。

[19]《斯大林选集》上卷，人民出版社1979年版。

[20]《毛泽东选集》第1—4卷，人民出版社1997年版。

[21]《江泽民文选》，人民出版社2006年版。

[22]《邓小平文选》第2卷，人民出版社1993年版。

[23]《习近平谈治国理政》，外文出版社2014年版。

[24][德]爱因斯坦：《爱因斯坦文集》第3卷，许良英、赵中立、张宣三编译，商务印书馆1979年版。

[25][英]阿诺夫：《可行的社会主义经济学》，郭于红、朱小勇、宋川等译，中国展望出版社1989年版。

[26][捷克]奥塔·锡克：《社会主义的计划与市场》，王锡君译，中国社会科学院出版社1982年版。

[27][美]伯特尔·奥尔曼：《市场社会主义——社会主义者之间的争论》，段忠桥译，新华出版社2000年版。

[28][波]布鲁斯、拉斯基：《从马克思到市场：社会主义对经济体制的求索》，银温泉译，上海三联书店、上海人民出版社1998年版。

[29][美]戴维·施威卡特：《反对资本主义》，李智、陈志刚译，中国人民大学出版社2002年版。

[30][英]戴维·米勒：《社会主义为什么需要市场》，邓正来等译，经济日报出版社1993年版。

[31][奥地利]弗里德里希·冯·维塞尔：《自然的价值》，陈国庆译，商务印书馆1982年版。

[32][南斯拉夫]弗兰尼茨基：《马克思主义和社会主义》，杨元恪、陈振华译，人民出版社1982年版。

[33][法]傅立叶：《傅立叶选集》第1卷，赵俊欣、吴模信、徐知勉、汪文漪译，商务印书馆1979年版。

[34]郭广迪：《西方经济学视角中的马克思经济学》，人民出版社2014年版。

[35]《国外社会主义研究资料丛书》第2辑，求实出版社1983年版。

[36]洪银兴、葛扬：《资本论的现代解析》，经济科学出版社2011年版。

[37] 纪军：《匈牙利市场社会主义之路》，中国社会科学出版社 2000 年版。

[38] ［德］卡尔·考茨基：《社会与革命》，何江、孙小青译，人民出版社 1980 年版。

[39] ［南斯拉夫］卡德尔：《公有制在当代社会主义实践中的矛盾》，王森译，中国社会科学出版社 1980 年版。

[40] ［南斯拉夫］卡德尔：《民主社会与社会主义》，邱应觉、周兴宝译，人民出版社 1978 年版。

[41] ［南斯拉夫］卡德尔：《卡德尔论文选》，李嘉恩、熊家文、巢蓉芬等译，外语教学与研究出版社 1986 年版。

[42] ［德］卡尔·柯尔施：《卡尔·马克思——马克思主义的理论和阶级运动》，熊子云、翁延真译，重庆出版社 1993 年版。

[43] 李春放：《马克思是市场社会主义者吗——当前西方学术界关于市场社会主义的辩论中的一个问题》，载《马克思主义理论与现实》2000 年第 4 期。

[44] 林水源、伍宇峰、刘国平、魏化纯等编：《东欧国家经济体制改革简介》，广西人民出版社 1982 年版。

[45] ［南斯拉夫］马尔塞尼奇：《南斯拉夫经济制度》，朱行巧等译，人民出版社 1981 年版。

[46] ［法］马布利：《马布利选集》，何清新译，商务印书馆 1983 年版。

[47] ［奥］门格尔：《经济学方法论探究》，姚中秋译，新星出版社 2007 年版。

[48] ［德］米塞斯：《社会主义》，王建民、冯克利等译，中国社会科学院出版社 2008 年版。

[49] ［法］摩莱里：《自然法典》，黄建华、姜亚洲译，商务印书馆 1959 年版。

[50] ［英］莫尔：《乌托邦》，胡凤飞译，北京出版社 2007 年版。

[51] ［意］奈格里：《〈大纲〉：超越马克思的马克思》，张梧、孟丹、王巍等译，北京师范大学出版社 2011 年版。

[52] 《南斯拉夫法律百科辞典》，黄良平、丁文琪译，法律出版社 1984

年版。

[53]《南斯拉夫经济体制改革文献选编》，李嘉恩、马军、汪丽敏等译，中国社会科学院苏联东欧研究所1986年编。

[54] 聂锦芳：《巴黎手稿再研究》，中央编译出版社2014年版。

[55]《欧文选集》第2卷，何光来、秦果显译，商务印书馆1981年版。

[56][英]《欧文选集》第2卷，何光来、秦果显译，商务印书馆1981年版。

[57][美] 帕尔默、科尔顿：《近现代世界史》，孙福生等译，商务印书馆1988年版。

[58][南斯拉夫] 佩·达姆扬诺维奇博士：《铁托自述》，达州、李代军、赵乃斌译，新华出版社1984年版。

[59][法]《圣西门选集》第1卷，王燕生、徐仲年、徐基恩等译，商务印书馆1962年版。

[60][美] 史蒂文·普雷斯曼：《五十位经济学家》，陈海燕、李倩译，江苏人民出版社2005年版。

[61] 孙居涛：《马克思主义经济理论中国化基本问题》，中国社会科学出版社2008年版。

[62][英] 索尔·埃斯特林：《市场社会主义》，邓正来、徐泽荣、景跃进等译，经济日报出版社1993年版。

[63] 王东：《马克思学新奠基》，北京大学出版社2006年版。

[64] 王云中：《马克思市场经济资源配置理论研究》，经济科学出版社2010年版。

[65] 肖枫：《论中国特色社会主义与斯大林模式》，载《科学社会主义》2015年第5期。

[66]《匈牙利社会主义工人党第十一次代表大会的决议》，见《1971—1975年匈牙利社会主义工人党代表大会文件汇编》，科苏特出版社1978年版。

[67][英] 亚当·斯密：《国富论》，章莉译，凤凰出版传媒集团、译林出版社2011年版。

[68][美] 约翰·罗默：《社会主义的未来》，轩传树、朱美荣、张寒

译，重庆出版社1997年版。

［69］［美］约瑟夫·斯蒂格利茨：《社会主义向何处去》，肖枫译，吉林人民出版社1998年版。

［70］张宇：《市场社会主义反思》，北京出版社1999年版。

［71］赵修义、童世骏：《马克思恩格斯同时代的西方哲学》，华东师范大学出版社2008年版。

［72］郑杭生、刘少杰：《马克思主义社会学史》，高等教育出版社2006年版。

［73］周志山：《整合与构建——马克思"和谐社会"解读》，上海交通大学出版社2008年版。

二、英文参考文献

［1］Robin Archer, *Economic Democracy: The Politics of Feasible Socialism*, Oxford：Clarendon Press, 1995.

［2］W. Brus, "Market Socialism", J. Eatwell etal. (eds.), in The New Palgrave: *A Dictionary of Economics*, Vol. 3, London：Macmillan Press, 1987.

［3］E. Baron, "The Ministry of production in the Collectivist Station", in *Collectivist Economic Planning*, Hayek (ed.), London：George Routledge &Sons, 1935.

［4］Saul Estrin and Julian Le Grand (eds.), *Market Socialism*, Oxford：Clarendon Press, 1989.

［5］F. A. Hayek (ed.), *Collectivist Economic Planning: Critical Studies on the Possibilities of Socialism*, London：George Routledge &Sons, 1935.

［6］John E. Roemer, *A Future for Socialism*, Cambridge, Mass.：Harvard University Press, 1994.

［7］J. Kornai, "Market Socialism Revisited", in Pranab Bardan and John Roemer (eds.), *Market Socialism: The Current Debate*, Oxford：Oxford University Press, 1993.

［8］Mark Knell and Christine Rider (eds.), *Socialist Economies in Transi-*

tion: *Appraisals of Market Mechanism*, UK: Edard Elgar Press, 1992.

[9] D. Miller, *Market, State and Community*: *Theoretical Foundations of Market Socialism*, Oxford: Clarendon Press, 1989.

[10] Pranab Bardan, "On Tacking the Soft Budget Constraint in Market Socialism", in Pranab Bardan and John E. Roemer (eds.), *Market Socialism*: *The Current Debate*, Oxford: Oxford University Press, 1993.

[11] John E. Roemer, "Can There Be Socialism after Communism", Pranab Bardhan and John E. Roemer (eds.), *Market Socialism*: *The Current Debate*, Oxford: Oxford University Press, 1993.

[12] D. Schweickart, *Against Capitalism*, Cambridge: Cambridge University Press, 1993.

[13] Thomas E. Weisskopf, "A Democratic Enterprise – Based Market Socialism", in Pranab Bardan and John E. Roemer (eds.), *Market Socialism*: *The Current Debate*, Oxford : Oxford University Press, 1993.

[14] Wlodzimierz Brus and Kazimiera Laski, *From Marx to Market*: *Socialism in Search of Economic System*, Oxford: Oxford University Press, 1989.

后　记

本书是我的教育部人文社科规划基金项目的最终成果，该项目是基于党的十八届三中全会提出关于"市场在资源配置中起决定性作用"的重要背景下获批立项。该书也是在我博士论文研究方向的基础上，进一步拓展关于马克思市场学说研究的创新成果。该项目获批之后，我进入了南京大学经济学院理论经济学博士后流动站从事研究工作，南京大学给本项目研究工作提供了丰富的资料资源，为本书的成稿提供了基础性保障。在本书研究过程中，在核心期刊上公开发表相关学术论文七篇，为我个人学术成长提供了基础性保障。因此，该书无论是对我个人发展，或是对我的学术生涯都具有重要的影响。

首先，要向我的导师葛扬教授表示最诚挚的感谢！在南京大学做博士后期间，我的博士后合作导师葛扬教授为本项目研究提供了很多建设性的意见。结合我以前的研究重点侧重于马克思主义理论研究方法和研究视角，葛老师给予我经济学研究方法的指导，从方向上为本书的成稿提供了指导性的建议，扩展了我的研究方法和研究视野，南京大学为我提供了丰富的资料资源，为本书的成稿提供了基础。诸多感激话语难以言表，再次向我的导师表示最衷心的感谢！

其次，要感谢为本书定稿做出贡献的南京大学经济学院、华东师范大学、上海政法学院的各位专家教授学者同仁等！特别感谢上海交通大学的陈锡喜教授指点与帮助，本书研究的内容得益于我博士期间的学术积累，在项目的申报过程中和论文撰写过程中，得到了陈老师无微不至的关照，从学术观点、立意设计等领域给予了全方位的指导，部分学术思想和研究观点直接得益于陈老师的指教和探讨，在此向他表示最诚挚的感谢！

再次，对本书研究提供引用素材的众多理论家表示衷心的感谢！在本书的研究过程中，既参阅了马克思理论来源的古典哲学、古典政治经济学、空想社会主义等经典大家的原著，也参阅了马克思经典原著的基础性文本，同时也借助于中国化马克思主义的众多经典原著，当然对于学界同仁的专著和论文也有诸多的借鉴参考之处，在此一并表示感谢！

最后，感谢中央编译出版社为此书付出的艰辛和努力！感谢他们为本书初稿的评选、本书成稿的修改、本书定稿的建议等付出的努力，保证了本书顺利出版！

马克思市场批判理论是一个全新的研究领域，马克思虽然有过许多关于市场学说的论述和解释，也有很多关于市场经济问题的批判。但总的说来，马克思并未系统提出其市场批判理论，学术界对此问题的研究也比较零散。本书重点梳理了马克思市场观是什么、马克思市场理论是如何来的、马克思是如何开展市场批判的、马克思市场批判的基本内容和基本属性如何、马克思市场批判理论如何在国内外得到实践创新、马克思市场批判理论当今的价值何在等问题。本书概述的大部分观点是基于马克思思想来源的原始材料和马克思经典著作，结合国内国外社会主义关于市场经济实践的探索，在本人前期的理论研究基础上，结合发挥市场在资源配置中起决定性作用的重大背景而得出的探索性观点，其中有部分观点已经在学术论文上公开发表，这里又做了适当的调整与补充完善，但还是有不尽如人意之处，恳请读者不吝赐教，给予宝贵的意见。

总之，本书研究观点仅仅是作者的一己之见，疏漏与不足之处在所难免，希望起到抛砖引玉之功效，恳请广大读者谅解与指正。

作者　徐俊峰

2018 年 5 月 5 日于上海佘山